ナショナリズムの力

Power of Nationalism

多文化共生世界の構想

白川俊介
Shirakawa Shunsuke

勁草書房

まえがき

近年、よく見受けられる言葉のひとつに「多文化共生」がある。言葉としては大変よい響きをもっており、崇高な理想を表しているように見える。

総務省は二〇〇六年に「多文化共生推進プログラム」の提言を発表し、各自治体は多文化共生を推進するように方向づけられた。総務省の定義によれば、多文化共生とは次のようなものである。すなわち、「国籍や民族などの異なる人々が、互いの文化的ちがいを認めあい、対等な関係を築きながら、地域社会の構成員として共に生きていくこと」である。

こうした理念自体は否定しようがないだろう。日本がいくら「単一民族国家」だと主張したところで、実際にはグローバル化の波のなかで、さまざまな国や地域から多くの人びとがやってきている。日本にかぎらず世界に目を向けても、単一民族だけで成り立っている国家はほとんど見受けられない。その事実は裏を返せば、多様な文化的背景を有する人びとがともかくも、ともに暮らしているということである。したがって、この意味では、「多文化共生」はとりわけめずらしいものでもなく、ごく当たり前のことを述べているにすぎない。

ところが、近年の日本で使われている「多文化共生」という言葉には、「国民国家」の枠組みや境界線を取り払うという意味が含まれているように思われる。たとえば鳩山由紀夫元総理は、「友愛」の理念とともに、「日本列島は日本人だけのものではない」という趣旨の発言をした。この発言に端的に表れているのは、国籍や国境にとらわれずに、さまざまな文化的背景を有する人びとが混ざりあいながらともに生きること、これこそが共生である、という考え方である。国境線を取り払うこととの関連でいえば、菅直人前総理が、二〇一〇年一〇月の所信表明演説や二〇一一年の年頭所感において、「平成の開国」を宣言し、環太平洋パートナーシップ協定（TPP）への意欲を示したことも記憶に新しいだろう。

こうした考え方は、一見すると美しく、グローバル化／ボーダーレス化した世界にふさわしいものであるかのように思われる。しかし、そのような「多文化共生」のイメージは本当に望ましいものなのであろうか。もしかすると、こうしたイメージはある種の人間の真理に反するものなのかもしれない。たとえば、明日から世界の国境線が完全に取り払われ、世界中どこでも往来が可能だということになったとしよう。すると人びとは、短期間の旅行はともかく、慣れ親しんだ土地や文化から離れて別の地で暮らしたいと考えるだろうか。大半の人はそうは考えないのではないかと私は思う。人は一般に、みずからを育んだ慣れ親しんだ土地や文化のなかで、善き生の構想を自由に追求したいと考えるのではないだろうか。もっといえば、そうした文化的な土壌のなかでこそ、善き生の構想を描くことができるのではなかろうか。本書はこうした私の直観を反映したものである。

「多文化共生」はリベラリズムの政治哲学・政治理論の大きなテーマのひとつであった。ある意味で、リベラリズムとは共生の政治理論であり、自由・平等・民主主義・法の支配などの理念を体現したリベラル・デモクラシーの政治制度とは、人びとがうまく共生するための枠組みだといえよう。従来支配的であったリベラリズム解釈からは、異なる文化的背景を有する人びとが、究極的には単一の世界大のリベラル・デモクラシーの政治枠組みのもとで混ざりあいながらともに暮らすという、先の鳩山元総理の発言に表れているような共生のイメージが導かれる。こうした共生の構想を本書では「雑居型多文化共生世界の構想」としておこう。これはコスモポリタン的な世界像やボーダーレスな世界というイメージと大いに重なるものである。

ところが、従来のリベラリズム解釈に対して異を唱える「リベラル・ナショナリズム」という考え方が近年登場し、英米圏の政治哲学・政治理論において注目を集めている。詳しくは本論で述べるけれども、リベラル・ナショナリズム論は、リベラル・デモクラシーの理念や政治枠組みがナショナリティに支えられていることを強く自覚し、またそれを積極的に評価する。したがって、異なるナショナリティごとに異なるリベラル・デモクラシーの政治枠組みがあってしかるべきであり、それが多元的に共存するような世界が理想だとされる。このような共生の構想を「棲み分け型多文化共生世界の構想」と本書では呼ぶことにしたい。

本書では、リベラリズム解釈の新たな潮流に着目し、「雑居型多文化共生世界の構想」ではなく「棲み分け型多文化共生世界の構想」を擁護したい。「多文化共生」を構想するうえで、ナショナリティ・国民国家・国境線は単に障害でしかなく、乗り越えられるべきものなのだろうか。私はそうは考えない。ナショナリズムといえば、従来は否定的な側面ばかりが強調されてきた。ナショナリズムと共生は一見すると相反するもののように思われる。だが、ナショナリズムには、リベラル・デモクラシーを下支えし、多文化共生を支える力もある。そのような「ナショナリズムの力」をリベラル・ナショナリズム論を手がかりに規範的な観点から明らかにしていこう。

目次

目次

序章　共生の政治理論としてのリベラリズム

――ナショナルなものをめぐる解釈の変容

いうまでもないが、大雑把な意味でナショナリティ（nationality）とは、外国人への無分別な敵愾心や、人類の一般的福利にたいする無関心や、国益の主張をやみくもに肯定することや、ばかげた特色をナショナルなものであるという理由で大切にすることや、あるいは他国で有益であるとされているものの採用を拒否することを意味するわけではない。われわれのいわんとするのは、敵意ではなく共感の、分離ではなく統合の原理である。同じ政体のもとで暮らし、同じ自然的、歴史的境界線のなかに含まれる者たちに共通する利益にかかわるひとつの感情を意味するのである。

ジョン・スチュアート・ミル(1)

問題の所在

ドイツの社会学者であるウルリッヒ・ベック（Ulrich Beck）は、『ナショナリズムの超克』（Beck 2002）において「国民国家中心の視点からコスモポリタン（世界市民）的視座への転換の必要性」を論じている。私は彼が企図するコスモポリタン的視座への転換の学問的な意義を否定するつもりはない。また、誤解のないように述べておけば、ベックは上記の直後で、国民国家の消滅を明確に否定もしている。しかしながら本書は、彼とはまさに逆の方向に議論を展開していくこととなる。すなわち、本書の目的は端的にいって、ベックの言い回しを借りれば、「コスモポリタン的な視座からナショナルな視座への転換の必要性について政治哲学的な観点から論じること」にある。こうした問題設定の背景には、とくに政治理論・政治哲学の分野においては、ネイション、ナショナリズム、ナショナリティといったものの規範的重要性が、とりわけ自由民主主義《リベラル・デモクラシー》との関係において適切に論じられてこなかったという現状がある。(2)

戦後、ナショナリズム研究を牽引してきたのは、歴史学や社会学などにおける実証的な研究であった。たとえば、アーネスト・ゲルナー（Ernest Gellner）やエリック・ホブズボウム（Eric Hobsbawm）は、ネイションを近代化の過程のなかで人為的に発明されたものだと主張し、ベネディクト・アンダーソン（Benedict Anderson）は、とくに出版資本主義の発展がネイションという「想像の共同体」の形成に大きく寄与したと論じる（Gellner 1983; Habsboum 1992; Anderson 1983）。その一方で、ゲルナーの弟子であるアンソニー・スミス（Anthony Smith）は、ネイションは完全に近代の産物というわけではなく、近代以前に存在した「エトニ」という共同体を基盤に、その神話や伝統を引き継ぐかたちで形成されたものであると主張した（Smith 1986）。

こうした研究成果が見られる一方で、政治理論・政治哲学、とくにリベラリズムの政治理論において、ナショナリズムは長いあいだ忌避の対象であった。その理由は主に次の三点にあると思われる。第一に、とりわけ現代リベラリズム論におけるある種の啓蒙思想の影響である。啓蒙思想家のなかには、人間は進歩の過程で、文化や伝統、部族的なアイデンティティなどから解放され、理性的な個人になっていくものだと想定し、その過程でナショナリズムは順次消えてなくなるだろうと考える者が多かった。したがって、そうした啓蒙思想の影響が見られる現代リベラリズム論では、ナショナリズムを規範的に考察する土壌がそもそもなかったといえよう。

第二に、先の第二次世界大戦ではナショナリズムの勃興が現実に凄惨な戦禍を招いたため、ネイションやナショナリズムにはあまりよいイメージが持たれてこなかった。それはとくにマイノリティの権利をめぐって問題となった。たとえばナチス・ドイツは、ポーランドやチェコスロヴァキアへの侵攻を、両国内に住むドイツ国民の権利が侵害されたという理由で正当化したのである。こうした事態を避けるために、戦後は、共同体に権利を付与するのではなく、平等な主体としての個人への権利付与が志向された。すなわち、ウィル・キムリッカ（Will Kymlicka）が適切にまとめているように、「特定の集団の成員に与えられる特別な権利を通じて、弱小の集団を直接に保護するのではなく、どの集団に属しているかを問わず、あらゆる個人に基本的な市民的・政治的権利を保障することによって、文化的マイノリティは間接的に保護されるだろう」（Kymlicka 1995: 2-3〔邦訳：三頁〕）と考えられたのである。

第三に、現代リベラリズム論では、自由・平等・民主主義・法の支配などといったリベラルな理念やその具体的な構想を論じる際に、なかば無意識的に特定の社会、すなわちネイションや国民国家が自明のうちに想定されていた。したがってキムリッカが指摘しているように、ジョン・ロールズ（John Rawls）やロナルド・ドゥオーキン（Ronald Dworkin）といった現代リベラリズムの代表的理論家たちは、「大半の戦後の政治理論家と同様に、政治的共同体と、ひとつかつ唯一の文化的共同体とが重なりあう、国民国家という非常に単純化されたモデルを念頭に置いて議論を進めてきた」(Kymlicka 1989a: 177) のである。[3] そういうわけで、多分に逆説的ではあるが、ネイションやナショナリズムは、検討の対象というより所与のものだとされてきたわけである。したがって、戦後の政治理論や政治哲学においては、ナショナリズムを規範理論的な見地から活発に研究することはほとんどなかったのである (See Beiner 2003: 104-5)。

こうした状況が変わってきたのが、一九九〇年代以降の英米圏の政治理論においてである。一九七〇年代後半から八〇年代にかけてのいわゆる「リベラル - コミュニタリアン論争」や、多文化主義の理論の登場などを経て、徐々に、ネイションや国民国家がリベラル・デモクラシーの政治制度やリベラルな理念とのかかわりで規範的に論じられるようになってきた。これがいわゆる「リベラルな文化主義」と呼ばれる立場であり、本書で主にとりあげる「リベラル・ナショナリズム」の理論は、その代表的な潮流である。[4] キムリッカが論じるところでは、現代リベラリズム論においてリベラル・ナショナリズム論は、ある程度の合意を獲得してきている (Kymlicka 2001a: 39)。[5] これが正しいとすれば、リベラル・ナショナリズム論の知見を参照しながら、いまいちどナショナルな視座の規範的な重要性を検討することは有意義だと思われるのである。

本書では、リベラルな文化主義、とりわけリベラル・ナショナリズム論への合意を、リベラリズム解釈の変容としてとらえたい。リベラリズムとは何かを明確に規定するのはきわめて困難だが、その最大公約数的なねらいは、ジョン・グレイ (John Gray) がいうように、「異なる善き生の構想と世界観を有する各人のあいだに同意を打ちたてることのできる政治的諸原理を探求すること」(Gray 1986: 91〔邦訳：一二四頁〕) にある、ということに異論はなかろう。つまり、リベラリズムとは共生の政治理論だといえる。

一般に「啓蒙的理性の嫡流」などと称されることの多いリベラリズムは、これまで個人、しかもきわめて抽象的で無色透明な個人を前提に理論を構築してきた。この前提からすると、共生とは、普遍的で同一のリベラル・デモクラシーに基づく文化中立的で超越的な政治枠組みのもとで、多様な文化的・宗教的背景、価値観、善き生の構想を有する人びとや集団が公正な関係を保ちながら交流しつつ暮らしていく空間であるとイメージされることとなる。こうした世界像の特徴のひとつは、われわれ人類を分かつ境界線を不当なものとすることである。ある種の啓蒙思想家たち、そしてその影響を受けたリベラリズムの政治理論家たちにとって、人びとを分かつ境界線は本来的には存在しないはずであり、ゆえに既存のあらゆる境界線（とりわけ国境線）は恣意的につくられ、設定されたものである。そして、彼らはそうした境界線を「理性」によって取り払うことができるし、取り払うべきだと考えたのである。したがって共生とは、人びとが自由に行き交うことができる空間において多種多様な人びとが混ざりあって暮らすことだとされた。このような共生のイメージが、本書でいうところの「雑居型多文化共生世界の構想」である。

ところが、従来のリベラリズム解釈が疑われ、新たなリベラリズム解釈が立ち現れてきており、それがある程度の支持を得ているとすれば、当然ながらリベラリズムから導出される多文化共生世界の構想も変容を余儀なくされるだろうし、それがどのように変容するのかを検討することは重要であろう。とりわけ境界線については、確かにいくつかの境界線は不正であり、取り払われることが望ましいことは明白になったが、他方で、むしろ境界線が存在することの重要性があらためて指摘されつつある。(6) そうした境界線のひとつがナショナルな境界線だと主張するのが、リベラル・ナショナリストである。本書では、ナショナルな境界線の規範的な意義をリベラル・デモクラシーの政治枠組みとの関連で検討し、リベラル・ナショナリズム論から導きだされる多文化共生世界の構想を明らかにしたい。

本書の構成と各章の概要

以上のような問題関心のもと、本書は以下の七つの章によって構成される。

まず第1章では、リベラリズム解釈の変容を、自我の捉え方と国家観の変容という点から詳細に論じ、それによって多文化共生世界の構想も概念的・理論的に変容を迫られるはずだということを示す。多様な人生観や世界観を有する人びとのあいだに、相違を越えた共生を可能にする政治枠組みを打ちたてることを課題としてきたリベラリズム論においては、従来、純粋選択主体としての「負荷なき自我」観と文化中立的国家観が前提とされていた。それゆえ、公正な多文化共生世界は、ある単一のリベラル・デモクラシーの政治制度を全世界に行き渡らせることによって実現されると考えられていた。ところが、自我は純粋な選択主体ではなく、多分に文化的な存在であり、国家もまた文化中立的ではなく、それを構成する有力集団の文化をある程度負っているとされ、リベラリズムと文化、とくにナショナルな文化との関係性に修正を迫る議論が現れてくる。それがリベラル・ナショナリズム論である。

リベラル・ナショナリズムの理論家によれば、従来無色透明であると想定されていたリベラル・デモクラシーの政治制度は、実は各ネイションの文化的な要素を大いに反映したものであり、本来的に多元的で個別的なものである。そして、だからこそ、人びとはリベラル・デモクラシーの政治制度に「われわれのもの」として愛着を抱き、積極的かつ継続的に支えていこうとする。したがってこうした理解からすれば、多様なネイションが独自の文化的属性を基盤にした政治社会の構成原理を構想できる条件を整えることによってはじめて、多文化共生は実現されるということになる。すなわち、リベラリズム解釈の変容によって、多文化共生世界の構想は「雑居型」から「棲み分け型」へと変容を迫られるはずだと論じる。(7)

第2章では、国際政治理論の一潮流である「規範理論」における「コスモポリタン - コミュニタリアン論争」をとりあげ、そこにおけるリベラル・ナショナリズム論の理論的な位置づけを検討する。「コスモポリタン - コミュニタリアン論争」は普遍性の尊重か、個別性の擁護かというある意味で政治理論・政治哲学において長いあいだ共有されてきたアポリアをめぐる論争である。ここで、一般的にはコミュニタリアンに位置づけられるリベラル・ナショナリズムの議論は、「コスモポリタン - コミュニタリアン論争」を架橋するひとつの視座を提供しうるということを、チャールズ・ベイツ (Charles Beitz) とデイヴィッド・ミラー (David Miller) のグローバルな正義に関する論考を比較検討することで明らかにする。このことによって、これまでコスモポリタン的な志向性を有する従来のリベラルは「雑居型多文化共生世界の構想」を指示し、「棲み分け型多文化共生世界の構想」には与しないかのように論じてきたが、必ずしもそうではなく、「棲み分け型」はコスモポリタンの主張と理論的に必ずしも対立するものではなく、彼らも大いに支持しうるものであることが示されるだろう。

以上、リベラル・ナショナリズム論の規範理論的な布置について概観したうえで、第3章と第4章では、リベラリズムの重要な価値のひとつであり、相互に密接な関係があると思われる民主主義と社会正義(およびそれを下支えする社会的連帯)について論じる。とりわけそれらが、ナショナルな文化やナショナルな共同性に基づくときに最も機能するということを明らかにしたい。

第3章では、民主主義の境界が国境を越えて広がる可能性について、アンドリュー・リンクレイター (Andrew Linklater) の「普遍的コミュニケーション共同体」の構想を批判的に検討することで論じる。コスモポリタン・

デモクラシーの構想を支持するリンクレイターによれば、国民国家は人間（men）をそれに属す「われわれ」とそうではない「彼ら」に意図的に峻別する排除の装置である。したがって、国民国家を超克するために、彼はユルゲン・ハーバーマス（Jürgen Habermas）の「討議倫理」（Diskursethik）を援用する。国家への帰属の証としての「シティズンシップ」ではなく、「討議への参加資格」を平等に個人に付与することで、人びとがア・プリオリに排除されない、さまざまな差異を包摂する「普遍的コミュニケーション共同体」を構築できるというのである。ところが、実質的にだれも排除されることのない熟議を想定できるのか、はなはだ疑問である。リベラル・ナショナリストからすれば、熟議に用いられる言語の問題があり、それを共有できなければ、政治的な熟議は成立しない。むしろ、対話や熟議を重視するのならば、リンクレイターが超克を試みた国民国家こそが、重要なアリーナとして浮上するわけである。

第4章では、社会正義やそれを支える社会的連帯について扱う。昨今の格差社会の問題などから、社会的連帯をいかに再生させるか、あるいはその源泉を何に求めるべきかという議論が活発になされている。そのひとつの方法として、近年、ナショナル・アイデンティティといった本質的なアイデンティティの共有ではなく、熟議をはじめとする制度を介して社会的連帯を涵養しようという議論が注目されている。ここではとくにハーバーマスの「憲法パトリオティズム」の議論をとりあげ、第3章の知見も大いに参照しつつ、その問題点を指摘する。そしてそれによって、社会的連帯の源泉はナショナリティに求められるべきだということを、想定される懸念に応じつつ論じる。

続く第5章および第6章では、移民の受けいれやネイションの分離独立の是非を規範的に検討する。この二つの事柄は、ナショナルな境界線の意義を検討する本書では欠くことのできないものである。というのも、従来のリベラリズムが境界線を取り払うことを志向していたとすれば、これらは議論する以前に概ね答えが決まっている問題だからである。とすれば、移民の受けいれやネイションの分離独立の是非をめぐる問題は、リベラリズム解釈の変容によってリベラリズムが直面する、最も先鋭的な課題だと思われる。

第5章で論じる国境を越える人の移動は、ある意味でリベラルな社会のパラドックスを象徴している。多様性の尊重という観点からすれば、一般に移民はできるだけ受けいれるべきだろうが、他方で社会統合という観点からすれば、移民はできるかぎり受けいれないほうが望ましいからである。こうした包摂と排除の狭間にいる移民（本書ではとくに経済的な移民を論じる）の処遇について、従来のリベラリズム解釈では、基本的には国境開放政策が支持されてきた。しかし、新しいリベラリズム解釈のもとでは、ナショナルな境界線を維持して移民の受けいれをある程度制限することは、リベラルな観点から正当であり、公正な多文化共生世界の秩序を導く条件のひとつとして望ましいと論じる。

第6章では、ネイションの分離独立について論じる。分離独立とは境界線をなくすどころか、まさに新たな「実線」の境界線を引くことである。これについては、国際政治学や歴史学の分野における実証研究は盛んだが、規範理論的にはほぼ等閑視されてきたといってよい。アレン・ブキャナン（Allen Buchanan）はそうした現状を打破し、リベラルな観点から一定の条件のもとで分離独立の権利を正当化できるとした。私はブキャナンの主張の有意性をある程度認めるが、彼の議論は不十分だと考える。というのも、ブキャナンは分離独立の正当化事由として、文化の保護は副次的なものにすぎないと主張するからである。ここではそうした彼の主張を批判的に検討し、ナショナルな文化を保護し育むという理由に基づく分離独立も、リベラルな観点から正当なものとみなすことができると論じる。

第7章では、リベラル・ナショナリズム論からは「棲み分け型」多文化共生世界の構想が導きだされることを確認するために、リベラル・ナショナリズム論の代表的論客であるヤエル・タミール（Yael Tamir）が提示した「複数ネイション主義」（multinationalism）という世界秩序構想を批判的に検討する。社会正義や民主主義といったリベラルな理念はナショナルな文化を基盤としていると主張する彼女は、世界秩序構想を論じるにあたり、各ネイションがみずからの政治制度を保持するという願望を放棄し、より上位の政治共同体である地域機構に平等に参加するほうが望ましいという。彼女のこうした地域機構における文化的自治を志向する構想は、これまで存在してきた厳然たるネイション間の境界線を、経済や安全保障にかかわる部分のみ透過的にするという意味で、境界線をいわば「実線」から「点線」にしようというものである。

しかしながら、このようなタミールの「複数ネイション主義構想」は、そもそも彼女の理論的背景からすれば一貫性を欠く。というのも、彼女がリベラル・ナショナリズム論を前提とするならば、主権を共有したり、政治制度を共同で運営するにあたって、それを下支えするなんらかの仲間意識や共同性について言及する必要があるが、この点をいっさい論じていないからである。それゆえ、結果的に彼女は世界秩序構想を論じるにあたって、リベラル・ナショナリズム論を放棄しているといわざるをえず、「複数ネイション主義」はリベラル・ナショナリズム論の立場からすれば支持できないものである。彼女の構想を批判的に検討することで、リベラル・ナショナリズム論からは「棲み分け型多文化共生世界の構想」が理論的に導出されるべきであることが、あらためて浮き彫りになる。

以上の各章を通じて、リベラル・ナショナリズム論から導出される「棲み分け型多文化共生世界の構想」が規範的に妥当であることを示していきたい。

第1章　いまひとつの多文化共生世界の構想
――リベラリズムの新たな解釈

アリストテレスは、人間の顕著な特徴について書いたときに、なぜ自然言語のバベルの塔のような性質、それぞれ排他的な慣習と禁忌を有する多くの宗教の増殖、それぞれ別個で特有の歴史に対する国民の愛着、国境や境界線――社会集団や国民はそれを利用してそれぞれの別個のアイデンティティを維持しようとする――などについて言及しなかったのか。なぜ彼はこのような人類全体に見られる分裂状態、分離や対立するアイデンティティへの衝動に、少なくともあらゆる動物のなかで人間に顕著な特徴として注目しなかったのか。

スチュワート・ハンプシャー(1)

1　はじめに

われわれは「なぜ」他者と共生しなければならないのか。こうした問いに答えるとすれば、「この地球という球体の表面では、人間は無限に散らばって広がることができないために、共存するしかない」(Kant 1998: 21〔邦訳：一八五‐八六頁〕)というイマヌエル・カント(Immanuel Kant)の語を引くだけで十分なように思われる。しかし、われわれは「いかに」あるいは「どのように」他者と共生していくのか、という問いに答えることは、とたんに難しくなる。

いうまでもなく、この世界には多様な文化が存在し、それぞれに多くの人びとが暮らしている。人びとはみずからの善き生き方を、自分になじみやすい環境のなかで探求したいと思う。つまり、自分を育くんできた文化的環境のなかで暮らしを営んでいくことを一般に望むだろう。そうしたさまざまな価値観や志向性を有する他者といかに共生するかということは、われわれが有史以来この有限なる地球で社会生活を営むうえで直面してきた難問である。この意味では、近年日本でも声高にいわれるようになった「多文化共生」とは何も新しいものではない。そして、リベラリズムの政治理論は、明示的に「多文化共生」という言葉を使用してきたかどうかはともかく、この問いについて伝統的に論じてきたといえる。

リベラリズムとは何であろうか。それは多様な主義・主張を含む概念である。したがって、そのすべてに着目していては、リベラリズムを明確に規定することは困難である。このような状況においてリベラリズムを定義する最善の方法は、リベラリズムと称される諸思想が登場した状況に目を向けることだろう(井上 一九八六：二一

四 ‐ 一八頁、施 二〇〇三：七六頁）。それはジョン・グレイによれば、伝統的な社会秩序が崩れ去ったゆえに、政府の権力や限界を再定義する必要が生じてきた歴史的状況である（Gray 1986: 90-91〔邦訳：一三四頁〕）。そのような状況において、リベラリズムが目指すものはおおよそ、「異なる善き生の構想と世界観を有する各人のあいだに同意を打ちたてることのできる政治的諸原理の探求」（Ibid.: 91〔同上〕）である。いいかえれば、リベラリズムは、多様な人生観や世界観を有する人びとのあいだに、その相違にもかかわらず、みなが同意でき、共生を可能にする政治社会の構成原理を探求し打ちたてることを課題としてきたのである（施 二〇〇三：七七頁）。

その際、一般に「啓蒙的理性の嫡出子」（井上 二〇〇一：三三頁）であるとか「啓蒙思想の嫡流」だとされるリベラリズム（See also Lasch 1995: 93〔邦訳：一一六頁〕）においては、個人は属性から解放された負荷なき純粋選択主体、すなわち「負荷なき自我」（unencumbered self）としてとらえられ、また国家はそのような個人の自律的選択に干渉せず、中立的であるべきだと考えられてきた。こうした「国家の中立性」（the neutrality of the state）をとりわけ文化との関連でいえば、リベラル・デモクラシーの政治枠組みは文化超越的であり、いかなる文化からも中立的だとされる。そのような枠組みのもとで、多様な文化を有する人びとは、公正な関係を保ちながら交流しつつ暮らしていくとされた。ここでは、共通の公共の枠組みがあり、そのもとに多様な宗教や文化があるというかたちで、リベラル・デモクラシーの公共の枠組みと、文化や宗教で満たされる私的な領域は明確に区別された。このような見解によれば、多文化共生世界を実現するには、究極的には文化や伝統の相違にもかかわらず、リベラル・デモクラシーを世界に行き渡らせることが求められることとなる。[3]つまり、多様な文化的・民族的出自を有する人びとが、個人として平等に尊重される単一のリベラルな政治枠組みのなかで暮らしを営み、そこではもはや国境線は意味をなさない。従来のリベラリズム解釈においては、こうした「雑居型多文化共生世界の構想」が理想とされるのである。

しかしながら、こうした世界観においては、リベラル・デモクラシーの政治枠組みのもとで、ある集団がみずからの文化的・伝統的な価値を追求するために何らかの権利要求をすること、たとえば言語や教育についての権利や、場合によっては分離独立の権利を要求することは、生じること自体想定されず、想定されるとしてもそれらはすべて非リベラルなものだとされてしまう恐れがある（施二〇〇九ａ：七四－七六頁；施二〇〇九ｂ：七〇頁）。実際、とくに冷戦崩壊を契機にマイノリティ集団が権利要求をすることが多くなった。また、理論的にはコミュニタリアンや多文化主義による批判を受け、従来のリベラリズム解釈は、とくに文化との関係で大きな変容を迫られている。このような流れのなかで登場してきたのが、「リベラルな文化主義」であり、その一潮流である「リベラル・ナショナリズム」である。そして、こうしたリベラリズム解釈の変容にともなって、そこから導きだされる多文化共生世界の構想も変容を余儀なくされるはずである。

そこで本章では、従来のリベラリズムからリベラルな文化主義へという解釈の変容を概観し、従来のリベラリズム解釈から導出される「雑居型」とは異なる「棲み分け型多文化共生世界の構想」が、新たなリベラリズム解釈から理論的に導きだされることを明らかにしたい。

ただし、次の点に若干留意したい。ウィル・キムリッカが論じているように「啓蒙思想の嫡流」としてのリベラリズムから、リベラル・ナショナリズム論へという解釈の変容は、比較的新しいものである（See Kymlicka 2001a: ch. 10）。だが、リベラリズムにおける重要な価値である個人の自由や平等などを、リベラル・ナショナリストがいうような意味での文化的なものと結びつけて論じる知的伝統は、これまで全くなかったわけではない。そうした思考は、確かに「百科全書派」などのいわゆる「大陸的な啓蒙思想」とはなじみが薄いかもしれない。

現代リベラリズムは一般にこちらの啓蒙思想の影響を受けているように思われる。

ところが、デイヴィッド・ヒューム（David Hume）やアダム・スミス（Adam Smith）らに代表される「スコットランド啓蒙思想」には、リベラル・ナショナリズムの源流ともいえるような知的伝統が見受けられる。(4) ただし、この点を当のリベラル・ナショナリズム論の主唱者たちが明確に意識しているとはいいがたいように思われる。(5) そこで、リベラリズム解釈の変容を概観するにあたって、ヒュームやスミス、および彼らの思想的影響を大いに受けたフリードリヒ・フォン・ハイエク（Friedrich von Hayek）の議論を適宜参照することによって、リベラル・ナショナリズム論を思想史的系譜の点からもより理解できるように思われる。(6)

以下本章は次のような道筋をたどる。まず、従来のリベラリズム解釈において前提とされている自我観や国家観を確認し、従来のリベラリズムがはらむコスモポリタン的な志向性を確認する（第2節）。そのうえで、リベラリズム解釈の変容を、リベラル・ナショナリズム論を検討しながら見ていく。その際に、ヒュームやスミス、ハイエクらの知見を参照することによって、(7) リベラル・ナショナリズム論の主張を適宜補足しよう（第3節）。そして、リベラル・ナショナリズム論からは従来のような「雑居型」ではなく「棲み分け型」の多文化共生世界の構想が導出されることを明らかにしていく（第4節）。

2　従来のリベラリズム解釈――啓蒙思想やコスモポリタニズムとのかかわり

一八世紀の代表的啓蒙理論家であるカントは、『啓蒙とは何か』の冒頭において、「啓蒙とは人間がみずから招いた未成年の状態から抜けでること…（中略）…みずからの理性を活用する勇気を持て！――これがすなわち啓蒙のスローガンである」(Kant 1974: 9〔邦訳：一〇頁〕) と述べ、人間の思考を非理性的束縛から解放することを説いた。このことからわかるように、啓蒙思想の一般的な理論的特徴は、「属性から生じる役割やアイデンティティから個人を解放すること」(Kymlicka 2001a: 203) であった。一例をあげると、フランス啓蒙思想における重要人物のひとりであるコンドルセ侯爵 (Marquis de Condorcet) は数学者としても高名だが、彼はその著書『人間精神進歩史』(Condorcet 2009) のなかで、理性的な知である自然科学を、人類社会の進歩の牽引車とみなしていた。

社会の進歩・発展を妨げるもののひとつとして、コンドルセはエリートの知の独占をあげていた。エリートだけに通用する言語でその知が伝達されるかぎり、エリート以外の大多数の人びとはそうした知を活用できない。そこで彼は、あらゆる人が使用できる普遍言語の創出に期待する。(8) あらゆる人が使用できる言語によって教育がおこなわれることで、エリート以外の人びとに知識が広まる。つまり、普遍言語は人びとに「真なる知に容易に到達し、誤解をほとんど生じさせない正確性と厳密さ」(Ibid: 407-8〔同上：二八二頁〕) を与える。そして人びとは、しだいにみずからの慣習語を放棄するはずであり、「同等に正確で厳密な言語」を習得することで、「同程度の確実性」に到達するにちがいないのである (伊藤 一九九七：五二頁)。コンドルセにとってそれは、「あらゆる人間の知識に計算の科学をより普遍的かつ哲学的に応用することによる」(Condorcet 2009: 380〔邦訳：二六五頁〕)、人間精神が進歩するうえでの必然的帰結でもあった。

上述のように、啓蒙された理性的人間は、みずからの文化的・社会的帰属など生来的なものから距離をとり、それを相対的に吟味できるようになる。つまり、個人にとって文化的帰属が本質的に重要なのではない。重要なのは、確実な知に基づいて自律的に選択できる権利が、すべての個人に平等に付与されることだというのである。

この考え方では、ナショナリズムは漸次的に消滅することになる。マジョリティにとってもマイノリティにとっても、重要なことは個人として平等な権利を享受できることであり、その集団の文化やナショナル・アイデンティティの保護ではない。ゆえに、それらはしだいに重要性を失い、各人はこうした要素を自発的に捨て去り、より大きな集団、ひいては世界大の単一のコスモポリタンな社会に統合されるだろうと啓蒙理論家は考えた。つまり、「コスモポリタニズムこそが、個人の解放の自然で不可避的な帰結」(Kymlicka 2001a: 203) だと論じたのである。

従来、概してリベラリズムは「啓蒙的理性の嫡出子」として理解され、政治社会の構成原理を探求するうえでこうした啓蒙思想の影響を負っていると認識されている。たとえば、ジョン・ロールズは『正義論』(Rawls 1999a) で、財の公正な分配の基本原理である「正義の二原理」(9)を提示したが、彼によればこれは、「原初状態」(original position) において個人が合理的に選択ないし合意すると考えられる原理である。ロールズは次のように論じている。

いかなる者も、社会における自分の位置や階級的立場、社会的地位を知らないし、自分の先天的資源や能力、知力や体力などの分配における運も知らない。私は、当事者が自分の善の構想や特殊な心理的性向を知らないとさえ仮定してみたい。正義の原理は無知のヴェール (veil of ignorance) のもとで選択される。このようにすれば、誰一人として原理の選択にあたって、先天的な運や社会的環境の偶然性の結果によって有利にも不利にもならない。全員が同じような状況におかれており、誰もみずからがおかれた特定の状況に都合の良い原理を策定できない。それゆえ、正義の原理は、公正な合意や交渉の結果もたらされる (Ibid: 12〔邦訳：一八頁〕)。

原初状態で前提とされているのは、いかなる経済的・宗教的・人種的関係などへの帰属によっても規定されることのない、いわば無属性的で文化中立的な個人である（Kymlicka 2002: 221〔邦訳：三二〇-二二一頁〕）。つまり純粋選択主体としての「負荷なき自我」である。[10] この自我観はまさに、上述した啓蒙思想において前提とされていた個人像と重なるものである。原初状態において、個人の人格的な差異は完全に捨象される。ロールズによれば、原初状態において「当事者は、自分たちの差異を知らず、また個人が等しく合理的であり、かつ同じような関係にあるから、各人が同一の論証によって説得させられる、ということは明らかである。それゆえ、原初状態における選択を、任意に選ばれたあるひとりの人格の視点から考察することができる」（Rawls 1999a: 139〔邦訳：一八八頁〕）のである。ロールズの正義の原理はまさに、最も社会的に不遇な状況に置かれた他者と互換可能なまでに自我が置かれている状況を捨象し、自我を抽象化することによって導出されるものであった。

リベラルは、負荷なき純粋選択主体としての個人が、自由に善き生を選びとる環境を整えることを理想とする。したがって、国家は当の個人の自律的な選択に干渉すべきではなく、また特定の選択をするよう促してはならない。つまり「国家の中立性」が要請されるのである。

ロールズに対する代表的批判者であるチャールズ・テイラー（Taylor 1992: 18〔邦訳：二四頁〕）によれば、リベラルな国家は「何が善き生を形作るのかといった問いに対しては中立を守らねばならない」。なぜなら、「善き生とは、各個人がそれぞれのやり方で探求するものであって、もし政府がこの問いに対して旗色を鮮明にするようなことにでもなれば、その政府は不偏性を欠くこととなり、したがってまた、すべての市民を平等に尊重していないこととなる」からである。[11]

文化との関連に着目して述べれば、これは政治と文化の問題を「政教分離モデル」でとらえ、文化を各人が私的に追求する価値であるとし、国家は文化から超越的であり、その保護や社会的再生産に積極的に関与すべきでないとする考えである（Kymlicka 2001a: 23-24）。したがって、中立国家は各民族文化に対して「好意的無視」（benign neglect）という態度をとるべきだとされる[12]。すなわち、ブライアン・バリー（Brian Barry）の言葉を借りれば、リベラリズムの原理は「文化の私化」（privatization of culture）をともなうのである（Barry 2001: ch. 2）。このように従来のリベラリズム理解におけるリベラル・デモクラシーの政治枠組みとは、文化超越的な中立国家を構想するものであった。

国家の中立性は、リベラリズムが「啓蒙的理性の嫡出子」であることを明確に示していると思われる。なぜなら、政治社会の構成原理が文化超越的で中立的であれば、リベラルを標榜する国家では世界中どこにおいても、同様の政治社会の構成原理が見いだせるということを必然的に含意するからである[13]。

以上、ここまで論じてきたように、リベラリズム、啓蒙思想そしてコスモポリタニズムは密接に絡み合っていたのである。ところが、こうしたリベラリズムと文化との関係性についての理解には近年、疑問符が付され、徐々に変容を迫られてきた。

3　リベラリズムと文化の新たな理解——いまひとつの啓蒙思想の潮流を踏まえて

従来のリベラリズム解釈に疑義が呈されるようになった大きな要因として、事実上既存の国家内部のマイノリティは、たとえ基本的人権が与えられても、不利な状況に置かれていることに変わりなかったことが指摘できる[14]。なぜなら、リベラリズムの政治枠組みの文化中立性の想定のもとでは、リベラルな国家において文化や伝統に基づく政治的権利要求――分離独立・自治・集団代表権・言語や教育にかかわるものなど――はすべて生じること自体想定されないか、生じても非リベラルなものとされてしまう恐れがあるからである。つまり、中立国家による「好意的無視」は、マイノリティにとって「好意的」なものではなく、彼らの要求をひたすら私的なものとして意図的に隠蔽したり、規範からの逸脱として反社会化するように機能したのである。

こうした理由から、リベラル・デモクラシーの政治枠組みが真に文化中立的であるのかがしだいに疑われるようになってくる。この点を明確に指摘し、とくに英米圏の政治理論において一定程度の合意を獲得してきているとされるのが、ヤエル・タミール、デイヴィッド・ミラー、キムリッカ、マーガレット・カノヴァン（Margaret Canovan）などを代表的論客とする「リベラル・ナショナリズム」の理論である。彼らは、従来のリベラリズム解釈を次のように修正する。

個人の自由と文化の関係

すでに述べたように、従来のリベラルが前提としてきたのは、個人の社会的属性を捨象した無属性的な自我であり、みずからの善い生き方を探求するために理性的な選択をおこなう自律的な個人であった。ところが、そのとき問題になるのは、個人の理性的かつ自律的な選択は何を基盤になされるのかということであった（Kymlicka 1989a: 12-13）。ここでキムリッカは、各人が自律的な選択をおこなうための最良の環境を提供するものとして文化の重要性を指摘する。なぜなら、個人はそれまでの人生において家族・宗教・教育などの経験を通じてアイデンティティを形成するという意味で、既存のある特定の文化的共同体と密接なかかわりを持った存在だからである。人生の選択は、そうした文化的体験やその共同体のなかで受け継がれてきた「文化的遺産」を頼りになされ、個人は、その選択がみずからの今後の人生経路において有意義なものかどうかを判断する、とキムリッカは論じる（Ibid: 165）。

ここでいう文化を、キムリッカは「社会構成文化」（societal culture）と呼ぶ。それは、彼によれば、「公的領域と私的領域の両方を含む人間の活動のすべての範囲——そこには、社会生活・教育・宗教・余暇・経済生活が含まれる——に渡って、さまざまな有意義な生き方をその成員に提供する文化」であり、この文化は、「それぞれが一定の地域にまとまって存在する傾向にあり、そして共有された言語に基づく傾向にある」という（Kymlicka 1995: 76〔邦訳：一一三頁〕）。これは、あらゆる社会的実践や制度の背景にある「伝統と慣習という共有された語彙」（Dworkin 1985: 231 quoted in Kymlicka 2001a: 209）を含意するものであり、社会的実践の意味を理解するには、この「共有された語彙」の理解が不可欠であると彼は主張する。したがって、このように文化的に形成されてきた「語彙」の意味内容を理解することは、個人が善い生き方を理性的に選択するうえでの前提条件となるのである。(15)

このように、個人を超越論的な主体ではなく、社会に埋め込まれた存在だとする見方は、スコットランド啓蒙思想のひとつの大きな特徴である。(16) ハイエク（Hayek 1980）によれば、個人をどのように理解するかという見方については、個人を「社会から孤立した存在、あるいは自己完結した存在」としてとらえる「偽りの個人主義」（false individualism）と、それとは反対に、個人を社会と不可分な存在だと見なす「真の個人主義」（true individualism）という二つの見方があるという。そして、「偽りの個人主義」の潮流の代表者は、フランスの百科全書派、J・J・ルソー（Jean-Jacques Rousseau）および重農主義者たちであり、「真の個人主義」は、バーナード・マンデヴィル（Bernard de Mandeville）、ヒュームやスミス、アダム・ファーガソン（Adam Ferguson）、エドマンド・バーク（Edmund Burke）といった思想家の知的伝統に由来するとされる。ハイエク自身はもちろん後者に与するわけだが、彼らに共通する理解とは、人間の理性的な判断は特定の社会的文脈を超えて、超越的にもたらされるのではなく、特定の社会のなかで自生的に形成されるということである（佐伯 一九九九：六五‐六六頁；堂目 二〇〇八：一〇九‐一〇頁）。[17]

ここで彼らが重要視するのが、人びとが属す社会の「慣習」（convention）や「伝統」である。これはいわば、社会における人びとの行為あるいは思考のパターンの蓄積である。[18] 別のいい方をすれば、「誰が設計したわけでもなく、その存在理由を誰も理解しないということがありうるような社会過程によって産みだされるもの」（Hayek 1980: 23〔邦訳：二八頁〕）であって、ハイエクが好んで使うファーガソンの表現を使えば、「人間の行為の結果ではあるが、設計の結果ではない」（Hayek 1991b: 84〔邦訳：五五頁〕）ものである。理性的な判断とは、そのような人間が置かれている諸社会の慣習などから離れてなされるわけではない、と「真の個人主義」の思想家たちは考えるのである。[19]

このときヒュームやスミス、ハイエクのいう「慣習」や「伝統」は、キムリッカのいう「社会構成文化」と大いに重なるものである。個人の自律的な選択とその背景にある文化的文脈の重要性を指摘したうえで、キムリッカは、個人の選択が有意義なものになるには、社会構成文化に対するアクセスが十分に保証されている必要があるという。したがって、「個人の自由に対するリベラルな深い信奉は、社会構成文化の存続や繁栄への信奉へと拡大することができる」のである（Kymlicka 2001a: 209-10）。そこで彼はとくにマイノリティに対して、国家の成員に共通する市民権以外に、それぞれの要求に合わせた「集団別権利」（group differential rights）を付与すべきだという（Kymlicka 1995: ch. 2-3〔邦訳：第二‐三章〕）。これはつぎに明らかにするように、文化中立的国家観に対する根本的な批判を含意している。

国家の文化的中立性という幻想

国家がマイノリティに集団別権利を付与することは、国家がある特定の集団の文化に肩入れしているという意味で中立国家の原則に反する。ところが、これが新たなリベラリズム解釈において正当化されるのは、そもそも国家が文化中立的たりえないからである。

たとえば、アメリカの独立記念日やイースターといった祝祭日は、独立記念日やアメリカの歴史と宗教を反映したものである。また、アメリカにおける教育は基本的に英語でおこなわれており、英語の学習は移民がアメリカ市民権を獲得するための法的要件にもなっている（Kymlicka 2002: 346〔邦訳：四九九頁〕）。これは何もアメリカに限ったことではない。日本のことを考えても、日本の祝祭日は日本の歴史や宗教を反映しており、アメリカのそれとは大きく異なる。また、帰化申請の際にはかなりの程度の日本語能力が求められる。この事実にかんがみれば、いかにリベラルを標榜しようとも、国家は文化中立的であるどころか、事実上ある特定の集団（多くの場合、マジョリティ）の民族文化的な要素を支持せざるをえず、それが当該社会における政治社会の構成原理に大いに反映されることとなる。[20]

このような状況で、ナショナル・マイノリティがマジョリティと同等の自由を享受するためには、ナショナル・マイノリティがみずからの社会構成文化にアクセスできる自由を、少なくともマジョリティのそれと同程度にまで保証する必要がある。そうでなければ、マジョリティとマイノリティは公正に処遇されていないことになってしまう。したがって、ナショナル・マイノリティへの集団別権利の付与は、リベラルな観点から正当化できるのである。

リベラル・ナショナリストは、支配的集団の文化が政治社会の構成原理にある程度不可避的に反映される事実を一定程度積極的にとらえ、リベラル・デモクラシーの政治制度の正当性やそれを下支えする個人間の連帯意識の源泉となる文化の重要性を指摘する。彼らは、このことはリベラルの自由・平等原則と全く矛盾せず、むしろ「マイノリティへの特別な権利の付与を正当化する文化やアイデンティティに関する切実な利益が存在する」(Ibid: 339〔邦訳:四九一頁〕)と主張する。

リベラル・デモクラシーの政治枠組みの存立基盤としてのネイション

さらに、リベラル・ナショナリズムの論者は、平等(社会正義)や民主主義の実現、およびそれらを重要な構成要素とするリベラル・デモクラシーの政治枠組みの安定的な存続のためにも、ナショナルな文化は重要だという。たとえばミラーは、社会正義はナショナルな政治単位でこそ最もよく実現されると述べる(Miller 1995, 1999a)。つまり、再分配政策がうまく機能するのは、市民が強い共通の帰属意識といった紐帯によって互いに結びつけられている場合なのである。なぜなら、不遇な者に対する強い共感の念がなければ、社会における再分配自体が成り立たないからである。ミラーは次のように述べている。

社会正義の枠組み、とくに、市場での取引を通じて自活できない者に対する再分配を含む枠組みを各個人が支持する条件について考えるとき、信頼は特別な重要性を帯びるようになる。この意味での福祉国家を目指し、同時に民主的な正当性をも保持しようとする国家は、構成員がそうした正義の義務をお互いに承認しあっている共同体に基礎を置いていなければならない（Miller 1995: 93〔邦訳：一六三頁〕）。

ミラーによれば、そのような信頼関係が存在するのは、現在ではナショナルなレベルをおいて他にはないと主張する。その根拠に、社会正義の原理を構想するうえで不可欠な背景となる共通の意味や理解を含む「公共文化」(public culture) の存在をあげる。公共文化とは「ある人間集団がどのようにして共に生活を営んでいくかに関する一連の理解」(Ibid: 26〔同上：四六頁〕) である。いわば社会正義の構想を模索していくうえでの手がかりであり、なかば無意識に人びとが共有している感覚や社会的意味・経験の集合である。これを共有していることが一因となって、同じネイションに所属する人びとはお互いを文化的に同質な仲間であると認識し、生活の多様な場面で継続的に協力しあい、社会を共同でつくっていこうと考えるのである。つまりネイションはそのような「包括的文化構造」(encompassing cultural structure) を共有する集団だとする。

こうした理解は、たとえばヒュームにも見いだすことができる（Hume 2000: 307-66〔邦訳（第四巻）：四四－一八二頁〕）[21]。正義とは、いかなる社会にも求められるものであるが、ヒュームによれば、正義が成り立つためには、人間がみずからの利益を極大化したいという利己心を抑制せねばならない。それはどのようにしてなされるのか。彼によれば、利己心が抑制されるのは「他人の所有物には手を出さない」という「慣習」に従うことによってであり、このようにして人は社会を維持するという。ここで「慣習」とは、社会の成員の「共通利益についての一般的了解」である。この了解を社会の成員すべてがお互いに表明しあうのであり、これによって彼らは、一定の規則によって互いの行動を規制されるというのである。そして彼は次のように論じる。

もし慣習が共通利益の了解を意味するとすれば、この了解を各人は己の胸中に感じるのであり、それを仲間のうちに認め、公共の利益に役立つ行為の全体計画あるいは体制作りに、他の人々と協力して立ち向かうようになるのである。この意味でならば、正義は人間の慣習から生じると、認められなければならない（Hume 1998: 98〔邦訳：一八一頁〕）。

つまりヒュームは、「正義のルールは人々がおかれている特殊な状況や条件に全く依存しており」（Ibid: 16〔同上：二五頁〕）、当該共同体の人びとが有する慣習によって形成されるというのである。ヒュームはここで主に所有権について論じており、ミラーのいう社会正義とはやや文脈が異なるが、ここで重要なことは、ヒュームとミラーは次の点で通底する部分があるといえることである。すなわち、両者ともに、正義の構想はその社会の文化的なものを基盤に成立すると論じているのである。(22)

ミラーはこうした理解によって、原理的にいって社会正義の構想は、政治的経験や公共文化の相違のため、ネイションごとに異なるのであり、その基本的単位はナショナルな単位でなければならないという。

ここで、主にミラーに依拠して、より詳細にリベラル・ナショナリストのネイションの定義を、とくに他の集団との違いを踏まえつつ整理しておきたい。第一に、ネイションとは政治的な自決を強く望む人びとの共同体であるということである。つまり、みずからの運命をみずからで決定する意思を明確に持つ人びとの集団であり、それを実現するために独自の政治制度（state）を持ちたいと欲する集団である（Miller 1995: 19〔邦訳：三五頁〕）。民族《エスニック》集団といったネイション以外の集団は、既存の国家内での地位の承認を求めており、必ずしも厳密な意味での政治的な自決を求めているわけではないという点で、ネイションと区別される（Kymlicka 1995: ch. 2〔邦訳：

第二章〕; Miller 2000: 127–28）。

ところが、ひとつのネイションが複数の民族集団からなっている例は現実に多くある。このことから、ネイションと他の集団のアイデンティティは共存可能なことがわかるだろう。つまり、ネイションに基づくアイデンティティは、エスニシティなどほかの集団の帰属に由来するアイデンティティと、原理的には両立可能なのである。すなわち、ネイションにはさまざまな私的な文化が繁栄する余地が大いに残されており、排他的で固定的であるどころか、少なくとも原理上は包括性と柔軟性を有している（Miller 1995: 44–46〔邦訳：七六‐七九頁〕）。これがネイションの第二の特徴である。[23]

こうした理解を踏まえて、ミラーはネイションの自決を重視し、各ネイションが独自の属性（文化や伝統、自然的経済的状況など）を反映した政治社会を維持・運営できることを求める。すべてのネイションが自己の将来をみずから決定し、なじみ深い社会正義の構想を実現する機会を与えられ、しかも他者はそれらを尊重すべきだと考える。

ミラーは社会正義の構想に限らず、社会的協働を可能にする政治枠組みの諸原則は「身内や同僚などに対する自然な感情を斟酌せねばならず、また人々はさまざまな要求に従わせるだけの複雑に絡みあった動機――純粋に理性的な確信だけでなく、愛情・自尊心・羞恥といった動機――に基づいていなければならない」（Ibid: 58〔邦訳：一〇五頁〕〔傍点は引用者による〕）という。興味深いことに、この文章につけられた注で、ミラーはヒュームに言及し、みずからが立脚する倫理的個別主義の倫理観は「カント的というよりはヒューム的である」と述べている（Ibid.〔同上：一三八‐一三九頁〕）。

つまり、カノヴァンが端的に述べているように、リベラル・ナショナリストは、ソリベラリズムや社会正義、民主主義の議論がいずれも、政治共同体の存在に関するある暗黙の前提に依拠していると指摘した（Canovan 1996: 44）。その前提とは、社会正義や民主主義などが安定的に機能するためには、当該の政治社会に信頼関係や連帯意識が成立していなければならないということであり、それらは親族・社会階級・宗教・民族などの絆を越えるネイションへの帰属心によってもたらされるということである。この意味でナショナリティとは、リベラル・デモクラシーの政治枠組みを安定的かつ持続的に起動させるいわば「動力源《バッテリー》」である（Ibid: 72-75）。(24)

4 おわりに――「雑居型」から「棲み分け型」へ

本章では、近年のリベラリズム解釈の変容について論じてきた。すなわち、純粋選択主体としての負荷なき自我観および文化中立的国家観を前提とし、ゆえにコスモポリタン的な志向性を有していたリベラリズムの従来的解釈から、リベラル・ナショナリズムへという理論的変遷である。そして、それにともなって、リベラリズムの政治理論から導出される多文化共生世界の構想も変容するはずだと論じた。

多様な人生観や世界観を有する人びとが同意でき、彼らの共生を可能にする政治社会の構成原理を探求し打ちたてることを課題としてきたリベラリズム論において、そのような多文化共生は、単一のコスモポリタン的な枠組みにおいて実現されると従来は考えられてきた。ところが、リベラル・デモクラシーの政治枠組みは決して単一で無色透明なものではなく、それぞれの社会における慣習・伝統などに大いに下支えされたものであることがしだいに明らかになってきた。このことが正しいとするならば、多様なネイションが独自の文化的属性を基盤にした政治枠組みを構想できる条件を整えることによってはじめて、多文化共生は実現されると思われるのである。

こうした世界像は、かつて今西錦司が生物社会学において展開した、生物の「棲み分け」(habit segregation)の議論と類似したものにもなるだろう。今西によれば、生物の進化は、かつてチャールズ・ダーウィン(Charles Darwin)が主張したように、自然淘汰を繰り返しながら単一の極相に収斂していくものではない。むしろ、生物は置かれた個別的・特殊的状況に適応することによって生活の場を確保し、その過程で分化していくのである。そして、それぞれ生活の場を異にする多様な種が「棲み分け」をしながら共存しているというのである(今西 一九七二、一九九四)。

もっとも今西は、生物社会の論理を人間社会に当てはめることには慎重であった(今西 一九九三b：二四一－四四頁)。しかしながら、あえてこれとのアナロジーで考えれば、ダーウィン的な進化論は、まさに大陸的な啓蒙思想、およびその「嫡出子」としてのリベラリズムにおけるコスモポリタン的な志向性と共通するものがあるといえよう。一方で、リベラル・ナショナリズム論から導出される多文化共生世界とは、今西的な進化論のように、おのおののネイションの個別的な社会の慣習や伝統に基づいたリベラル・デモクラシーの政治枠組みが花開き、それらがお互いを尊重しながら平和的に「棲み分け」をする世界である。

以下、リベラル・ナショナリズム論に対する批判に補足的に応答して、本章を終えよう。リベラル・ナショナリズム論に関しては、そもそもそれが「リベラル」なのかという疑問が提示されることがある。たとえばアンドリュー・ヴィンセント(Andrew Vincent)は、リベラル・ナショナリストが依拠する「状況づけられた個人主義」の解釈を批判するなかで次のように指摘する(Vincent 1997)。すなわち、リベラル・ナショナリストは、自由・正義などのリベラルな価値はすべての共同体に埋めこまれていると想定し、個人は共同体的な文脈に埋めこまれた存在だと主張するが、そうであれば、結局そのようなリベラルな価値は、ある共同体のなかだけでしか通用しない価値だということになり、普遍性を失ってしまう。そうであれば、リベラル・ナショナリズムは「リベラル」とはいいがたい、というのである。

だが、この批判はあまり的を射たものではないように思われる。井上達夫は正義の「概念」(concept) と正義の「構想」(conception) を峻別する必要性を論じ、「正義の諸構想は同じ正義の概念について異なった適用基準を提示するからこそ、真に競合しうる」(井上二〇〇三：一三-一四頁) という。私はこうした考え方を基本的に支持する。私の考えでは、リベラル・ナショナリストは自由・平等・民主主義・法の支配などの価値、あるいは概念のレベルにおける普遍性を否定しているわけではない。民主主義や平等という理念を実現するためにどのような構想が必要かというレベルでは、各ネイションの文化的なものが反映されるために、おのずから個別的なものとなるとリベラル・ナショナリストは論じているのである。

たとえば、リベラル・ナショナリズム論を支持するマイケル・ウォルツァー (Michael Walzer) は、民主主義という価値をいかに解釈するかは大まかに分けてもヨーロッパ、アメリカ、アジア、日本などでおのおの異なるのは自然であり、民主主義といっても、アメリカ型、日本型などのように、いわばリベラルな価値は「〇〇型」のものとして理解されるべきだと論じる (Walzer 1992)。つまり、リベラルな価値自体は普遍的なものだが、それをどのように解釈するかという構想のレベルまで普遍性を求めることはできない、というのである。

また、別の著書でウォルツァーは、道徳を薄い普遍的なレベルのものと厚い状況基底的な個別的なレベルのものに峻別し、厚い道徳から薄い道徳が形成されていると論じている (Walzer 1994c)。したがって、リベラル・ナショナリズム論においては、普遍的なものの存在が否定されているわけではないのである。くわえて、井上のいう「概念」と「構想」の峻別にかんがみれば、ヴィンセントのいうような批判は的確ではない。

そもそもリベラルであるとはどういうことなのか。本章で論じたリベラリズム解釈の変容は、そのことをわれわれに問いかけているともいえる。かつて、ジュディス・シュクラー（Judith Shklar）は、『ユートピア以後』においてハイエクらの議論を「敗北のリベラリズム」（liberalism of defeat）、あるいは「保守的リベラリズム」（conservative liberalism）と呼び批判した（Shklar 1957: 235-39〔邦訳：二三七－四〇頁〕）。しかしながら彼女がそういってから約半世紀のあいだに、リベラリズム解釈は、リベラルな文化主義やリベラル・ナショナリズム論といった、「敗北のリベラリズム」の思想家たちと親和性のある議論へと変遷し、それは一定の合意を獲得してきている。

ある意味でこの変容を体現したのが、現代リベラリズム論の大家であるロールズにほかならなかった。この点は次章であらためて触れるが、『正義論』から『政治的リベラリズム』へというロールズの立場変更をどのように評価するかはともかく、少なくとも彼がシュクラーのいう「敗北のリベラル」たちに歩みよったことは間違いない。ロールズが正義の構想の包括性を捨て、リベラルな寛容を支持したことは、「敗北のリベラル」たちのほうが、多様な価値観を有する人びとが共生しうる条件を的確にとらえていたことを示唆しているのではなかろうか（渡辺 二〇〇六：七－一六頁）[25]。

リベラル・ナショナリストの重要な洞察のひとつは次の点にある。すなわちリベラル・デモクラシーの政治枠組みが安定的であるためには、ナショナリティという、多様な人びとを相違を越えて結びつける連帯意識によって下支えされていなければならないということである。確かに自由・平等・民主主義などのリベラル・デモクラティックな価値は普遍的な重要性を帯びるかもしれないが、そのような理念を現実の政治社会の構成原理に、どのようなかたちで反映させ、実現していくかはネイションごとに異なるのである。したがって、そうしたリベラリズム解釈からは、決して単一のリベラル・デモクラシーの枠組みにおいて人びとが暮らす「雑居型」ではなく、それぞれのナショナルな文化に根ざした、個別的かつ多元的な政治枠組みが構想され、お互いを尊重しながら共存するという「棲み分け型多文化共生世界」の構想が立ち現れてくるはずである。

一見するとこうした構想は、人びとを分かつ境界線を取り払い、あらゆる人びとを個人として包摂しようとする「雑居型」よりも排他的であり、あたかもナショナルな文化を共有しない人びとを国家から締めだす非常に冷淡なものとして理解されがちである。ところがそれは明らかな誤解である。「棲み分け型」は単なる排除の構想ではない。むしろそれはネイションを、政治的な自決を志向し、その決定に責任を持つ主体として尊重し、処遇することから導びかれる構想であり、その観点から、ネイションがさまざまな局面で自決しうるように援助すること（国際援助）を大いに促すのである。

第2章　リベラル・ナショナリズム論の理論的布置
――「コスモポリタン－コミュニタリアン論争」を越えて

政治は、決して接することのありえない二つの異なる面にそれぞれ属する、ユートピアとリアリティという二つの要素から構成されている。

E・H・カー(1)

1　はじめに

前章では、とくに冷戦の終結以後、リベラリズムの政治理論が再解釈されていることを踏まえ、リベラル・ナショナリズム論からは、従来とは違った共生の構想、すなわち「棲み分け型」の多文化共生世界の構想が導出されることを概観した。「棲み分け型」の構想の輪郭を明らかにしていくまえに、この章では、少し角度を変えて、政治理論・政治哲学ではなく、国際政治思想や国際政治哲学におけるリベラル・ナショナリズム論の布置を検討したい。

かつて、イギリスの代表的国際政治学者であったマーティン・ワイト（Martin Wight）は、人びとの「善き生」を扱う国内政治と、諸国家の「生存」を扱う国際政治を峻別し、国内社会を考察の対象とする政治理論や政治哲学の議論は、アナーキーな国際政治に適用できないとした（Wight 1966）。

ワイトのこの指摘の当否はともかく、少なくとも冷戦終結以降、政治思想・政治理論と国際政治学は接近しつつある。そのひとつの理由は、「環境、金融、テロ、格差などのグローバルな問題群の噴出によって、問題解決の『ビジョンを示せ』といういっそうの要望」（押村 二〇一〇）がなされるなかで、国際政治学のほうで、「実証主義からポスト実証主義へ」という流れが生じたことにある。「ポスト実証主義」とは、冷戦期の「ネオ・リアリズム」（neo-realism）や「ネオ・リベラル制度論」（neo-liberal institutuonalism）といった、非常に社会工学的かつ実証主義的な理論の優位に対して、冷戦の崩壊をひとつの重要な契機として一九八〇年代後半から一九九〇年代初頭あたりから表れてきた、国際政治学における新たな潮流である。[2] なかでも「規範理論」の理論家は、ジョン・ロールズの正義論やカントの思想を大いに取りこみながら、途上国の貧困や飢餓、地球規模の格差、人道的介入といった国際政治の道義的な問題を扱い、さまざま「ビジョン」を提示している。[3]

規範理論には「コスモポリタニズム」と「コミュニタリアニズム」のあいだの論争がある（cosmopolitan-communitarian debate）。[4] これは、かつて政治哲学における一大論争であった「リベラル－コミュニタリアン論争」を国際関係のレベルで継承したものである。この論争の本質には、普遍性の擁護か個別性の尊重かという古代ギリシャ以来、哲学者や思想家のあいだで広く共有されているアポリアが存在する。

コスモポリタンの理論家は、各国が保持する主権という障壁をできるかぎり取り除こうとし、なかには世界政府のようなものを構築することが望ましいとする者もいる。他方で、コミュニタリアンの理論家は、既存の主権国家の境界線を維持するのみならず、ナショナル・マイノリティが既存の国家から分離独立することを是認する者もいる。この意味で、「コスモポリタン－コミュニタリアン論争」は、かつてワイトが論じた、「マキアヴェッリ的現実主義」(Machiavellian realism) と「カント的革命主義」(Kantian revolutionalism) の相克とパラレルな関係にある (Wight 1994)。あるいは、いわゆる「英国学派」(English school) の国際関係理論における「連帯主義」(solidarism) と「多元主義」(pluralism) の対立とも通底する。(5)

こうした対立図式はあまりにも定式化されてしまっており、普遍性の擁護と個別性の尊重は明らかに二律背反で、一見すると両者の議論は和解不可能なようにも思われる。(6) けれども、両者の議論を仔細に検討してみると、必ずしも両者は和解不可能なわけではないように思われる。というのも、「コミュニタリアン」に属するとされるリベラル・ナショナリストの議論は、少なくともアンチ・コスモポリタンだとはいえないからである。すなわち、リベラル・ナショナリズムの理論は、「コスモポリタン－コミュニタリアン論争」を完全に和解させるとまではいかないまでも、それを仲裁するひとつの視座を提供するといえるのである。いいかえれば、「コスモポリタン－コミュニタリアン論争」の論争軸は、単に普遍性の擁護か個別性の尊重かというところにはないのである。このように論じることで、リベラル・ナショナリズム論から導出される「棲み分け型多文化共生世界の構想」は、コスモポリタンの側から全く支持されないものではなく、むしろ彼らの主張と両立できることが明らかとなるだろう。本章ではこのことを、個別主義と普遍主義の対立が最も鮮明に立ち現れるグローバルな正義に関する論争を手がかりに論じよう。

2 「コスモポリタン－コミュニタリアン論争」

前史としての「リベラル－コミュニタリアン論争」

「コスモポリタン－コミュニタリアン論争」は、一九七〇年代から八〇年代にかけて政治哲学の領野で活発に論じられた、いわゆる「リベラル－コミュニタリアン論争」を思想史的な背景としている。そこでまず、「リベラル－コミュニタリアン論争」にごく簡単に触れておきたい(7)。

「リベラル－コミュニタリアン論争」は前述のように、ロールズの『正義論』の出版を嚆矢とする、近年稀にみる政治哲学の一大論争であった。デイヴィッド・モリス（David Morrice）によれば、いわゆる「リベラル」とされる理論家と「コミュニタリアン」とされる理論家とのあいだの主な論争点は、①人間の本性について、②共同体の価値について、③政治原理について、という三つにまとめることができる（Morrice 2000）。まず人間の本性について、ロールズやロナルド・ドゥオーキンといったリベラル、さらにはロバート・ノージック（Robert Nozick）などのいわゆるリバタリアンを含む広い意味でのリベラルによれば、個人は社会に先行するアイデンティティと価値を有し、社会から独立しているとする。すなわち、民族・宗教・伝統・性別・階級などといったあらゆる属性から自由な存在だとし、個人が理性的におこなう自律的選択にこそ、道徳的な価値があると考えた。これに対して、マイケル・サンデル（Michael Sandel）やマイケル・ウォルツァー、チャールズ・テイラーら、いわゆるコミュニタリアンは、個人は生まれ落ちた共同体において自我を形成するものであり、所与の共同体に埋めこまれた存在だという。

こうした自我観の差異から、共同体の価値について次のような見解の違いが生じる。すなわち、個人はあらゆる共同体に優先し、共同体を構成する個々人こそが道徳的価値の源泉だとリベラルが考えるのに対して、コミュニタリアンは、個人のアイデンティティを形成する個別の共同体こそが道徳的な価値を有すると考える。そうすると、リベラルにとっては、個人の自由な理性的選択に対して故意に影響を及ぼすような政治原理は望ましくない。そこで「国家の中立性」が要請される。すなわち、ある特定の個人や集団に肩入れするのではなく、すべての個人から平等に距離を置くという意味で、国家は原理的に中立的な立場をとらなければならないのである。他方、コミュニタリアンからすれば、ある集団に共有されている特定の善（共通善）の構想に基づく政治原理によって国家が構成されることが望ましく、政治の場を価値中立だとすれば共通善は破壊され、個人は自己利益の追求に終始することになってしまう。

こうした「リベラル－コミュニタリアン論争」の評価はひとまず措くとして、個人の普遍性と、特殊性をはらむ共同体のどちらに道徳的な価値を置くかという問題は、一九八〇年代以降に多文化主義と論争が交わされ、また、経済のグローバル化によって国民国家体制が揺らぐなかで、「リベラル－コミュニタリアン論争」は、既存の国民国家や国内社会を越えて論じられる必要性が出てきた。これが規範的国際政治理論における「コスモポリタン－コミュニタリアン論争」である。クリス・ブラウン（Chris Brown）によれば、「コスモポリタン－コミュニタリアン論争」は以下のように規定される。

コスモポリタンとコミュニタリアンの対抗は、規範的国際政治理論における最も中心的な課題と直接かかわっている。その課題とはすなわち、道徳的価値が、全体としての人類と対立するような個別の政治的集団に与えられるべきか、あるいは個々の人間の権利要求に付与されるべきかという問題である。コミュニタリアンの思想はここに道義的な対立があるとは見なさないか、むしろ明白に共同体に中心的な価値を付与しようとする。これに対してコスモポリタン的な思想は、道徳的価値の究極の源泉を共同体以外の何かに求め、共同体に中心的な価値を置くことを拒絶する(Brown 1992: 12, see also 110)。

以下では行論の都合上、コスモポリタンおよびコミュニタリアンの立場の代表的な理論家として、それぞれチャールズ・ベイツとデイヴィッド・ミラーをとりあげ、両者の思想を簡単に整理したうえで、比較検討を行いたい。

リベラル・コスモポリタニズム――チャールズ・ベイツ

ベイツは、ロールズの『正義論』を批判的に継承し、それを国際関係に応用し、「グローバルな配分的正義」(global distributive justice)について論じた『国際秩序と正義』(Beitz 1999)の著者として知られる。[8] ニコラス・レンジャー(Nicholas Renger)によれば、この著作は、国際関係との関連で明示的に練りあげられたコスモポリタニズムを、現代において最初に発展させたものであったと高く評価されている(Renger 2005: 363)。[9]彼はこの著作で、国際関係において道義性は副次的な重要性しか持ちえないとしてきた伝統的な考え(とくにホッブズ流のリアリズム)を批判し、「国際的道義性」(international morality)の重要性を指摘している。[10] 彼の考え方はしばしば「リベラル・コスモポリタニズム」(liberal cosmopolitanism)と呼ばれる。

ベイツによれば、コスモポリタニズムは次のことを含意する。まず、コスモポリタニズムは普遍的なものでなければならない。すなわち、ロールズがそうしたように、個々の人間の善に配慮すべきなのである。ベイツによれば、コスモポリタニズムは「普遍的な共同体の構成員の道義的な関係性とかかわっており、そこでは国境線は副次的な重要性しか持たないという意味が込められている」(Beitz 1999a: 182) のである。さらにコスモポリタニズムは、不偏的に妥当する原理でなければならない。すなわち、当人の置かれた状況をあらかじめ考慮することなしに、すべての個人を平等に処遇しようとするという意味で、公平なものでなければならないのである (Beitz 1994: 124)[11]。

このようなコスモポリタニズムを、ベイツは国際的道義性に基づくグローバルな配分的正義の構想として論じている。このとき彼が大いに依拠するのが、ロールズの『正義論』である。『正義論』の主題は、あくまで国内の社会正義の原理の探求である。ところが、ベイツは「社会正義という契約論の原理の適用範囲を、国民国家だけに限定するのは間違っている」(Beitz 1999a: 128) として、それをグローバルに拡大しようと試みた。

ここでロールズの『正義論』に立ちいる余裕はないが、その要点のひとつは、前章でも述べたように、正義の原理を導きだすために「原初状態」という概念を用いていることである。「原初状態」とは端的にいえば、個人が「無知のヴェール」に包まれた状態であり、そこではだれひとりとして、先天的・社会的偶然性によってもたらされる自分の社会的地位を知ることができない。そう仮定したとき、正義の原理（いわゆる「正義の二原理」）は、全く平等な諸個人が合理的観点から選択ないし合意すると考えられる原理である。

ベイツの不満は、ロールズが正義の原理の適用範囲を「自己完結的なナショナルな共同体」(self-contained national community) の枠内にとどめてしまっている点にあった。ベイツは以下のように指摘する。

もちろん現在、世界は自己完結的な諸国家から成り立っているわけではない。国家は複雑な国際経済・政治・文化関係に参加しており、そのことは社会的協働のグローバルなスキームが存在することを示唆している。カントが述べたように、国際的な経済的協働は国際的な道義性のための新たな基盤を創りだす。社会的協働が配分的正義の基礎だとすれば、次のように考えられる。つまり国際的な経済的相互依存によって、国内社会で適用されるものと同様のグローバルな配分的正義の原理を支持するように導かれるのである（Ibid: 143-44）。

つまり、ベイツからすれば、国際社会は国内社会と同様に「正義の環境」（circumstance of justice）である。それにもかかわらず、正義の原理の適用範囲を国内に限定すれば、結局、貧しい国々の人びとに与えられるべき援助や補償が行き届かないことになり、グローバルな視点で見た場合、最も貧しい人の利益を極大化できないとして、正義の原理は道義性を失うことになる。いいかえれば、国内的正義の原理が真に正義の原理になりうるのは、社会的協働のグローバルなスキーム全体にとっての正義の原理と一致する場合だけだというのである（Ibid: 150）。

国家が自己完結的なものではないとすれば、国家と国家を分かつ境界線の道義的重要性は薄れる。むしろグローバルな配分の原理を探究するには、世界を「ナショナルなシティズンシップの問題が無知のヴェールによって覆われた、原初状態という観点から捉え直す」ことが求められる（Ibid: 176）。すなわち、国民国家ではなく個人を道義的な関心の究極の単位とし、すべての人間に普遍的かつ不偏的に妥当するものとして、正義の原理を導出する必要があるのである。

ブライアン・バリーがいうように、原初状態を地球規模で解釈し直したとしても、それは配分の原理の選択とは関係がない（Barry 1973: 129）。したがって、ベイツからすれば、正義の二原理が国内的原初状態で選択されるならば、その原理は地球大の原初状態のもとでもやはり選択されるはずである（Beitz 1999a: 128）。こうして導かれた正義の原理は、国内的にもグローバルにも妥当な正義の原理である。したがって、ロールズのいう正義の二原理が正しければ、それをグローバルに拡大し、グローバルな原初状態を想定することで、最も恵まれない人の利益を極大化するグローバルな配分の原理が導出される。ベイツはそう考えるのである。(12)

このようなベイツのリベラル・コスモポリタニズムは、彼自身が「啓蒙主義の道徳的平等という考えの子孫」（Ibid: 200）であるというように、すべての人間の道徳的人格としての平等性に基づいて、グローバルなレベルでの普遍的な配分的正義の構想を探究したものだといえよう（伊藤 二〇〇七：一一一-一一七頁）。

リベラル・ナショナリズム――デイヴィッド・ミラー

ミラーは、ベイツとは対照的に、グローバルな配分的正義の構想をベイツのように世界規模で普遍的かつ不偏的に妥当するものとして導きだすことに否定的である。むしろ社会正義の構想は個別の共同体、とくにナショナルな共同体において最もよく実現されるとし、リベラル・ナショナリズム論を支持する。ベイツらコスモポリタンによれば、個々の人間は道徳的に平等に処遇されねばならないために、他国の市民に対しても同国人と同じように正義の義務が生じる。ミラーはこの点に反論し、同国人に対する義務と他国の市民に対する義務を比較すれば、同国人に対しては、外国人に対して負う以上の特別な義務を負うという。ある個人が負うべき正義の義務はア・プリオリに決定されているわけではなく、当人が属する共同体における伝統や慣習によって解釈されていくものだからである。

ミラーによれば、ある共同体に属する個人がその共同体に対していかなる正義の義務を負うべきかといった社会正義の構想は、当人が属する共同体の「公共文化」からかなりの影響を受ける。公共文化とは、「ある人間集団がどのようにして共に生活を営んでいくかに関する一連の理解」(Miller 1995: 26〔邦訳：四六頁〕)であり、また「さまざまな責任を確定するためにも役立つ共同体の性格をめぐる一連の観念」(Ibid: 68〔邦訳：一二一頁〕)でもある。いわば、社会正義の構想を模索していくうえでの手がかりとなる感覚や社会的意味・経験の集合である。そしてこの公共文化を保持していることが、「ネイション」という共同体の特徴であるとされる。公共文化の共有が一因となり、同じネイションに所属する人びとはお互いを文化的に同質な仲間であると認識し、生活の多様な場面で継続的に協力しあい、社会を共同でつくっていこうと考えるのである。したがって、個人が負う義務の具体的内容は「そのネイションの公共文化によってつくりだされたもの」である。とすれば、公共文化が異なれば、当人が負うべき義務についての解釈も異なるわけであり、社会正義の構想は基本的にネイションごとに異なる(Miller 1999a: 18–19)。

ここで、正義の原理に関する考え方はネイションごとに異なるというミラーの考えを、ベイツが依拠する当のロールズが支持している点に留意しておきたい。確かにロールズが当初『正義論』において提示した正義の原理は、明示的ではないにしろコスモポリタン的な志向性をはらんでいたといえる。ところが、『正義論』に対するさまざまな批判を受けて、彼は一九八〇年代半ばごろから立場を変更するようになる。ロールズによれば、世界の「穏当な多元性の事実」にかんがみるならば、正義の原理は「包括的な道徳的教説」でも「一般的教説」でもなく、「正義の政治的な構想」(a *political* conception of justice)として理解されるべきであるという(Rawls 2001: xi〔邦訳：v頁〕)。そして「正義の政治的構想はリベラルな立憲政体の公共的政治文化において使用可能な政治的（道徳的）諸観念から形成される」という（Rawls 1999b: 15〔邦訳：二〇頁〕〔傍点は引用者による〕）。つまり、ロールズは、正義の原理は人類一般に妥当する単一のものではなく、諸社会の公共的政治文化から多様に導出されるものであると考えるようになったのである。[13] したがって、「リベラル－コミュニタリアン論争」においてはリベラルの代表格であったロールズが、「コスモポリタン－コミュニタリアン論争」の文脈ではむしろ、コスモポリタン批判の代表格として登場するのである（押村 二〇一〇：二〇六－九）。[14]

要するにコミュニタリアン的な立場の理論家は、すべての個人に普遍的かつ公平に妥当するグローバルな社会正義の構想を受けいれない。むしろ、社会正義の構想は個別の共同体（ネイション）ごとに固有であり、おのおのの共同体がみずからの公共文化に根ざした社会正義の構想を花開かせることを理想とし、社会正義の構想の多元性を支持するのである。ミラーは以下のように述べる。

> 私が擁護している見方からすれば、グローバルな正義とは差異を有する世界のための正義である。それはネイション間の差異を取り除くことはそもそも不可能であり、あえてそれをやる場合には、極度の強制をともなうことになるだろうという理由からだけでない。みずからの規範のもとで暮らすことや、みずからの文化的信念に従って生きることに、人々は大いに価値を置いているからである（Miller 2007: 21〔邦訳：二八頁〕）。[15]

3　コミュニタリアンはアンチ・コスモポリタンか

ベイツは、ミラーやロールズのような議論を「社会的リベラリズム」(social liberalism)と呼び、みずからが立脚する「コスモポリタン・リベラリズム」(cosmopolitan liberalism)と対置し批判している(Beitz 1999b)。たしかにベイツのように、国内的にもグローバルにも妥当する普遍的な正義の原理の構想を探究する方法と、ミラーらのように国内的な正義、すなわち社会正義とグローバルな正義の峻別を前提とするアプローチには明確な差異がある。この点は重要だが、以下では両者の結節点を見いだしたい。具体的には、ミラーがグローバルな正義の構想をグローバルな社会正義の構想として提示することには反対しているものの、なんらかのかたちでのグローバルな正義の構想の必要性には同意している点に着目しよう。

「道徳的コスモポリタニズム」への支持

ミラー同様にリベラル・ナショナリズム論を支持するウィル・キムリッカは、端的に「リベラル・ナショナリズムを、コスモポリタニズムを拒絶するものとして描くことは誤解を招く」という。なぜなら、コスモポリタニズムの理念とは人権・寛容・文化交流・国際平和協力といった基本的な価値だといえるが、ナショナリストがこれらに反対する理由は必ずしもないからである。したがって、リベラル・ナショナリズム論は、コスモポリタニズムを否定するものではない(Kymlicka 2001a: 219-20)。この点をより明確にするためには、次のコスモポリタニズムの二類型に言及する必要がある。

ジョセリーヌ・クチュール（Jocelyne Couture）によれば、コスモポリタニズムには「道徳的コスモポリタニズム」（moral cosmopolitanism）と「法的／制度的コスモポリタニズム」（legal/institutional cosmopolitanism）の立場がある（Couture 1999, 2000, 2004）。前者は「自律と平等という道徳的価値を支持し、すべての者がこれらの価値を守るための世界市民として義務を負うという考え方」である。反対に、後者は「道徳的コスモポリタニズムの中心的な要求を実行するのに適した社会的・政治的・法的制度の構築を志向する考え方」であり、なんらかの世界大の統治機構の創出を求めるものである。このようにコスモポリタニズムを分類したうえで、リベラル・ナショナリストの見解は、「法的／制度的コスモポリタニズム」とは相容れないが、「道徳的コスモポリタニズム」とは矛盾しないとクチュールは主張する。(16) なぜなら、リベラル・ナショナリズムは全体主義ではないため、個人や集団の基本的な権利や自由、あるいは他の社会を犠牲にしてまでみずからの理念を育むことはできないし、またリベラルなネイションであるかぎり、他のネイション・社会・民族（peoples）に対する破壊・抑圧・あるいは同化の強制は、当のネイションの利益にならないからである。

確かにナショナリズムが特定のネイションに特別な関心を示すことは否定できないが、その特別な関心は次の三つの理由から必ずしも排他的なものにはならないと彼女は主張する（Couture 2000: 263-71）。まず、リベラル・ナショナリズムがみずからのネイションに関心をよせるのは、それが他のネイションより優れているとか洗練されているからではない。そのネイションが、構成員のあいだで言語・文化・伝統などといった個々の構成員の多様な人生設計の背景となるものを共有する集団だという事実に訴えかけるものだからである。第二に、リベラル・ナショナリズムは、そのネイションが強力な民主主義国家を存続させることができるという自信を鼓舞するが、これは他のネイションよりも価値があるといった類の自己認識に訴えかけるものではなく、むしろ共通の文化に所属し、特定の理想を共有する人びとのあいだに見受けられる強い連帯意識に訴えかけるものだからである。最後に、リベラル・ナショナリズムが政治的主権を求めるのは、他のネイションから孤立するためではなく、他のネイションとの「協調《コンサート》」に参加しようとする意志があるからである。

したがって、クチュールによれば、個人があるひとつのネイションへ忠誠を誓うことは、世界規模の人類共同体への忠誠心を持たないことを意味しない。むしろコスモポリタニズムが道徳的に要求することは、リベラル・ナショナリズムが政治的主権を求める理論的根拠となっているのである。この意味で、リベラル・ナショナリズムは「道徳的コスモポリタニズム」とは両立しうる。

ここで重要なことは、ベイツも、みずからが擁護しようとするコスモポリタニズムを「道徳的コスモポリタニズム」だとしている点である。彼はクチュール同様に「道徳的コスモポリタニズム」と「法的／制度的コスモポリタニズム」を峻別したうえで、「法的／制度的コスモポリタニズム」よりも「道徳的コスモポリタニズム」のほうがより基底的なものだとしている（Beitz 1994: 124-26)。さらにベイツは、コスモポリタン的な政治的道義的秩序のなかで、国家が今後も非常に重要な存在でありつづけることを認め、コスモポリタン的な見方が世界的な規模の政治制度へとつながるわけではない、としている（Beitz 1999a: 8, 182-83)。ここから明らかなように、ベイツは「道徳的コスモポリタニズム」を支持するのである。(17)

こうした点にかんがみれば、ベイツとミラーは少なくとも「道徳的コスモポリタニズム」を支持する点で一致しているといいえる。(18)

「弱いコスモポリタニズム」への支持

ミラーは「自律と平等という道徳的価値を支持し、すべての者がこうした価値を守るために世界市民として義務を負うという考え方」である道徳的コスモポリタニズムの理念を受けいれる。では、いかなるものを普遍的な正義の義務として受けいれるのだろうか。これについてミラーは、ジョエル・ファインバーグ（Joel Feinberg）の「比較適合的な正義の原理」(comparative principles of justice) と「比較不適合な正義の原理」(noncomparative principles of justice) の区別に依拠して説明している (Miller 1999b: 169-71; See Feinberg 1984)。それによれば、「比較適合的な正義の原理」とは、ミラーがあげている例を用いれば、教員の給料が銀行員よりも安いのは不正なのではないかというように、他の人びとの状況がどうであるかをみずからと比較することによって評価できる原理のことである。逆に「比較不適合な正義の原理」とは、他の人びとがどうであるかにかかわりなく、その状態が正義にかなっている、あるいは不正であるといいうる原理のことである。たとえば、盗みを働いた人をそれだけの理由で死刑に処すのは、他の者の処遇いかんにかかわらず不正だというのは、比較不適合な正義の原理から導かれる。

こうした類型にかんがみれば、「平等の原理はつねに比較適合的な正義の原理であり、人権の原理は比較不適合な正義の原理である」とミラーは主張する。なぜなら、平等の原理は「当該集団の個々の構成員が平等に利益を享受すべきだと要求するが、個々の構成員が公正に権利要求をできるかどうかは、ほかの構成員が獲得できるものとの比較に負っている」からである。逆に人権の原理は、「他者に何が起ころうとも、だれもが受けるに値する処遇の形態を特定している」のであり、「他者が現在こうした権利を享受しているか否かにかかわらず、それを受けるに値する」からである。

ここで、先のミラーの社会正義論に立ち返れば、平等の原理、すなわち社会正義の原理は、当該共同体の「公共文化」から導出され、「公共文化」が異なれば平等の原理も異なると彼は主張していた。それゆえ、先のミラーの例でいえば、ある共同体のなかで教員の給料が銀行員よりも安いのは不正だと主張できても、A国の教員の給料がB国の教員の給料より安いのは不正であると簡単にはいえないのである。[19] したがって、「比較適合的な正義の原理がうまく機能するのはナショナルな共同体の境界線の枠内だけであるが、他方で、比較不適合な正義の原理はナショナルな共同体の境界線を越えて機能する」とミラーはいうのである（Ibid: 170-71［傍点は引用者による］）。

このように人権といった最低限の基本的権利を比較不適合な正義の原理としてグローバルな正義の原理の基盤に据えようとするコスモポリタン的な企てならば、ミラーはそれを「弱いコスモポリタニズム」（weak cosmpolitanism）として支持する。その主張の核心には、「道義性のうちのある部分は普遍的である」ことを認めるというにとどまり、ネイションを越えて有効な、他者を平等な配慮の諸原理がなんらかのかたちで存在するとしても、それと同時に、より限定的な空間にしか妥当しない、別個で独自の原理もまた存在するという考えがある（Ibid: 166-67［傍点は引用者による］）。

ミラー同様に個別主義的な社会正義の構想の個別性・多元性を擁護するウォルツァーは、こうしたいわゆる普遍的なるものについて、次の二つの解釈が可能であることをユダヤ教についての独自の解釈を通じて明らかにしている。[20] すなわち、ひとつは「すべてを覆いつくす法の普遍主義」（covering-law universalism）である。これは、すべての人間にとって神は唯一の存在であり、唯一の法、唯一の正義、唯一の善き生についての解釈や唯一の善き社会についての解釈が存在するという考え方である（Walzer 2007: 184）。

他方、すべての人間にとって、エクソダスや神への贖罪、解放の契機は唯一のものではないと考えることもできる。ウォルツァーによれば、解放は個別的な経験だが、神は共通の解放者だとの認識のもと、それぞれのネイションは神のもとでそれぞれ独自の解放を経験する。そうであれば、「ペリシテ人とシリア人のエクソダスがイスラエル人のそれと同一だと考える理由はない」（Ibid: 186）。このように「解放」や「贖罪」、「エクソダス」の個別的な状況に着目し、それらは複眼的にとらえることができるという考え方を、ウォルツァーは「反復的普遍主義」（reiterative universalism）と呼び、こちらの普遍主義を支持する。

反復的普遍主義によれば、それぞれのネイションはそれぞれの個別的な土壌に根ざしながら、それぞれの法・正義・善き生などの理念を花開かせる。「解放」や「救済」という目標は共有しつつも、その目標を個別的な条件に従いながら追求していくものである（富沢 二〇〇九：二一五頁）。こうした考えは、彼の道徳二元論に引き継がれている。それは「道徳的ミニマリズム」（moral minimalism）、および「道徳的マキシマリズム」（moral maximalism）と彼が呼ぶものである。

「道徳的ミニマリズム」とは、ウォルツァーがチェコのビロード革命から読みとった、だれの目にも明らかで、わかりやすい、薄いもの（thin）である。つまり、独断的な逮捕を終わらせること、平等で不偏的な法の執行、党エリートが持つ特権や特典の廃止などといった、どこでも見かけるようなごくありふれた正義の要求である（Walzer 1994c: 1-2〔邦訳：一七－一九頁〕）。これに対して「道徳的マキシマリズム」とは、ある特定の社会のなかで長い年月をかけて複雑な社会的相互作用から生みだされてきた、道徳に関する解釈の実践のうえに成り立つ濃厚な（thick）ものである。たとえば、配分的正義の原理や手続きは、このようなマキシマルでパロキアルな特徴を示す（Ibid: ch. 2〔邦訳：第二章〕）。問題は、この両者の関係を彼がどのようにとらえているかである。一般にはまずミニマルな最小限の道徳があり、そのうえに個別のマキシマルな道徳があるようなイメージが浮かびやすい。だが、ウォルツァーによれば、両者は独立して存在しているわけではなく、マキシマルな道徳のなかからミニマルな道徳が生みだされていくのである。

殺人・詐欺・窃盗・虐待など、いかなる社会においても道徳的に不正な行為だと認められる禁止事項は、あらゆる社会の法に組みいれられ、すべての人間のあいだで受けいれられているといえよう。しかし、こうした道徳についての解釈は、哲学的に発見されたものではない、とウォルツァーは主張する。むしろそれらは、徐々に練りあげられてきたものであり、多くの年月をかけて試行錯誤し、誤解や部分的で不安定な理解を積み重ねてきた成果として考えるのが最も適当だろうというのである（Walzer 1983: 23-25〔邦訳：二六－三二頁〕）。

つまり、道徳的ミニマリズムは人間社会において普遍的で基底的なものではない。むしろ、ウォルツァーが論じるには、「道徳のミニマムは、個別の濃厚な道徳あるいはマキシマルな道徳というかたちで繰り返し確認されている何らかの特徴を単に明示したものにすぎない」（Walzer 1994c: 10〔邦訳：三二頁〕）のである。したがって、

（道徳的）ミニマリズムは、多様かつ十分に発達した道徳文化の主唱者どうしの相互承認の産物である。それは、さまざまな時と場所において反復されている原理や規則から成っており、それらは多様な言葉で表現され、異なった歴史や世界像を反映しているにもかかわらず、似かよったものであるとみなされている（Ibid: 17〔邦訳：四三頁〕）。

ウォルツァーによれば、ミニマルな道徳はア・プリオリに存在するわけではない。個別具体的な諸種のマキシマルな道徳のなかから生みだされるものであり、ミニマルな道徳については必ず複数の解釈がありうる。そしてそのような道徳の解釈を生みだすパロキアルで濃厚な道徳を備えた諸社会が尊重される必要がある。こうした理

解を踏まえ、彼はおのおのの社会の境界線を重要視し、ある社会に対して境界線を越えてむやみやたらと干渉することに異論を唱えるのである（Walzer 2007: 187）。その一方で、諸社会は、おのおののマキシマルの道徳のいわば「重なりあう合意」のようなものとしてのミニマルな道徳を尊重しなければならないのである。この意味で、ミラーやウォルツァーらのリベラル・ナショナリズムは「ある種のコスモポリタニズムを否定しないナショナリズム」（富沢 二〇〇九：二一四頁）なのである。ミラーは次のように述べる。

> 弱いコスモポリタンであっても考慮すべきなのは、構成員の基本権を保障できない社会、すなわち、表現と結社の基本的自由を保護できない、あるいは適切な食料・教育・医療を提供できない社会についてである。こうした社会の存在は、政治文化的境界にかかわりなく、ほかの人間存在を支援するわれわれの一般的義務を生みだす（Miler 1999b: 179［傍点は引用者による］）。

これまで述べてきたように、あくまでミラーは国内的な社会正義とグローバルな正義を峻別し、国内的な社会正義の構想をグローバルな社会正義の構想にまで拡大することに反対するという意味で、ベイツとは明確に袂を分かっている。しかしながら、グローバルな正義の義務を否定するわけではなく、むしろ西洋諸国の植民地支配という負の遺産に苦しむ国々や、資源などがとぼしく日々の生活もままならないような国々に対しては、必要があれば十分な国づくりの援助をおこなう義務があるとして、ミラーは次のように主張する。

> 私はこれまで、世界の貧者に対するわれわれの責任は原理的にわれわれの同胞市民に対する責任とまったく同じで

ある、というコスモポリタンの見解に反対してきた。われわれは社会正義の事柄として同国人に対して負っているものすべてを世界の貧者に対して負っているのではない。…（中略）…よって諸社会の不平等が完全になくなるような仕方でグローバルな秩序を変えるようには要求されていないのである。私は他方で、正義の事柄として、あらゆる人間にあるべきグローバルなミニマムという理念を擁護してきた。このミニマムは一連の基本的人権として理解するのが最善である。現在のところ、多くの社会がこうした諸権利をその成員に保障できていないため、それらを保障する責任は部外者にふりかかることもあるように思われる（Miller 2007: 231〔邦訳：二八〇‐八一頁〕〔傍点は引用者による〕）。

以上の考察を踏まえると、グローバルな正義を国内的な社会正義の原理と同様の原理とみなすべきか、それとも別物とみなすべきかについては議論の余地が大いにあるものの、少なくともコミュニタリアンの代表格であるミラーの思想がアンチ・コスモポリタンだといえないのは、明らかだろう。(21)

4　おわりに――「コスモポリタン‐コミュニタリアン論争」の行方

コスモポリタンの代表格であるベイツの議論と、コミュニタリアンの代表格であるミラーの議論を比較すると、彼らのあいだには、グローバルな正義を国内的な社会正義と同様の原理として考えるか、それとも別個に考えるべきかで大きな隔たりはある。しかし、コスモポリタニズムを「法的／制度的コスモポリタニズム」としてではなく、「道徳的コスモポリタニズム」としてとらえる点や、ミラーがファインバーグを参照していうところの

「比較不適合な正義の原理」については、政治文化の境界線を越えたグローバルな正義の義務があるという点で、一致している。このことにかんがみれば、「コスモポリタン－コミュニタリアン論争」とは単に、普遍性の尊重を主張するコスモポリタンと個別性を擁護するコミュニタリアンとの論争ではないことは明らかである。

スタンリー・ホフマン（Stanley Hoffmann）は『国境を越える義務』（Hoffmann 1981）において、ベイツを批判しながらいち早く次のように主張していた。すなわち、ベイツのようなグローバルな配分的正義の構想は「実際にはまったく適用不可能」であり、「政治の本質的部分を否定するもの」である（Hoffmann 1981: 154-55〔邦訳：一九六－九七頁〕）。そして彼は、正義の義務は自国民だけに負うという最小限論（minimalist position）でも、全人類に対して平等に負うという最大限論（maximalist position）でもなく、中間論・折衷案（intermediate position）に立つべきだという。それは次のようなものである。

> われわれは、自国民だけに正義の義務を負っているわけではない。他国の人びとに対する義務というとき、われわれは、そういう人びと、とりわけ最貧層の境遇を改善するために、彼らの国に対して援助を与えなければならない、ということころまでは認めはするが、その義務の範囲がどこまでかとなると、それは時と場所によりけりだとされる。こういう不確定な状況に例外があるとすれば、他国の人びとであってもその最も基本的な人権が侵された場合である（Ibid: 157-58〔邦訳：二〇一頁〕〔傍点は引用者による〕）。

このホフマンの見解はまさに、リベラル・ナショナリストの主張を先取りしたものだといえよう。コスモポリタンであるベイツらもこの見解には大筋で同意するように思われる。つまり、「コスモポリタン－コミュニタリアン論争」とは、ホフマンの言葉を使えば、グローバルな正義に関して最小限論をとるか、最大限論をとるかということで対立しているわけではなく、中間論・折衷案をどのように構想するかというところで論争をしているといえる。

なお、こうした結論の一定程度の妥当性を示していると思われる次のような議論が出てきていることは興味深い。アンドリュー・リンクレイターやリチャード・シャプコット（Richard Shapcott）は、ファインバーグの「危害原理」（“do no harm” principle）をグローバルに適用し、「コスモポリタンな危害禁止協約」（cosmopolitan harm convention）あるいは「コスモポリタンな危害原理」（cosmopolitan harm principle）の創出を論じ、ここにコスモポリタンとコミュニタリアンの架橋を見いだそうとしている（Linklater 2007: chs. 8-9, 2011: chs. 1-3; Linklater and Suganami 2006: chs. 5-6; Shapcott 2001, 2008）。

ファインバーグも大いに依拠するジョン・スチュアート・ミル（John Stuart Mill）が『自由論』で論じたように、他者に対する危害の防止は、リベラルな社会の根幹をなす原理である。[22] リンクレイターやシャプコットらの議論のポイントは、コスモポリタンな「危害」とはア・プリオリに決定されているわけではなく、とくにユルゲン・ハーバーマスらの討議倫理学に依拠しつつ、それが異質なる他者あるいはほかの共同体との理性的「対話」（dialogue）によって形成されていくと考えている点にある。[23]

共同体間の文化横断的な対話によって醸成される「コスモポリタンな危害禁止協約」は、多様な共同体が共存するルールとなる。この意味で、危害原理は善の構想の多様性と矛盾しないどころか、むしろ多様な善の構想の表出を許す素地を提供するというのである。シャプコットはこうしたコスモポリタニズムの構想を、「薄いコスモポリタニズム」あるいは「道徳的にミニマムなコスモポリタニズム」（moral-minimum cosmopolitanism）だとし、多元性と対立するかのように描かれてきたコスモポリタニズムの修正を図っている。そして彼自身が述べているように、「薄いコスモポリタニズム」は、明らかにミラーのいう「弱いコスモポリタニズム」と類似している（Shapcott 2008: 189）。

以上から明らかなように、「コスモポリタン‐コミュニタリアン論争」は単純な二項対立の構造ではなく、コミュニタリアンの思想は、必ずしもコスモポリタニズムを拒絶するものではない。むしろ両者は主張の濃淡の差こそあれ、薄いレベルのコスモポリタニズムをいかに構想しうるかを論じる点で通底するものがあるといえよう(24)。そうであれば、コスモポリタンは、必ずしもリベラル・ナショナリズム論から導出される「棲み分け型多文化共生世界の構想」に同意できないわけではなかろう。むしろ、両者は両立可能であり、共有できる部分があるといってよいだろう。

＊

以下の章では、リベラル・ナショナリズム論が理想とする「棲み分け」という多文化共生世界のあり方を、リベラリズムの重要な価値である社会正義や民主主義を下支えするナショナリズムの力や、移民の受けいれおよび分離独立の是非といったより具体的な課題を規範的に検討するなかで明らかにしていこう。

第3章　民主主義の境界をめぐって

――対話的コスモポリタニズムの批判的検討

啓蒙哲学者《フィロゾーフ》たちは、既存の言語の非合理的なくせ、風変わりななまりや言い回し、勝手気ままな特異性を取り除いた普遍言語を発明し、コミュニケーションを合理化しようと提案した。彼らがそれに成功していれば、悲惨なことになっていただろう。半ば意識化され、半ば記憶されている集団の経験を吸収し、祀りあげ、包みこむのは、一つの国民に属する言語の、まさに個別の歴史的発展だからである。いわゆる迷信と偏見は、長い歳月の荒廃と転変に抗して生きのびる力があることを示してきた習慣の外皮である。それを失うことは、彼らを彼らたらしめてきた国民的存在や、その精神、習慣、記憶、信仰を守る盾を失うことである。

アイザイア・バーリン(1)

1 はじめに

これまでの章では、リベラル・ナショナリズム論を概観し、その理論的な布置について検討してきた。以下の二つの章（第3章と第4章）では、リベラリズムにおいて重要な価値である民主主義と社会正義（平等）に焦点を当て、それが円滑に機能するうえでナショナリティの共有が重要な役割を果たしていることを示したい。本章ではとくに、民主主義について検討しよう[(2)]。

従来、政治理論における民主主義理論は、古くはアリストテレスが「ポリス」を念頭に置いたように、ある一定の区切られた領域を暗黙の前提とし、とりわけ近代以降はそれは「国民国家」であった。ウィル・キムリッカが明示的に述べているように、政治的な規範は単一の統合された「社会」として認識されている国民国家の内部に適用される、という想定はあまりに浸透しており、多くの理論家は、そのことをわざわざ明記する必要性を感じなかったのである（Kymlicka 2001a: 221）。

ところが、経済のグローバル化やそれによる国民国家の衰退によって、民主主義理論が必ずしも国民国家を前提とするという解釈は成り立たない、と主張する論者が現れてきた[(3)]。国境を越える民主主義やコスモポリタン・デモクラシーの構想を掲げる理論家は、もっぱら国境線の内側のことにばかり目を向けてきた政治理論を批判する。そのうえで、国民国家体制の揺らぎによって、ナショナルな単位においてですら民主的正当性に疑問符が付されていることにかんがみ、そうした民主主義の機能不全を是正するための何らかの制度を検討する必要性を主張する。たとえばダニエレ・アルキブージ（Daniele Archibugi）は次のように述べる。

政治共同体の境界線が厳格であったからこそ、歴史的には自治が生まれ、栄えることになったのだが、今やそれによって民主主義の発達と存続が妨げられている。おのおのの政治共同体がみずからの行動に対する外部からの反響を受けとり、また外部に伝達している状況に至って、国家を基盤とする民主的手続きは切り崩されている。民主主義が存続するには、直接民主制から代議制民主制への移行という経験に匹敵するラディカルな移行が求められている。民主主義は外部に対して開かれ、新たな形で公的問題に対処し、何らかの決定によって影響を受ける人びとを意思決定の過程に包摂するものにならなければならない（Archibugi 2008: 5〔邦訳：一七頁〕）。

こうした潮流のなかで、「熟議」(deliberation）や「熟議民主主義」(deliberative democracy）が注目を集めている。[4]ジェームズ・ボーマン（James Bohman）によれば、熟議民主主義論が「成熟期」を迎えたとされ（Bohman 1998)、ジョン・ドライゼック（John Dryzek）は、民主的な正当性は集合的決定に従う人びとの効果的な熟議に参加する能力あるいは機会という観点から理解されるようになってきていると主張する（Dryzek 2000)。ドライゼックがいうところのこうした民主主義理論における「熟議的転回」(deliberative turn）は、国際関係論にも影響を与えている。グローバルなガバナンスの領域を担う国際連合やその他の国境を越える組織や制度が、しばしば機能不全を起こしていることが指摘されるが、アントニー・マッグルー（Anthony McGrew）によれば、熟議民主主義はこれに対して有効な規範的原理を提供するという（マッグルー 二〇〇七：一四五‐一四九頁)。

熟議民主主義は本質的にコスモポリタン・デモクラシーを志向すると思われる。というのも、それは基本的に、ユルゲン・ハーバーマスやカール・オットー・アーペル（Karl Otto Apel）らによって論じられてきた「討議倫理学」を基盤としているからである。セイラ・ベンハビブ（Seyla Behnabib）は、その特徴について次のように端的に述べている。

討議理論は普遍主義的な道徳的立場を表明しているので、道徳的会話の範囲を国家によって認められた境界線の内部に住む人びとだけに限定することはできない。それは道徳的会話をすべての人類に拡大されうるものとみなさなければならない（Behabib 2004: 14〔邦訳：一二頁〕）。

以下でとりあげるアンドリュー・リンクレイターは、このような討議倫理学を基盤にコスモポリタン・デモクラシーを構想する代表的論客である（Linklater 1998a, 2007）。

批判理論を思想基盤とするリンクレイターは、個人の自律・解放の阻害要因として国民国家を批判する。彼によれば、個人は特定の国家へ属して、シティズンシップを付与されることで、「われわれ」と「彼ら」に分断され、このことが疎外や不正を生む。そこで彼は、討議倫理学を援用して、国民国家を批判的に超克しようとする。すなわち、国家への帰属の証である「シティズンシップ」ではなく、「討議への参加資格」を平等に個人に付与することで、人びとがア・プリオリに排除されない、さまざまな差異を包摂する「普遍的コミュニケーション共同体」の構築が可能だというのである。これはある種のコスモポリタン・デモクラシーの構想であり、それは「近年の社会的な変化の複雑なプロセスにかんがみれば絵空事ではないことがはっきりしてきた」（Linklater 1998b: 121）という。

とはいえ、あらゆる人が排除されずに参加しうる「対話」や「熟議」などありえるのか、はなはだ疑問である。(5)

たとえばアイリス・ヤング（Iris Young）は、熟議には「内的排除」と「外的排除」という二つの排除があると指摘している（Young 2000）。とくに本章でとりあげたいのは、熟議の重要な資源のひとつである言語に起因する排除である。というのも、あらゆる人を包摂する越境的な対話や熟議という場合に、それが何語で行われるのかがまず問題になると思われるからである。

リベラル・ナショナリストからすれば、政治的な熟議の境界がコスモポリタン的な意味で拡大されていくという解釈には与しがたい。むしろ、キムリッカが端的に述べているように、政治的な熟議は「土着語」（vernacular language）でおこなわれる場合に最もうまくいくのであり、その意味で「民主政治は土着語による政治」（Kymlicka 2001a: 213）である。(6) キムリッカの説明では、土着語を共有する集団は一般に「ネイション」である。それゆえ、政治的な対話や熟議はナショナルなレベルで最も機能するということになる。

本章では、リンクレイターによる「普遍的コミュニケーション共同体」の構想を批判的に検討し、その成立は非常に困難だと主張したい。そのうえで、むしろ対話や熟議を重視するのならば、彼が超克を試みた国民国家こそが、その重要なアリーナとして浮上することを明らかにしたい。(7) まずはリンクレイターの議論を概観しよう。

2　「普遍的コミュニケーション共同体」の構想

主権国家の変革の必要性

リンクレイターの議論の起点は、前章でも少し触れたが、「英国学派」の国際政治理論の重鎮であったヘドリー・ブル（Hedley Bull）の議論である。ブルは『国際社会論』の第一〇章冒頭で、「現在の主権国家システムに代わるどのような形態の普遍的政治組織があるのか」(Bull 2002: 225〔邦訳:二八一頁〕)という問いを立て、以後この問題を検討している。そのなかで彼は、ポスト主権国家体制の可能性のひとつとして主権国家の誕生以前の、中世ヨーロッパのような世界像に戻ることも考えられるとして、それを「新中世主義」(neo-medievalism)と呼んだ。その意味はもちろん、実際に中世キリスト教世界のような神権政治に逆戻りするという意味ではない。中世的なシステムの特徴であった「権威が重なりあい、かつ多元的な忠誠のシステム」を具現化する「新中世的な普遍的政治秩序」が出現しうるということである(Bull 2002: 245-46〔邦訳:三〇四-五〕)。実のところブルは、あくまでこれをひとつの可能性としてしか論じていない。しかしリンクレイターは、ブルを「主権国家という政治共同体が将来変容する可能性を示唆する先見の明があった」(Linklater 1998b: 114)と高く評価し、彼の議論をみずからの思想基盤である批判理論の立場からさらに発展させようとする。

批判理論の中心テーマには「解放」がある。リチャード・アシュリー(Richard Ashley)の定義によれば、解放とは、認められない制約・支配関係・歪められたコミュニケーションや理解といった、当人がみずからの将来を決定する能力を否定するものから、自由を保証することである(Ashley 1981: 227)。つまり、批判理論の目的は、個人の自律の保証であり、「人間の自己決定の能力の拡大」(Linklater 1990: 10)にある。このときリンクレイターが批判するのが、主権国家という特殊な政治共同体である。

リンクレイターによれば、主権国家の問題点は、特定の国家の「市民」(citizens)であることと、類としての「人間」(men)であることを不当に峻別し、前者の優越を主張するところにある。つまり、主権国家は「われわれ」と「彼ら」のあいだに確固たる境界線を引くことによって、排除を促進し、疎外や不正を生みだす、というのである(Linklater 1990: 28)。この観点からすれば、主権国家は解放のプロジェクトの大きな障害である。リンクレイターは次のように述べている。

排他的な道徳的共同体、すなわち主権国家は、他者の福利のためのいかなる義務も承認することなく、自国の利益の促進という、みずからが有する自由を強調する。さらにいえば、みずからのことだけしか考慮していない利益の追求を国家が厭わないために、主権国家間には紛争が絶えず、不可避的な競合関係が存在する。人間は、個別の共同体の成員資格のせいで互いに疎遠な状態に置かれ、道徳的に統一された生活を送れないばかりか、個人や集団の自決の能力に応じた、それぞれの支配下にある社会的・政治的世界を享受できないのである（Linklater 1990: 25）。

主権国家は、国家建設・地政学的争い・資本主義的産業化・道徳的実践的学習という四つの合理化プロセス（rationalization processes）の相互作用によって形成された、とリンクレイターは論じる（Linklater 1998a: 147–57）。これらの合理化プロセスを通して主権国家は、国家にとって不可分かつ譲渡されえない五つの独占的で排他的な権力を手中に収めることとなった。すなわち、①暴力的な手段の独占的管理、②市民に対する排他的徴税権、③市民に政治的忠誠を命じ、戦争に参加させる大権、④市民のあいだの争いを裁決する主権的権利、⑤国際法上の権利を有し代表する唯一の主体であること、の五つである（Ibid: 28）。

これらの独占的な権力によってウェストファリア的国家の「全体化プロジェクト」（totalizing project）が開始された。その結果、主権・領土・ナショナリティ・シティズンシップの境界線は一致しなければならない、という前提が生じた。さらに、近代国家は単一の主権を有する統治の場に社会的・経済的・法的・政治的機能を集中させた。それは国際関係の第一義的な主体となり、他の選択肢を徐々に排していく。また、社会的紐帯をつくりかえ、その結果として道徳的・政治的共同体の境界線を変容させた。リンクレイターは、こうしてつくりあげられた主権国家を、より包摂的かつ開放的なものに変容させようとするのである（Linklater 2007: 45）。

それは具体的には、シティズンシップの変容として主張される。先に述べた主権国家における「われわれ」と「彼ら」の区別は、シティズンシップの付与に最も象徴的に表れる。シティズンシップとは、ある社会の構成員に対して、国家への忠誠と引き換えに与えられる特別な権利である。シティズンシップを共有する人びとに対して一定の義務を負わせ、それによって社会的な連帯意識が涵養される。これによって市民に対して負う義務とその他の人びとに対して負う義務が峻別され、前者が優先されることとなる。

リンクレイターは、同胞市民に対して負う義務とその他の人びとに対して負う義務との緊張を緩和させようとする。彼によれば、主権国家とシティズンシップの結びつきは必ずしも自明ではない。それは冷戦とリアリズムが二〇世紀を支配したことによる産物である[8]。この意味で、主権国家は特殊な共同体なのであり、特定の主権国家の「市民」ではなく、人間中心の普遍的な倫理的論法に基づいた政治哲学を復興すべきだという（See Linklater 1990: Part II）。

そのためにリンクレイターは、主権国家は「三重の変容」（triple transformation）を遂げるべきだと主張する[9]。リチャード・デヴタク（Richard Devetak）が整理しているように、三重の変容とは、道徳的・政治的・法的な諸原理は普遍化されるべきであること、物質的不平等が縮減されるべきであること、さらに文化的・民族的（ethnic）・ジェンダー的な差異への要求を承認すること、である。デヴタクによれば、この主権国家の三重の変容は主権・領土・シティズンシップ・ナショナリティの結びつきを解きほぐし、よりコスモポリタンな統治の形態へ移行させるものである（Devetak 2009: 176–78）。このようにリンクレイターは、主権国家は「ポスト・ウェストファリア的な共同体」へと変容すべきだというのである。

ポスト・ウェストファリア的な共同体は、人間社会における権力の多くを放棄し、ナショナルな忠誠心がつねに優越するという想定から離れ、道徳的に不適切な「われわれ」と「他者」との区別を取り除く（Linklater 1998a: 162）。そして、「特定の共同体への忠誠心を要求するのではなく、人びとの多元的な忠誠心が多様なアイデンティティを仲裁し成立させる役割をはたす」とされる（Linklater 2007: 67）。このような変革は、まさに中世やルネッサンス期のころまでの都市がそうであったように、シティズンシップと国家の分離をともなう（Linklater 1998a: 197）。この意味でブルの「新中世主義」は、ポスト・ウェストファリア的な共同体の先駆的なビジョンを提示していたとリンクレイターは論じるのである。[10]

「普遍的コミュニケーション共同体」へ——討議倫理学の援用

ウェストファリア的国家からポスト・ウェストファリア的共同体への変容を論じる際に、リンクレイターが大いに依拠するのが「討議倫理学」である。というのも討議倫理は、特定の国家とその市民、あるいは主権とシティズンシップを結合させる「二重の閉鎖の体系」（a system of dual closure）である主権国家を存続させてきた伝統的な観念に疑問を投げかけるからである（Linklater 2007: 57, 98-99）。[11]

討議倫理とは本質的に熟議や対話、そしてそれに基づく合意に道徳的な価値を置くアプローチである。熟議や対話の目的は、どの原理や規範が採用され、一般化されるべきかを決定することにある（Ibid: 97）。このときハーバーマスによれば、討議倫理は次のような原則を定める。すなわち、「実践的討議への参加者としてすべての同意を取りつけることができるような規範のみが妥当性を要求できる」ということである（Habermas 1983: 108

〔邦訳：一四九頁〕, 1991: 12〔邦訳：七頁〕, 1992: 138〔邦訳：一三六頁〕)。彼は、「妥当性を備えた道徳的命令は、人のいかんに左右されない、普遍的な性格を有することを考慮すべき」(Habermas 1983: 108〔邦訳：一四九頁〕)であるという。したがって、討議倫理は次のような「普遍化原則」(Universalisierungsgrundsatz)と不可分である。すなわち、「すべての妥当な規範は、それにすべての人がしたがった場合に、あらゆる個人一人一人の利害関心の充足にとって生じる(と予想される)結果や副次的な効果を、すべての関与者が受けいれられる(そして知らされている他の規制の可能性によってもたらされる効果よりも望ましい)という条件を満たさなければならない」(Ibid: 75〔同上：一〇八頁〕)。したがって、そうした規範の普遍化可能性を考慮した場合、熟議の参加者は、規範の採用によって影響を受けるあらゆる人の立場に、みずからの身を置き換えることができなければならない(Habermas 1991: 153-54〔邦訳：一八一頁〕)。それゆえ、ハーバーマスは次のように述べる。

文化の同質性に基づく背景としてのア・プリオリな合意は不要である。なぜなら意見形成・意思形成の方法に民主的構造が備わっていれば、見知らぬ人々とのあいだでも理性的かつ規範的な合意は可能だからである(Habermas 1996: 164〔邦訳：一六二頁〕)。

したがって、熟議や対話において問題となるのは、「資格ではなく、熟議による意見形成・意思形成の法的に制度化された手続き」(Habermas 1992: 166〔邦訳：一六二頁〕)である。

リンクレイターはこのようなハーバーマスの議論を援用しながら「文化的差異は対話的共同体への平等な参加を妨げるものではない」(Linklater 1998a: 85)として次のように論じる。

同じネイションに所属していない人びとを開かれた対話に平等に参加する者として処遇するために、共同体の境界線を押し広げる必要があるところでは、広範なコミュニケーション共同体の成員資格として、他者と同じような文化的素養を身につけていなければならないとか、同じような政治的願望を共有していなければならないということはない（Ibid: 85）。

リンクレイターの解釈では、討議倫理の目的は「人という類に属す者ひとりひとりの合意に基づくグローバルな取り決めという目標を妨げる排除の方法を取り除くこと」（Ibid: 93）にある。よって、「広範な討議的共同体において、他者と共同立法者として結びつく義務は、対話的な相互作用からのいちおうの排除を正当化しうる強制的な差異が人類には存在しない、という事実に基づいている」（Ibid: 85）という。したがって、熟議や対話モデルを採用することによって、ウェストファリア的国家を批判の対象として吟味し、排除に至る方法を修正し、より包摂的で開かれた共同体に変容させることができるというのである。[12] この意味で、討議倫理的なアプローチは新中世主義的ビジョンを規範的に下支えするものである（Ibid: 97）。

こうしてリンクレイターは、対話と合意に基づく普遍性を擁護する「対話的コスモポリタニズム」（dialogical cosmopolitanism）の構想を支持する。[13] それは、グローバルな政治を統括する排除と包摂の原理を決定する対話に参加する権利がすべての人間に平等に付与されるという理想を擁護するものであり、さまざまな文化的な差異が表出する基礎を大いに提供するものだとされる（Ibid: 107）。[14]

とすれば、主権国家によって構成される「国際社会」は、ポスト・ナショナルな、あるいはポスト・ウェストファリア的な共同体によって再構成されねばならず、そこには個人、NGO、マイノリティ集団などといった主権を持たない共同体やアソシエーションも含まれることになる。主権国家という閉鎖的なアリーナは後退し、国家以外のさまざまなアクターが、より包摂的かつ開放的なポスト・ウェストファリア的共同体、すなわち「普遍的コミュニケーション共同体」の成員だと認められることで、対話の境界線を押し広げることができる。したがって、ポスト・ウェストファリア的な共同体は自己完結的ではないし、閉鎖的なものでもない（Linklater 1998a: 209）。リンクレイターによれば、「諸社会の人びとが普遍的なコミュニケーション共同体という倫理的理想に向かってともに進歩しようと望むコスモポリタンな市民として行動することによって、ポスト・ウェストファリア体制の幕は開く」（Ibid: 211）のである。

3 「普遍的コミュニケーション共同体」は可能か
——対話や熟議における排除の問題

リンクレイターは主権国家を、「われわれ」と「他者」を峻別し、「他者」に対して「われわれ」を優先させる不道徳なものとしてとらえている。それゆえ、解放のプロジェクトのためには、ウェストファリア的な共同体とその市民の結びつきが解消され、国家はより包摂的で開放的なポスト・ウェストファリア的共同体へと変容を遂げなければならないという。ここで彼はハーバーマスの討議倫理学を援用する。

討議倫理は、いかなる個人であっても対話や熟議への平等な参加が妨げられてはならないことを前提としている。したがって個人には「普遍的コミュニケーション共同体」の成員資格が与えられるということになる。このことによって、特定の国家とシティズンシップという排除の論理を含む結びつきに疑問符が付されることになる。そして伝統的なシティズンシップではなく、いわばコスモポリタン・デモクラシーへの参加資格であるコスモポリタン・シティズンシップが個人に付与されるわけである。それゆえ、リンクレイターの構想は、あらゆる人をあらかじめ文化やナショナリティ、ジェンダーなどの差異によって排除することなく、熟議への平等な参加者として処遇する、ある種の普遍的なコスモポリタニズム（あるいはコスモポリタン・デモクラシー）だといえよう。

これはたしかに「倫理的理想」としては崇高なものかもしれない。「対話的コスモポリタニズム」を構想するには、対話や熟議における開放性・非排除性が求められ、「普遍的なコミュニケーション共同体」が成立しうるか否かはほとんどこの点にかかっているといっても過言ではない。けれども、排除的ではない対話や熟議などははたして可能なのか。以下では、対話や熟議におけるさまざまな排除要因を指摘することによって、リンクレイターの議論を批判的に検討したい。

「土着語による政治」としての民主政治

宗教や文化的帰属、ナショナルな構成員資格によって対話や熟議への参加が妨げられてはならず、理性的な熟議という手続きに同意する者はみな、議論に参加できなければならない、と想定すること自体はわからなくもない。しかしながら、熟議や対話に参加するにはさまざまな障壁があるため、実質的にはそれが非排除的であることは難しいように思われる。そのことを端的に示したのがヤングであった。

ヤングによれば、熟議というコミュニケーションの方法は、そもそも西欧近代の特定の制度的文脈（議会や法廷など）に由来するものであり、そもそもエリート主義的かつ排他的で、男性支配的なものである（Young: 1996: 122-25）。そのうえで彼女は、熟議のための資源を持つある一定の人びとによって熟議が独占される危険性を指摘している。それによれば、熟議からの排除には次の二種類がある。すなわち、ひとつは「外的排除」(external exclusion) である。これは熟議のプロセス自体から特定の個人や集団が排除されてしまうことである。ごくありきたりな例でいえば一昔前までは（あるいは一部の地域では現在も）女性や子供、あるいは白人社会における黒人がそうだったわけである。もうひとつは「内的排除」(internal exclusion) である。これは、熟議のプロセスには形式的に組みいれられているが、熟議におけるコミュニケーションの様式《モード》が特定の人びとに有利であったり、そこで使われる用語を全員が共有していないなどの理由で、ある集団の権利要求が軽く扱われるといった、熟議のプロセス内部における排除である（Young 2000: 53-55）。このような二つの排除によって、熟議の名のもとに特定の人びとの声がいわば擬似普遍性を帯びて喧伝されることについて、彼女は敏感であった。

ヤングは、外的排除よりも熟議の過程における内的排除を問題にした。形式的にはいちおう熟議に参加しているために可視化されにくいからである。彼女はここで、一定程度同質的な市民によって構成された社会（ネイション）における熟議を前提としているように思われる。とすれば、一定程度同質的な市民同士の熟議においてさえ、一見すると非排除的なようだが、実際には差異を乗り越えられていないということになろう。つまり、ネイションの内部においてすら越境できていないのである。そうであれば、さまざまな意味で異なる他者とのナショナルな境界線を越える対話や熟議は越境可能であるどころか、いっそう排除的であろう。ここでイ・ヨンスクの次の指摘を引用したい。

近年「公共性」についての議論がさかんにおこなわれている…（中略）…そうした議論の中身に入る前に、わたしはきわめて素朴な観点からその「討議」や「会話」はいったい何語でおこなわれるのかという疑問がすぐにわいてしまう（イ 二〇〇九：二二八頁）。

この指摘は筆者の問題意識と大いに重なる。というのも、そもそもナショナルな境界線を越える対話や熟議においては言語的な問題から内的排除以前に外的排除が起こる可能性が高く、したがって、「普遍的コミュニケーション共同体」において、何語で議論するのかがきわめて重大な問題となるように思われるからである。(15) 具体的には、キムリッカの次のような指摘がわかりやすい。

デンマーク人とイタリア人は同じ言語を話しておらず、同じ領土を共有していない。それだけではなく、同じ新聞を読まず、同じ番組を見ず、さらには同じ政党に所属しているわけでもない。そうしたヨーロッパを横断するような議論の場とはいったいどのようなものなのだろうか（Kymlicka 2001a: 326）。

このキムリッカの指摘は看過すべきものではない。ヨーロッパレベルのコミュニケーション共同体を考えたとき、おそらくそこでの熟議は何らかの共通語（主に英語）でなされるだろう。そうであれば、英語を話すことのできないものは、その時点で熟議のプロセスから排除されるからである。(16)

キムリッカは、リベラル・ナショナリズムの立場からこう論じる。民主主義は言語の境界を越える場合よりも言語単位に基づくほうが真に参加しやすく、熟議民主主義が成立するのは、言語を共有する集団でなければ難しい[17]。なぜなら、理性的な熟議によって合意が成立するのは、熟議の参加者がお互いを理解し、信頼している場合だからである。「自分以外の他者が本当にこころよく自分の利益や意見を考慮してくれる」と思うことができなければ、そもそも熟議は成り立たないだろう（Ibid: 226）。キムリッカによれば、相互信頼や相互理解には何らかの共同性が必要である。その共同性の基盤となるのが、あらゆる社会的実践や制度の背景にある「伝統と慣習という共有された語彙」を含む「社会構成文化[18]」である（Ibid: 209）。これを共有していることが一因となり、人びとはお互いを文化的に同質な仲間だと感じるのである。さらに別の箇所でキムリッカは、「社会構成文化」は多くの場合「ナショナルな文化」であると述べ、事実上、社会構成文化を共有する集団はナショナルな共同体であるという（Kymlicka 1995: 80〔邦訳：一一八頁〕）。ここで重要なことは、「社会構成文化」は「共有された言語を基盤とする」（Ibid: 76〔邦訳：一一三頁〕）というキムリッカの指摘である。つまり言語の共有が、熟議が成立するための相互信頼や相互理解の重要な源泉なのである。

ここでキムリッカのいう言語とは「土着語」である。彼によれば、ふつうの人びとは、土着語によってしかうまく政治的争点を議論できない。二つ以上の言語を流暢に話せて、母語以外の言語で政治的争点をめぐって十分に議論できるのは、一般的にエリートだけである。さらに、政治的対話における多くの修辞的・語用論的な要素もそれぞれの言語に固有なものである。したがって、たとえ技術的な意味で外国語を理解できたとしても、こうした修辞的・語用論的な要素についての知識を持たなければ、熟議を理解できない。それゆえに、政治的な熟議は土着語でおこなわれるほど参加しやすくなると期待できるというのである（Kymlicka 2001a: 213）。

もっとも土着語の重要性が指摘されるのはさほど新しいことではない[19]。その思想史的系譜をたどれば、ルネッサンス初期のフィレンツェの詩人ダンテ・アリギエーリ（Dante Alighieri）にまでさかのぼることができるだろう[20]。ダンテはしばしばイタリア文学最大の詩人と称されるが、ここで重要なことは、彼が多くの作品を当時のヨーロッパ唯一の書き言葉であったラテン語ではなく、当時は「俗語」であったイタリア語で著しているという点である。ここで議論を深めるために、ダンテの議論に少し立ちいってみたい[21]。

ダンテは『俗語論』(*De Vulgari Eloquentia*) において、俗語とは「こどもがことばを聞きわけられるようになるとすぐに、自分の周りの人々から習い覚える言葉のことだと述べた。もっと簡単にいえば、私たちがなんの規則もなしに、乳母たちをまねしながら学びとることば」である (Dante 1878: 19〔邦訳：三頁〕)。これとは対照的に定義されているのが「グラマティカ」、すなわち当時唯一の文語であったラテン語である。それは「俗語から派生した二次的な言語」である (Ibid: 20〔同上〕)。

このようにラテン語と俗語を区別したうえで、ダンテは「この二つの言語のうち、より高貴なるものは俗語である」(Ibid:〔同上：五頁〕) としている。それは以下の理由による。すなわち、先のダンテの俗語の定義にあるように、俗語とは乳母から受けとった言葉だとされている。いいかえれば、ダンテにとって俗語とは「母語」(materna locution) である[22]。人はだれしも育ての親から言葉を学ぶが、その場合に文法書によって学ぶ者はいないだろう。言語とは育ての親から理屈抜きに口うつしで学ぶものである。したがって、俗語は「われわれが真の最初になじむことば」であり、どちらかといえば人為的なグラマティカに対して、俗語は自然なものである (Ibid:〔同上〕)。

そのような俗語でダンテが詩を書こうとした理由は、『新生』(*La Vita Nuova*) でダンテ自身が述べているように、端的にいえば、ラテン語の詩を理解することが困難な婦人にもわかってもらうためである (Dante 1985: 48〔邦訳：三六三頁〕)。ラテン語は当時唯一の書き言葉であったとはいえ、それを扱うことができるのは聖職者や貴族など一部の階級の者だけであった。しかも、彼らは数が少ないために、高い地位と名誉が保証されていた。そのためラテン語がしばしば、地位と金を得るための手段と化していたことにダンテは憤っていた（Dante 1980: 32-34〔邦訳：五〇－五四頁〕）。こうしたことから、彼はあえて俗語の重要性を説き、俗語で多くの詩をつくることで、いわば文学の「世俗化」・「民主化」を試みたのである。

ここでダンテとキムリッカは次の点で共通しているといえよう。すなわち、キムリッカは民主政治が「土着語」で行われることで民主化されると主張し、ダンテは文学作品がラテン語ではなく「俗語」で書かれることによって民主化されると考えたのである。キムリッカによれば、土着語や俗語に対するコミットメントは概して非理性的で後進的で、非リベラルなものであると考えられがちだが、むしろ、土着語や俗語へのコミットメントこそが民主主義という啓蒙的価値への深い愛着を示すものとして理解されうるのである（Kymlicka 2001a: 218）。したがって、彼のいうように「民主政治は土着語による政治」なのであり、土着語での熟議はナショナルな言語の境界をまたぐ政治的フォーラムよりも真に人びとの参加を可能にする。この意味で、『ナショナルな』言語的・地域的政治共同体は、それが単一言語の国民国家であろうが、複数ネイション国家内の言語を異にする下位集団であろうが、現代世界において民主的参加が行われる主要なフォーラム」だといえよう（Ibid: 213）[23]。

批判とそれに対する若干の応答

「民主政治は土着語による政治である」というキムリッカのテーゼに対して、リンクレイターは直接反論していない。しかし、リンクレイター同様に、コスモポリタン・デモクラシーを支持するアルキブージは、これを真っ向から批判する（Archibugi 2005, 2008）。アルキブージによれば、単一言語話者のみで構成される国家はほとんどなく、現実には多くの国家が多言語主義を採用せざるをえない。その状況で「土着語による政治」を貫徹させようとすれば、言語を共有しない集団を周縁化させ、孤立化させる必要が生じる。とすれば、キムリッカの意図とは逆に、マイノリティの権利は保護されるどころか侵害されることになる。したがってアルキブージは、キムリッカのテーゼを次のように修正すべきだという。すなわち、

> 民主政治はエスペラント語による政治ではないが、必要ならばエスペラント語でおこなわれうるし、おこなわれるべきである。エスペラント語という比喩は、目下のあらゆる言語権の問題に適用されるのではなく、政治的コミュニケーションに必要とされる言語の問題にのみ適用される（Archibugi 2005: 544, 2008: 260〔邦訳：二八一頁〕〔傍点は引用者による〕）

彼はここで、エスペラント語の使用を奨励しているのではない。エスペラント語は単なる比喩であり、彼によれば「コミュニケーションの障害となる言語障壁を取り除く責任が個人や政府にある」（Archibugi 2005: 545, 2008: 261〔邦訳：二八二頁〕）というわけである。いずれにしろ、キムリッカをはじめとするリベラル・ナショナリストとは全く逆に、政治的なコミュニケーションにおいてこそ、エスペラント語のようなコミュニケーションを円滑にする道具を使用することで、コスモポリタン・デモクラシーは可能だというのである。

この主張の背後には、教育によって人は複数の言語を話せるようになり、言語障壁は比較的容易に取り除かれる、というエリート知識人特有の楽観的見通しがあるように思われる。アルキブージはイタリア人だが、イタリア語のほかに英語・フランス語・スペイン語を操れるようである。ところが、エリートはいざ知らず一般庶民は

どうだろうか。ＥＵ各国において母語以外で会話に参加できる者の割合を調べた欧州委員会のあるレポートによれば、ＥＵ二五カ国の平均は五〇パーセントであり、アルキブージの母国イタリアは三六パーセントにとどまっている（European Comission 2005）[24]。おそらく、政治的な熟議に問題なく参加できるか否かということになれば、この数字はさらに低下するであろう。

確かにヨーロッパ諸国にかぎっていえば、もともと言語的親近性が高いために、適切な言語教育をおこなえば多言語習得は可能かもしれない。しかしながら、アルキブージやリンクレイターがヨーロピアン・デモクラシーではなく、あくまでコスモポリタン・デモクラシーを想定するのならば、それ以外の地域との対話も視野に入れなければならないはずである。ところが、かつてフリードリヒ・ニーチェ（Friedrich Neitzche）が述べたように、ウラル・アルタイ言語圏に属する人びとはインドゲルマン人やイスラム教徒とは違ったように世界を眺めるのであり（Neitzsche 2006: 31〔邦訳：四六頁〕）、その差異を超越することは大きな困難をともなうだろう。

たとえば人権という価値をめぐる対話を考えてみたい。ダニエル・A・ベル（Daniel A. Bell）によれば、人権という価値の中身に関して、ジェノサイドや殺人、拷問など最低限の権利にかかわる部分は論争にならないが、それ以外のマイノリティや先住民の権利の保障や家族法や刑法にかかわる権利などについては、欧米とアジアでは価値観が異なっており、それぞれの社会に固有の「地域知」（local knowledge）に基づいて基礎づけや正当化がなされうる[25]。したがって、人権をめぐる文化間の対話が有効であるには、当該社会に固有の伝統的な慣習・作法・考え方などの集積である地域知に精通している必要があるという（Bell 2000: ch. 1〔邦訳：第一章〕）[26]。

こうした地域知は土着語で伝わっていると考えるのが普通である。したがって、単に“human rights”を「人権」といいかえたからといって、その語が意味する内容までもが互換可能で相互に理解できるものになるわけではない。"human rights" と「人権」は重なる部分は大いにあるが、異なるところもまた大いにあるわけであり、人権に関する対話が真に成り立つにはそうした "human rights" や「人権」のおのおのの持つ語感の差異を理解しなければならない。すなわち、人権をめぐる政治的な熟議には、単に言語教育によって複数の言語を技術的に話せることではなく、政治的熟議に必要な語彙の語感まで理解できること、すなわち各言語に固有の言語感覚の習得が求められる。つまり、政治的熟議には「慣行的商取引や観光に必要な知識よりもはるかに高いレベルの言葉の流暢さが求められる」(Kymlicka 2001a: 213) のである。[27] 母語以外の言語にそこまで精通できるよう教育するには、途方もない労力と時間がかかることであろう。とすれば第一義的に重要なことは、アルキブージの主張するように教育によって多言語話者を多数育成し、越境的な対話を促進することではなかろう。[28] むしろ外来の知を土着語に翻訳し、土着語の語彙を豊穣かつ洗練されたものとすることによって、土着語による熟議の質を高め、またそれに多くの人を包摂することが求められよう。[29] このことにかんがみれば、デイヴィッド・ミラーが述べているように、「グローバルな民主主義という理念は、文字通りにおいては実現しえない幻想」(Miller 2007: 269〔邦訳：三二五頁〕) なのである。

4　おわりに

さまざまな差異を有する他者が自由にコミュニケーションに参加できることを保障し、あらゆる人に対話や熟議が開かれている「普遍的コミュニケーション共同体」あるいは「対話的コスモポリタニズム」の構想は、一見すると非排除的であり望ましいように思われる。だが、これまでの考察を踏まえると、そう簡単にナショナルな共同体を越える熟議が成立するとは考えられない。むしろ、リンクレイターらのように安易にナショナルなアリーナを超克した熟議や対話を想定することは、その意図とは逆に多くの人びとを熟議や対話から排除することになりかねないのである。

リベラル・ナショナリズムの論者が主張するところでは、熟議は自由なコミュニケーションが阻害される環境においては成り立たないだろうし、そこで使用される言語を修辞的・語用論的なレベルまで理解している間柄でなければ成立しない。もちろんそうした能力を有する人はいないわけではないが、大半の一般庶民はそうした能力を持ちあわせていない。先にあげた欧州委員会のレポートなどから、このことは概ね正しいように思われる。キムリッカが世界でも比較的多言語主義が進んでいるとされるベルギーの例をあげて述べるように、朝にフラマン語の新聞を読み、夜にフランス語のテレビ・ニュースを見て、両方の言語でおこなわれる政治的な熟議に等しく精通し、それに問題なく参加できるベルギー人はそうはいないのである（Kymlicka 2001a: 217）[30]。であれば、人びとにとって第一義的に重要な熟議のアリーナは、多様な人を包摂しうる開放的な「普遍的コミュニケーション共同体」ではなく、土着語を共有する人びとしか参加することのできないある意味で閉鎖的なアリーナ、すなわちネイションだといえよう[31]。

かつて、ヨハン・ゴットリープ・フィヒテ（Johann Gottlieb Fichte）は『ドイツ国民に告ぐ』において次のように述べていた。

まず最初に、とりわけ重要なこととして申し上げますが、国家と国家を分かつ最初の資源的な、そしてほんとうの意味で自然な国境とは、疑いもなくその内的な境界です。同じ言語を話す者たちは、あらゆる人為に先立って、その自然な本性そのものによってすでに、無数の見えない絆によって互いに結びつけられています。彼らは互いに理解しあい、互いの考えをますます明晰に理解しあうことができます。彼らは集まって一団をなし、自然な統一体を形作り、不可分の全体をなしているのです。このような全体が系統と言語を意味するネイションを自分自身のうちに入れ、みずからを混合させようとすれば、少なくとも当座は紛糾を来たし、みずからの教養の釣り合いのとれた進展をいちじるしく妨げられざるをえません（Fichte 1955: 212〔邦訳：二六四頁〕）。

フィヒテがいうには、同じネイションに所属する人びとは「共通の言語と思考様式をつうじて申し分なく結合し、他のネイションから十分に確然と区別され」ているのであり、それゆえにネイション同士の「内的境界」は簡単に越えられるものではない（Ebd: 213〔同上：二六五頁〕）。私はこの主張には一定の真理が含まれているように思う。

ただし、誤解のないように付言しておけば、だからといってネイションを越える民主主義の理念を完全に否定するわけではない。たとえば「グローバル市民社会」や「グローバルな公共圏」における議論がグローバルな世論となり、国家を含む諸集団の行動を規制するといったことは、対人地雷の禁止を訴える対人地雷禁止国際キャンペーン（ICBL: International Campaign to Ban Landmines）や、とくに世界の貧困を解消するために重債務貧困国の債務取り消しを求める重債務救済キャンペーン（GCAP: Global Call to Action against Poverty）といった運動などに萌芽的に見受けられる（五野井 二〇〇八）[32]。これらの重要性を認めないわけではない。したがって、ナショナルな熟議のアリーナとネイションを越える熟議のアリーナがどのような関係にあるべきかという点は、今後の重要な検討課題である。

要するに、リンクレイターの議論の最大の問題点は、主権・シティズンシップ・ナショナリティという結びつきが生みだす排除の構造ばかりに目を向け、それをア・プリオリに不正であるとし、それらを分離させようと躍起になっているあまり、その契機として期待をかけている対話や熟議、あるいは民主主義が、実はネイションというアリーナという包括的文化構造においてこそ最も機能するという点を軽視していることにある。ネイションという理念の超克を謳い、連帯主義的傾向を推し進めるまえに、民主主義は同じナショナルな文化を共有する者たちに下支えされることで安定的に機能するという観点から、ネイションの規範的重要性を再認識する必要性があるのではなかろうか。

*

次章では、本章の議論を踏まえつつ、社会正義（平等）の理念およびそれを下支えする社会的連帯とナショナリティの関係性について論じよう。

第4章　社会的連帯の源泉をめぐって

――制度の共有か、アイデンティティの共有か

人々が似かよった信仰を持っていないで繁栄することのできる社会は存在しない。というよりもむしろ、人々のあいだにそのような信仰がなくして存続する社会というものはない。なぜかというと、共通の観念なくして共通の行動はないし、また共通の行動なくして、人間は存在しても社会は存在しないからである。それゆえ、社会が存続するには、ましてこの社会が繁栄するには、市民のあらゆる精神が、いくつかの主要な観念によって結集し団結していなければならない。

アレクシス・ド・トクヴィル(1)

1　はじめに

一九七〇年代半ばごろから、「福祉国家の危機」・「社会国家の終焉」が叫ばれて久しい。日本でも近年、年金制度改革・医療保険制度改革などが問題となり、いわゆる一連の社会保障制度の安定性に揺らぎが生じている。社会保障制度は、われわれが安心して生活を送るうえで必要不可欠のものである。けがをしたり病気になったときには、健康保険によって医療費の負担が軽減される。たとえ不幸にして職を失っても、失業保険が一定期間給付され、その間の生活はある程度保障されるので、安心して再就職先を探すことができる。定年で退職しても、年金によってある程度の生活の安定は保障される。われわれの生活はつねに何らかのリスクと隣りあわせだが、社会保障制度によってそのリスクは軽減され、各人が善き生を自由に探求できるのである。

社会保障制度の目的は、そうしたリスクを個人にじかに負わせるのではなく、それに「社会」が集合的に対処することで個人のリスクを低減させることである。したがって、一連の社会保障制度が安定して持続的に機能するには、ある程度まとまった大きさの社会が必要であり、その社会において制度を下支えする何らかの「社会的連帯」（social solidarity）を必要とする。とくに一九世紀後半以降の歴史を見ると、この意味での「社会」とは事実上、「国民国家」（nation-state）であり、社会的連帯とは国民同士のナショナルな連帯であった。つまり社会保障制度は、国民国家体制の成立および社会／国民統合の強化と密接にかかわっており、社会国家／福祉国家とは事実上、「国民社会国家」（État national et social）だったのである（バリバール 二〇〇〇：一一頁；See also Myrdal 1960: 117-19〔邦訳：二〇五－九頁〕）。

ある社会において社会保障制度を維持・運営していくには、その社会に属する諸個人に対して、おそらく一度も会ったことも、これから会うこともないであろう他者のために、みずからの利益の一部を税金や保険料などというかたちで供出することが求められる。こうした「見知らぬ人々のあいだでの連帯」(Ignatieff 2001: 10〔邦訳：一六頁〕)、あるいは「非人称の連帯」(齋藤 二〇〇〇：六六頁)は福祉国家の基盤であった。ところが、一九九〇年代以降、経済のグローバル化などによる社会国家／福祉国家の機能不全によって、こうした社会的連帯が失われてきていることが指摘される。そうした状況はしばしば「分断された社会」や「格差社会」などと表現されるが、これこそがいわゆる「福祉国家／社会国家の危機」が叫ばれる大きな理由のひとつである。

「勝ち組と負け組」あるいは「ホワイトカラーとブルーカラー」などという言葉に象徴される社会の分断によって、社会保障制度を下支えする連帯意識や信頼は崩れていく。たとえば日本においても昨今の世界的な金融危機などの影響もあり、「ワーキング・プア」と呼ばれる人びとや失業者がますます増加している。彼らは月額約一万五〇〇〇円の国民年金を納める以前に、みずからのその日一日の生計を立てるのに精一杯である。また、いわゆる「ネットカフェ難民」や「マック難民」にいくら世代間の連帯を説いたところで、「助けてほしいのは定職のないわれわれのほうである」といわれるだろう(山田 二〇〇七：一一頁)。他方で、日本ではまだそこまで顕著ではないが、西欧諸国やアメリカでは、経済のグローバル化の恩恵を十分に受けたエリートが社会からの離脱を志向し、都市の郊外に「ゲイティッド・コミュニティ」をつくって安穏と暮らしたり、みずからが得た収入や利益を自身が属する社会にほとんど還元することなく、租税回避地《タックスヘイヴン》に逃げるという現象が見受けられる(See Bauman 2001: 50-57〔邦訳：七一－八一頁〕; Lasch 1995)。

しかしながら、人びとが生活を営むうえで何らかの社会保障政策が必要不可欠だとすれば、それを下支えする何らかの社会的連帯が求められる。もし、それが失われつつあるならば、いかにしてそれを再生すべきだろうか。あるいはどこにその源泉を求めるべきだろうか。本章ではこの点を検討したい。その手がかりとして、ここではとくに前章でもとりあげた「熟議」という「制度」による社会的連帯の涵養を主張する議論に着目し、それを批判的に検討しよう。この議論によれば、従来的な「国民社会国家」を支えてきたナショナルな「共同性」はもはや過去のものであり、ポスト福祉国家の時代においてはそうした「共同性」とは異なる原理に基づく連帯、すなわち、何らかのアイデンティティの共有ではなく、制度を介した「民主的な公共性」(齋藤 二〇〇八)によって支えられる連帯が求められるという。そして熟議は公共性を生成するひとつの制度であるとされる。(2)

ここで私は、熟議によって人びとの連帯が促されるという点を全否定するつもりはない。熟議によって相互理解が深まり、連帯が形成されるという面は確かにある。(3) その一方で私は、第一に熟議の場はある特定の人びとによって独占される危険性があることを指摘したい。人びとのあいだで真に参加的な熟議の場が成立するには、熟議に用いられる語やその背景にある意味・解釈・語感などに人びとが精通していなければならないからである。そして第二に、このように考えれば、熟議という制度を介した連帯には、それに先立つ「共同性」(とくにナショナルな「共同性」、つまりナショナリティ)が求められると主張したい。たとえば、しばしば社会的連帯とは「公共的な生活保障(雇用保険、社会保障、教育機会の保障等)の諸制度を媒介として、人々が相互の生活を支えあう(非人称の)連帯」(市野川・小森 二〇〇九:一八九頁)だとされるが、本章では、公共的な制度を介した連帯が形成されるには、その前提として制度を下支えするナショナルな連帯が求められると論じたい。

以下ではこうした結論を得るために次のような道筋をたどる。まず、福祉国家/社会国家がもはや機能しなくなってきているという議論を「分断された社会」を念頭に置きつつ、ジグムント・バウマン(Zygmunt Bauman)

やニコラス・ローズ（Nikolas Rose）といった近年の社会学における知見を参照しながら概観し、もはや社会的連帯をナショナリティには求められないという主張を確認する（第2節）。そうした状況でナショナリティ以外の社会的連帯の源泉を求めるものとして、熟議という「制度」[4]をとりあげる議論がある。この議論の代表的な論客であるユルゲン・ハーバーマスの議論を概観する（第3節）。そのうえで、ハーバーマスの議論をリベラル・ナショナリズム論の観点から批判的に検討し、熟議という制度に社会的連帯の源泉を求めるとしても、その前提にはやはりナショナルな共同性が求められると主張したい（第4節）。このような主張に対しては、次のような批判がしばしばなされる。すなわち、ナショナルな連帯の強調は、しばしば、その連帯の外部の人びとの排除につながるという指摘である。とくにヨーロッパでは、実際に移民の排除を求める事態が生じている。こうした懸念に対して、ナショナリズムは「リベラルな制約」によって正しく規定されれば、社会的連帯の源泉としてふさわしいと論じる（第5節）。そして最後に全体をまとめ、この章を終える（第6節）。

2　社会国家／福祉国家の揺らぎ

ヨーロッパにおいて国民国家を単位とする社会保障制度が徐々に確立されていくのは、一九世紀の終わりごろからである。以後、行論の都合上、社会国家／福祉国家がどのように進展したかを歴史的にたどりはしないが、ここで重要なことは、社会保障制度を機能させるのに必要な社会的連帯とは、事実上ナショナルなレベルにおける連帯であったということである。[5]国民国家は一定の義務（税金の支払い・保険料の拠出など）と引き換えに社会権を国民に付与し、国民は国家からさまざまな社会保障を受ける。そうした義務の履行を通じて、労災や疫病といった、リスクに直面した人びとを間接的に支援する、という連帯が形成される。国民国家は、少なくとも一九七〇年代初頭までは、われわれに安全《セキュリティ》を提供する、信頼にたる単位《ユニット》だったのである。ところが、七〇年代半ばごろから、「国民社会国家」の基盤が揺らぐこととなる。

一九七〇年代から八〇年代にかけて福祉国家の危機が語られた。福祉への依存が労働意欲の減退と経済の停滞を招くという、いわゆる「モラル・ハザード」論である。さらに九〇年代半ば以降は、グローバル資本主義の波に国民経済が取りこまれたことが、その最大の要因とされた。ある面で経済成長を支えてきた社会保障が、グローバルな競争社会への算入を余儀なくされるにつれて、経済成長の足かせととらえられるようになったからである。(6) この「経済的なもの」と「社会的なもの」との乖離が起きた結果、社会は経済的で生産的なセクターと福祉に依存する非生産的なセクターに分断され、社会保障を下支えする社会的連帯の基盤は失われていった(齋藤 二〇〇〇:七二–七七頁)。

こうなると、もはや社会保障は社会の問題として集合的に管理されるのではなく、個人の責任に帰されることになる。バウマンの言葉を使えば、いまや社会国家は「個人の安全のみを保障する国家」(the personal safety state)へと置き換えられつつあるのである(Bauman 2006: 154)。したがって、これまで集団的に提供されてきた社会保障は、公的領域から私的領域へと移転されることとなる。こうして「リスク管理の私有化《プライバタイゼーション》」という状況が引き起こされる。

さらにローズ(Rose 1999: chs. 3-4)がいうところによれば、このようなポスト福祉国家の時代に求められる市民とは、福祉の受益者としての市民(passive citizen)ではなく、みずからリスクを引き受け、そのなかでみずからの自己利益を極大化していく活動的・能動的な市民(active citizen)である。ローズが「アドヴァンスト・

リベラリズム」（advanced liberalism）と呼ぶこの戦略のポイントは、活動的な市民がリスクを引き受けつつ選択し自己実現をする場が、ナショナルな社会ではなく、個人にとってより身近でアクチュアルな「コミュニティ」であるという点である。ローズは次のようにいう。

活動的で責任を引き受ける自己というこの新たな体制において、個人はそのナショナルな義務を、お互いの依存と義務の関係を通じてではなく、さまざまなミクロな道徳的領域ないし「コミュニティ」――家族・職場・学校・余暇のクラブ・近隣――において、自己実現を通じてなすものとされる（Rose 1996: 57）。

すなわち、ローズによれば、ナショナルなレベルの共同性ではなく、よりミクロなコミュニティを通じて「さまざまな集団や団体は、要求し、運動し、自身の権利を守り、自身の抵抗を効果的なものにしていく」のである。社会正義も「信頼できるコミュニティの形成を通じて」極大化される（Rose 1999: 136）。つまり、社会保障制度を下支えする社会的連帯をナショナルなものに求めることはもはやできない、とローズは論じているのである。(7)

3　ナショナリティ以外の社会的連帯――熟議による統合

これまで述べてきたように、現代社会において「社会的なもの」が完全に分断されて二極化してしまい、ナショナルなレベルでの社会的連帯が引き裂かれつつある。こうしたなかで、社会保障の問題は脱政治化され、私的領域に押しこめられるべきだとされる。

アドヴァンスト・リベラリズムは、確かに効率的な統治という観点にかぎれば優れた戦略かもしれない。なぜなら、そこでは社会保障は市場原理にのっとって民間セクターが提供するため、国家がすべきことはもはや社会保障の提供ではなく、リスクをみずから引き受け自己責任で行動する「企業家精神《アントレプレナーシップ》」の涵養であり、能動的・活動的市民の育成に限定されるからである。

ところが、渋谷望がいうように、これはある種の選別の原理として機能する（渋谷 二〇〇三：六四頁）。すなわち、能動的・活動的な市民とそうではない市民とのあいだに修復しがたい断層線を引くこととなる。ここで重要なのは、この両者の差が「質的」な差であるという渋谷の指摘である。要するに、シティズンシップの不適格者とは「何にもまして倫理的・道徳的な意味で」不適格なのである。このように、アドヴァンスト・リベラリズムという統治の戦略は、コミュニティを、活動的市民が住む道徳的共同体と、自己責任を放棄した者たちが住む非道徳的共同体とに二分する。そしてさらに問題なのは、両者の共存関係が危機に陥るどころか、互いに出会わないことによって、ますますその存在を確かなものにしているということである（同上：六四-六七頁）。活動的市民は郊外に厳重に警備されたゲイティッド・コミュニティを形成し、そのなかのみで平穏に暮らし、他方で自己責任を引き受ける資質や能力のない「底辺《アンダークラス》」の人びとは、ゲットーという社会の「はきだめ」で「廃棄された生」（wasted life）を生きることを余儀なくされるのである（Bauman 2001: ch. 8〔邦訳：第八章〕, 2004）。

つまりアドヴァンスト・リベラリズムの統治戦略をとるならば、社会には「廃棄された生」を送る人びとという負の面が必ず存在するわけである。しかしながら、彼らが「生きづらさ」を感じる社会、いいかえれば、彼らが善き生の構想を自由に探求できない社会など、健全な社会であるはずがない。社会秩序の観点からすれば、いかにすれば社会から排除され周縁化された人びとを包摂することができ、彼らが善き生の構想を自由に探求できるのかを考察することは、きわめて重要である。この前提に立てば、私的領域に押しこめられるべきとされる社会保障を、いまいちど公的領域に引き戻し「再政治化」する必要があるように思われる。

このように考えたときに、政治における「熟議の不可避性」に注目する論者がいる。彼らによれば、分断された社会状況において「それでも、他者とともに生き、なにごとかをなし、独善的ではないルールをつくろうとするならば、結局、対話・話しあいをおこなうしかない」（田村 二〇〇八：iii頁）とされる。逆にいえば、熟議民主主義によって公的領域での議論ができなければ政治は成り立たないのであり、一定の合意に基づく社会秩序の形成などありえない。そして、そうした熟議民主主義のプロセスこそ、もはやナショナルな共同性に連帯の契機を求めることのできないポスト福祉国家の時代における、新たな社会的連帯の源泉となりうるという。以下では、まずこうした議論の代表的理論家であるハーバーマスの議論を整理し、ナショナリティ以外に社会的連帯の源泉を見いだそうとする議論の可能性について検討したい。

ハーバーマスの社会統合の構想は、彼自身が「憲法パトリオティズム」（Verfassungspatriotismus）と呼ぶように、構成員のナショナルな情緒的紐帯に社会的連帯の源泉を求めるのではなく、憲法原理の不断の解釈の営みとしての熟議民主主義に対するコミットメントにそれを求めるほうが、より多くの他者を包摂することができるために望ましいというものである。(8)

ハーバーマスによれば、憲法とは共同体における市民のアイデンティティの表現であり、人民主権や人権とはどういうものであるかという市民による解釈の結晶である。ゆえに、憲法は「政治文化」（politische Kultur）であるという（Habermas 1996: 142-43〔邦訳：一四二‐四三頁〕）。そして市民は、憲法解釈の実践としての熟議民主主義にコミットすることによってお互いの連帯意識を高めるという。なぜなら彼によれば、民主的立憲国家の人びとは民主主義を実践することで、法（およびその最高位にあるものとしての憲法）によって保障された諸権利（とくに基本権の実現）を享受してきたからである。とすれば、そのような諸権利の「使用価値」、つまり実効的に享受しうる価値が市民によって実感されるなら、人びとは法を媒体とする社会統合にコミットしつづける動機を持ちうるだろう〔齋藤 二〇〇八：五二頁〕。すなわち、ハーバーマスは憲法パトリオティズムを「全国民をさまざまな文化的背景や民族的出自と無関係に結びつけることができるもの」（Habermas 1996: 328〔邦訳：三二〇頁〕）だとしたうえで、次のように論じる。

民主的国家市民資格（demokratische Staatbürgerschaft）は、各人の望む生活様式を維持する前提条件を実際に実現するメカニズムとしてはっきりと実感されれば、統合の力、すなわち他者とのあいだに連帯を確立する力を発揮できるに違いない（Ebd: 143〔同上：一四三頁〕）。

ハーバーマスによれば、法が妥当性を有するためには、それによって影響を受ける可能性のあるあらゆる人びとが理性的な熟議に参加できなければならない。したがって、自由なコミュニケーションが阻害されるような社会では熟議は成り立たないという。とすれば、公共圏や市民社会における熟議が特定の集団によって排他的に独占されている状態は全く望ましくない。前章でも触れたように、公共圏や市民社会における熟議はあらゆる人に開かれているべきであり、そこでは「資格ではなく、熟議による意見形成・意思形成の法的に制度化された手続き」（Habermas 1992: 166〔邦訳（上巻）：一六二頁〕）が問題となるのである。逆にいえば、「文化の同質性に基づく背景としてのア・プリオリな合意は不要」ということである。というのもハーバーマスからすれば、「意見形成・意思形成の方法に民主的構造が備わっていれば、見知らぬ人々とのあいだでも理性的かつ規範的な合意は可能だから」である（Habermas 1996: 164〔邦訳：一六二頁〕）。こうした点から、ハーバーマスの民主主義の構想は、山崎望が端的に述べているように、「文化が異質であったとしても、公共的な熟議による意思形成に対して合意するだけで同じ政治共同体への包摂が可能である、とする民主主義」（山崎 二〇〇七：九一）であるといえよう。

ここで重要な点は、ハーバーマスが「政治的統合」と「倫理的統合」を明確に峻別している点である。ハーバーマスいわく、政治文化やその結晶としての憲法は、歴史的な文脈の違いによって各国ごとに異なると同時に普遍性を帯びたものでもある。なぜならそれは、憲法解釈の実践を反復することで形成されるものであり、いかなる立場の人間であっても尊重されるべき基本権を規定するものだからである。したがって、憲法パトリオティズムによる市民の連帯は政治文化のレベルにおける「政治的統合」であって、それ以前の非政治的な「倫理的統合」とは異なる。ハーバーマスからすれば、倫理的なレベルにおける統合は、憲法解釈という民主的なプロセスから特定の人びとをア・プリオリに排除するように働く。よって、この二つの統合を区別し、政治統合のレベルでの市民の連帯を目指すべきとされる（Habermas 1996: 262〔邦訳：二五五－五七頁〕）。ハーバーマスは以下のように論ずる。

> 複合的な社会で市民がまとまりうるのは、もはや実質的な価値観の一致によってではなく、ただ正当な立法および権力行使の手続きに関する合意によってなのである（Ebd: 263〔同上：二五七頁〕）。

4　熟議による統合の問題点

ハーバーマスのように熟議民主主義に連帯の契機を求める考え方に対しては、次の二つの問題が惹起される。まずひとつは、前章で詳細に論じたように、熟議への参加にはさまざまな障壁があるために、あらゆる人びとが熟議に参加することは実質的に難しいという点である。そのことを端的に示したのがアイリス・ヤングであった。彼女の議論について再度簡単に確認しておけば、そもそも熟議のプロセスから排除された状態を指す「外的排除」と、熟議に形式的に組み込まれているが実際は蚊帳の外に置かれた状態を指す「内的排除」という二種類の排除の形態を示したわけである（Young：2000）。

とりわけ政治的な熟議における排除要因として想定されるのが言語である。キムリッカは、熟議民主主義が機能するうえで、人びとが言語を共有していることの重要性を強調する。なぜなら、理性的な熟議によって合意が成立するのは、熟議の参加者がお互いを理解し、信頼している場合だからである。自分以外の他者が本当にこころよく自分の利益や意見を考慮してくれると思うことができなければ、そもそも熟議は成り立たないであろう。彼によれば、こうした相互信頼や相互理解には何らかの「共同性」が必要とされる。リベラル・ナショナリストによれば、この共同性の基盤となるものが「ナショナルな文化」である。とりわけ政治的な熟議への参加はその性質上、技術的な意味で外国語を理解できたとしても、その言語に特有の修辞上・語用論上の要素についての知識を持たなければ難しい。したがって、キムリッカの端的な表現を使えば、政治的な熟議には「土着語の政治」としての側面がある。そうした制度が機能する前提には、少なくとも言語や「言語感覚」の共有、すなわち社会構成文化の共有が人びとのあいだでなされている必要がある。(9)この点についてデイヴィッド・ミラーは「異なったナショナリティからなる国では、自由の諸制度はほとんど実現できない」というJ・S・ミルの一節を引き、「ミルの主張は今でも通用する」と述べたうえで、次のように述べている。

全市民が公的問題についての議論にいずれかのレベルで関与する形態の民主主義を切望するのであれば、同意の基盤を求める際に市民がお互いの誠実さを信頼しあえるような条件を探求しなければならないということである。現代の巨大な集団にあっては、ナショナリティの共有のみが、こうしたことを可能にする連帯意識を付与することができる。もちろん、ナショナル・アイデンティティの共有は、人びとが似たような政治的見解を抱くようになることを意味しない。ナショナリティの共有は、ナショナリティを同じくする同胞が共生していくために同意できる条件の探求に実践的に関与していくことを意味するのである（Miller 1995: 98〔邦訳：一七〇頁〕(10)〔傍点は引用者による〕）。

さらに、熟議における排除という点に加えて、ハーバーマスの構想には次の問題点がある。前述のようにハーバーマスは「政治的統合」と「倫理的統合」を峻別すべきだとしており、社会統合の構想の成否はほとんどこの点にかかっているといってよい。けれども、この二つの峻別は難しいように思われるのである。

そもそもハーバーマスは、政治文化あるいは憲法はそれぞれの国に固有の歴史的な文脈に根ざすものであって、完全に普遍的なものではないとしている。(11)したがって、政治文化は「倫理的」なレベルで明らかに中立たりえないことをハーバーマスは認めている。いいかえれば、固有の文化的なものが、必然的に政治社会の諸制度や法に反映されると述べているのである。この意味では、キムリッカのいう「社会構成文化」と、ハーバーマスのいう「政治文化」の概念は若干似た要素があるといえよう。というのも、リベラル・ナショナリストの「リベラリズムの中立性原理」(liberal principle of neutrality) や「中立国家」(neutral state) の構想に対する解釈と、ハーバーマスの考え方には、重なる部分があると思われるからである。

　第1章で触れたように、従来のリベラルはリベラル・デモクラシーの政治枠組みを「中立的」であるべきだと考えてきた。中立国家の構想とは、国家をあたかもある特定の文化・宗教などへの偏りが全くないものととらえ、特定の個人や集団と同一視されるような特徴からいっさいを免れていると想定する考えである。この点をとりわけ文化との関連に着目して述べれば、政治と文化の問題を「政教分離モデル」としてとらえ、文化を各人が私的に追求する価値であるとし、国家は文化から超越的であり、その保護や社会的再生産に積極的に関与すべきでないとする考えである (See Kymlicka 2001a: 23-24; Tamir 1995: 141〔邦訳：二〇三頁〕)。しかしながら、リベラル・ナショナリズムの理論家は、リベラル・デモクラシーの政治枠組みの中立性に疑念を呈し、少なくともそれは文化的には中立的ではないと主張する。すなわち、リベラル・デモクラシーの政治枠組みは、従来のリベラルが想定していたように文化中立的で無属性的なものではなく、人びとが帰属するネイションの文化を一定程度不可避的に反映していることを強く認識する。[12] そして、リベラリズムの政治制度は、それを担う人びとが有する共通の社会的経験や感覚に基づいて構想されるがゆえに、彼らにとってなじみ深く愛着のあるものとなり、一般の人びとから強く支持されるものとなると主張する。

　このように、政治制度に文化的なものが反映されると主張している点で、ハーバーマスとキムリッカらリベラル・ナショナリストの見解は一致する。だが、両者の決定的な違いは、文化的なものが政治制度にいかなるかたちで反映されるかという点にある。すなわち、ハーバーマスの場合は、政治文化を解釈する手続きに合意する者による理性的な熟議という、いわばフィルターを通した結果であるのに対して、リベラル・ナショナリストは事実上多数派の文化的なものが不可避的に反映されると主張するため、ハーバーマスからすれば、文化的なものがなかば無批判に反映されるということになってしまっているのである。(13) この点をハーバーマスは強く憂慮し、あくまで政治的統合を志向するのである。

もちろんこうしたハーバーマスの懸念は理解できるが、私には彼の手続き主義のほうがより問題であるように思われる。なぜなら、前述のように民主的手続きを成り立たせるおおもとには、社会構成文化の共有が必要だからである。ハーバーマスのいうように民主的な手続きに同意し、熟議の場が用意されたところで、実際に熟議ができなければ意味がない。熟議を真におこなうためには、前章で強調したように、熟議の参加者が技術的な意味で言語を使いこなせるだけでなく、熟議に用いられる言語および語句の背景にある観念や意味まで、つまり、言語感覚まで理解できるかどうかが非常に重要である。こういった意味での熟議の資源が共有できている間柄でなければ、ハーバーマスの手続き主義は成り立たないだろう。

逆にいえば、熟議民主主義はナショナリティの共有やナショナルな共同性を前提とするということになろう。ハーバーマスのいうように「政治的統合」は、「倫理的統合」と明確に峻別できるものではなく、むしろ「政治的統合」の前提として「倫理的統合」が求められるように思われるのである。この点でハーバーマスの構想には問題がある。

ハーバーマスのように「政治的統合」と「倫理的統合」を峻別し、もっぱら「政治的統合」の次元に社会的連帯の基盤を求めるという「憲法パトリオティズム」の構想は、両者の峻別という困難な問題を抱えている以上、難しいように思われる。分断された社会において何らかの秩序を構築していくには、熟議はその大変重要な手立てにほかならないだろうが、熟議は社会構成文化の共有、すなわちナショナリティの共有を前提とするのではなかろうか。

5 社会的連帯の源泉としてのナショナリティ

これまでハーバーマスを批判しつつ論じてきたように、熟議という制度を介して社会的連帯を形成するには、その前提にナショナルな共同性が求められる。田村哲樹がヨラン・テルボーン（Göran Therborn）とヨープ・ロイブロイク（Joop Roebroek）を参照しつつ論じているように、「福祉はデモクラシーによって正当化されることによって初めて存在しうる」（田村 二〇〇四：四一頁）とすれば、端的にいえば熟議によるデモクラシーが成立しうる境界が福祉の境界でもある。そして、その境界はナショナルなレベルにあるということになるだろう。ミラーは次のように述べている。

> 社会正義の枠組み、とくに、市場での取引を通じて自活できない者に対する再分配を含む枠組みを各人が支持する条件について考えるとき、信頼は特別な重要性を帯びるようになる。この意味での福祉国家を目指し、同時に民主的な正当性をも保持しようとする国家は、構成員がそうした正義の義務をお互いに承認しあっている共同体に基礎を置いていなければならない（Miller 1995: 93〔邦訳：一六三頁〕）。

そのような共同体はナショナルな共同体である。なぜなら、ナショナルな共同体とは成員が公共文化を共有する集団だからである。公共文化とはミラーによれば、「ある人間集団がどのようにしてともに生活を営んでいくかに関する一連の理解」(Ibid: 26〔同上：四六頁〕) であり、いわば社会正義の構想を模索していくうえでの手がかりとなる感覚や社会的意味・経験の集合である。これを共有していることが一因となり、同じネイションに所属する人びとはお互いを文化的に同質な仲間であると認識し、生活の多様な場面で継続的に協力しあい、社会を共同でつくっていこうと考えるのである。したがって、社会正義やその具現化である再分配政策はナショナルな政治単位でこそ最もよく実現されると考えられるのである。(14) ミラーによれば、原理的に見て社会正義の構想は、政治的経験や公共文化の相違のためネイションごとに異なり、その基本的単位はナショナルな単位でなければならないのである。(15)

こうしたリベラル・ナショナリストの主張に対しては、必ずといってよいほど次のような批判がなされる。すなわち、「政治的統合」以前に「倫理的統合」が求められることは、「倫理的に統合されえない」人びとを明確に排除するものである。つまり、ナショナルな連帯はナショナルなものを共有しえない集団を締め出すことになり、排除の論理を必然的に含む。(16) ナショナルな連帯の強調は、たとえばある一国内の定住外国人や移民労働者などの「国民の他者」として表象される人びとをあらためて周縁化する危険性をはらんでいる。つまり、ナショナルな連帯の重要性を主張することは、目下の連帯から排除されている人びとのニーズや権利要求に応じようとする外向きの連帯ではなく、すでにある内向きの連帯を強化することにつながるというのである（齋藤 二〇〇八：一七六–七七頁）。(17)

テッサ・モーリス–スズキ（Tessa Morris-Suzuki）は、ナショナルな連帯意識は「恐怖や不安に直面した際に、一体感を示すことで癒しの感情をもたらす」ように働き、「弱くて孤立した個人に大きな自信や力を授け、帰属の感情を与える」と述べる（スズキ 二〇〇六：二頁）。そのため、「負け組」であり社会から排除された「底辺《アンダークラス》」の人たちは、容易にその魔力に絡めとられ、彼らの右傾化を招く[18]。このような「個別不安型ナショナリズム」（高原 二〇〇六）にすがる人びとの感情が、容易に歪んだ排外的なナショナリズムに転化する懸念はしばしば指摘されている。宮本太郎は、ナショナルな連帯の強化と移民の排斥がセットになった「福祉ショービニズム」が、イタリアやフランス、さらにはノルウェーやデンマークといった北欧諸国でも見受けられると論じている（宮本 二〇〇四）。たとえばフランスでは、移民排斥をかかげるル・ペン率いる国民戦線が支持を拡大した。あるいはまた、二〇〇五年には移民の側から大規模な暴動が起こった[19]。ナショナルな連帯の再強化によって社会的連帯の絆を掲げようとすることは、ともすればこうした事態を助長することになりかねないと批判される。

　このような懸念は理解できるが、次の二点に留意する必要がある。第一にナショナリティについてである。まず、ナショナルな連帯はかなり多様なものを包摂しうることを看過すべきではない。たとえば宗教的連帯は宗教教義を異にするもの同士の連帯の基盤とはならないが、さまざまな信仰を有する人びとが同じネイションのなかに暮らすことはできる。また、多様な民族集団によってひとつのネイションが構成されている例も現実に多くある[20]。このことから、ネイションと他の集団のアイデンティティは共存可能である。つまり、ネイションに基づくアイデンティティはエスニシティなど他の集団の帰属に由来するアイデンティティと原理的には両立可能なのである。すなわち、ネイションにはさまざまな私的な文化が繁栄する余地が大いにあり、排他的で固定的であるどころか、少なくとも原理上は十分な包摂性や柔軟性を有しているといえる（Miller 1995: ch. 2（邦訳：第二章））。マーガレット・カノヴァンがいうように、ナショナルな連帯意識は宗教・人種・民族・階級・性別・利害関係などを包みこみ、これらの絆を越えた連帯を可能にする。つまり、ナショナリティは、リベラリズムの政治枠組みを起動させる「動力源」なのである（Canovan 1996: 80）。実際にナショナリティを基礎としないリベラル・デモクラシーの政治制度は存在してこなかった。

第二に排除についてである。ナショナリティは確かにそれを共有しない者を排除する。だからこそ、ハーバーマスらは既述のように、ナショナリティを共有しない者を包摂しうる契機として、熟議というプロセスに期待をかける。だが、ここで留意すべきは、排除が不正であるという考えそのものである。いいかえれば、ナショナリティが共有できないことや、ナショナリティから排除されること自体が、無条件にただちに不正なのかということである。

そもそも何かを包摂することは、コインの表裏のように何かの排除を含む。これはナショナリティにかぎったことではない。ある人がAというネイションになじめないとする。そのときに、当人がネイションへの同化を強制されたり、何らかの迫害をネイションAの人びとから受けるとすれば、その人は明らかに不正な状況に置かれている。ところが、その人が別のネイションBあるいはCの成員として、ある程度豊かな生活と多様な機会を送ることができるならば、当人にとってネイションAからの排除は何ら問題とはならないだろう。

こうした点にかんがみれば、ある連帯から排除されていること自体が特別に問題であるとは言えない。むしろ問題なのは、排除された人びとが、最低限の人権の剝奪や侵害といった、何らかの非人道的な状況に陥ることである。したがって、ナショナルな連帯から排除されること自体がただちに無条件に不正だとは必ずしもいえない。そのことを強く認識すべきである。

これを踏まえたうえで、ナショナリティがエゴイスティックで排外的なものとならないよう気をつける必要がある。そのためのひとつの方策は、ナショナリズムに対して、公正さという観点から「リベラルな制約」をかけることである（施 二〇〇九b：七四‐七九頁）。

前述のようにリベラル・ナショナリズムは、政治的統合と倫理的統合の峻別は難しいという立場をとる。すなわち、ある特定の文化が政治社会の構想に反映されることは不可避だとする。よってリベラル・ナショナリストはまず、原理的にはあらゆるネイションがみずからの文化が反映された社会正義の構想を実現できるよう求める。このときそれがままならないネイションに対しては、必要であれば援助をおこなう義務があるという。

この動機はネイションの自決は公平であるべきという点から説明できる。リベラル・ナショナリズムの核心のひとつは、ネイションという包括的文化構造を有する集団が、みずからの運命を自律的に決定していくことに大いに価値を置き、各ネイションをそのような主体として処遇することである。[21] したがって、ナショナルな連帯の強調は、「国民の他者」とされる人びとも自身が望む連帯を形成したり、他のナショナルな連帯に包摂されるように支援することにつながらなくてはならない。それゆえ、各ネイションが公平に自決権を享受できるように、資源などが乏しいなどといった理由で自決がままならないようなネイションに対しては、最低限の国づくりの援助義務がある。[22] みずからの文化的なものが反映され、結果的になじみやすい政治制度のもとで生活するという状態を享受できているにもかかわらず、他者には同様のことを認めないのならば、それは明らかにエゴイスティックであり公正さを欠いている。[23]

ただし、そうはいっても、既存の国家になじめない人びと（往々にしてマイノリティ集団）は存在する。そうした人びとを追いだしたり、初めから排除したり、強制的に同化しようとすることは明らかに不正である。したがってナショナリティは、できるだけ多くの人びとを包摂しうるように、多様な解釈に開かれていなければなら

ない。(24)

こうした点にかんがみるならば、ナショナルな連帯の再強化と福祉国家の立て直しを移民の排斥と結びつける「福祉ショービニズム」は、リベラル・ナショナリズムからしても不正である。(25)あくまでリベラル・ナショナリストが主張するのは、たとえネイションAという連帯から排除されたとしても、ネイションBあるいはCの連帯に包摂され、そこである程度豊かで、善き生の構想を自由に探求する機会に恵まれているならば、ネイションAからの排除は当人にとって問題とならないだろうということである。

ジョン・ロールズは、リベラルで品位ある諸人民（peoples）からなる社会においては移民となる理由がなくなるだろうと述べた（Rawls 1999b: 9〔邦訳：一一頁〕）。当人が生まれ育った場所である程度の豊かさと善き生を送る機会を享受できるならば、大半の人びとはわざわざほかの地へ移動しようとはしないだろう。この洞察には人間の一面の真理が含まれているように思われる。リベラル・ナショナリストは移民を自由に受けいれることよりも、当人たちができるかぎり生まれ育った土地で生活し、「みずからのルールのもとで暮らすことや、みずからの文化的信念に従って暮らすことに大いに価値を置く」（Miller 2007: 21〔邦訳：二八頁〕）。したがって、ホスト国に移民の（とくに経済的移民）受けいれの是非に関する一定程度の決定権が認められる。(26)ただしその前提には、不幸にして移民にならざるをえなかった人びとの祖国、つまり移民送り出し国に対する国づくりの援助義務が強く求められるのである。(27)

施光恒が述べているように、「他者が彼ら自身の愛着ある秩序のもとで暮らしたいという願望のためにおこなう努力を尊重し、必要とあれば援助することを通じて初めて、自分たち自身の制度の公正さが確保されるようになる」のである。そして、「さまざまな他者の尊重に配慮し公正さを保つことは、リベラルな政治制度に対するナショナリティの反映が許されるための条件」であり、「リベラル・ナショナリズムが『リベラル』でありうるための条件」なのである（施二〇〇九b：七七‐七八頁）。このように「リベラルな制約」をかけ、正しくナショナリティを規定することができれば、ナショナルな連帯から排除される人びとに対する懸念は生じないか、少なくとも緩和されるように思われる。

再度論じておけば、リベラル・ナショナリズムからすれば、まず前提として各ネイションが自決を享受し、「棲み分け」をおこなうことが前提となる。したがって、ネイションの境界線を越える人の移動はある程度制限され、移動によってではなく、人びとが生まれ育ったみずからになじんだ土地で豊かさと機会を享受することを理想とする。したがって、この観点から、貧しかったり政情不安にあるネイションに対しては何らかの国づくりの援助が強く要請されるのである。ただし、だからといって、既存の国家におけるナショナル・マイノリティに対して、みずからの国家を作ればよいとして、彼らを国家から追いだすべきだと主張するわけではない。そうではなく、彼らに対しては、彼らが自発的に分離独立を望まないかぎり、熟議民主主義による意見調整などを通して、できるだけ統合を奨励していくのである。

6　おわりに

これまで論じてきたリベラル・ナショナリストの議論を必ずしも踏まえているわけではないが、一九八一年に『福祉国家の危機』(*La crise de l' État-providence*) を著し、とくにフランスにおける社会保障、民主主義などの問題を論じているピエール・ロザンヴァロン (Pierre Rosanvallon) も以下のように述べている。

今日において、何らかのかたちで「国民を再創造する」ことなしには、すなわち、相互的な社会的負債の認識が根づく基礎となる公共精神の土壌を再生することなしには、福祉国家を維持するのは不可能である（ロザンヴァロン 二〇〇六：六九頁）。

ただし、「国民の再創造」がいかにすればなされるのか、という問いに答えるのは非常に難しい。ロザンヴァロン自身も指摘しているように、「日常生活における公共精神の場――徴兵制、学校、地域社会――が次第に解体」されている（同上：七四頁）。さらに、経済のグローバル化の波に逆行することは難しいことを考慮すれば、国民国家を越えようとするベクトルと、国民国家の枠のなかにとどめようとするベクトルの相克は、ナショナルな連帯の再生という問題を非常に悩ましいものにしていると思われる。

とはいえ、私見では、ナショナリティ以外に連帯の絆を求めようとする議論は、知的な試みとしては可能だろうが、それが本当に実践上役立つものとなるかは疑わしい。たしかに国民国家を暴力装置として切り捨て、国民国家ではないポスト・ナショナルな社会統合の構想を描くことは理論的には可能であろう。しかし、ミラーが述べているように、福祉国家はつねにナショナルな構想であり、そうした構想は共同体の成員がお互いを信頼し、互いに扶助しあい、平等な尊厳を相互に保障しあう基礎のうえに正当化されてきたという事実は看過できないだろう（Miller 1995: 187〔邦訳：三三二頁〕）。ミラーは次のように述べる。

社会正義を信じ、社会的に正しい政治に対する民主的支持の獲得に関心があるのならば、さまざまな集団が互いに信頼しあうようになる条件にこそ注意を払わなければならない。いつか将来、相手が私の正しい要求を支持してくれるとわかっているからこそ、私は今回は相手の正しい要求を支持することができるのである。信頼関係は集団の内部だけでなく、集団横断的な連帯をも前提とするが、こうした連帯とはひとえにナショナリティがもたらしうる共通のアイデンティティにかかっているのである（Ibid: 140〔邦訳：二四五頁〕）。

したがって、社会正義や民主主義などといったリベラルな諸価値が安定的に履行されるためには、「古典的リベラルが認識したよりも強く国民国家に依拠する必要がある」（Miller 1994: 159）わけである。

当然ながら、ナショナリティは必然的に排除の論理を含むものであり、少し油断すれば、たちまち独善的なエスノセントリズムに陥ってしまう恐れはあろう。とはいえ、ナショナルな連帯から排除されること自体が必ずしも問題なのではない。排除された人びとが非人道的な状況に陥ってしまい、最低限の人権が侵害されることこそが問題なのである。そうした状況を回避するために、リベラル・ナショナリストは、まず原理的にはあらゆるネイションがそれぞれの社会正義の構想を実現させることを理想とする。そして、ナショナルな連帯から排除される恐れのある人びとに対しては、ネイションの自決の公正性という観点から、彼らが望むようなナショナルな連帯を形成して社会を営むことを認め、必要があればその支援をおこなう。そして、既存の国家内のマイノリティに対しては熟議民主主義による意見調整によって、できるかぎり統合を奨励する。このような取り組みによって、ナショナルな連帯から排除される人びとがこうむるリスクは緩和されるであろう。

本章でハーバーマスの「憲法パトリオティズム」の構想を批判しつつ論じたように、熟議という制度に社会的連帯の源泉を求めるとしても、その前提にはやはりナショナルな共同性が求められる。そうであれば、社会的連帯の再生やその源泉を考えるためには、いかにして「良質な国民国家と国民意識の維持と復権」（碓井 二〇〇八：二六頁）が可能であるかを、今後ますます規範的に問わねばならないように思われる。

第5章　移民の受けいれの是非をめぐって
――リベラルな社会における統合と排除

人類は相当に移動するが、それは彼らが動くのが大好きだからではない。彼らは、あるいは彼らの大部分は、生活がそこで非常に困難でないかぎり、とどまる傾向にある。

マイケル・ウォルツァー(1)

1　はじめに

かつてスティーヴン・カースルズ（Stephen Castles）とマーク・ミラー（Mark Miller）は、一九九〇年代初頭に世界の移民の総数が一億人を突破したという国際移住機関（International Organization for Migration: IOM）の試算を引きあいにだし、「二〇世紀の最後の一〇年と二一世紀の最初の一〇年は移民の時代になる」（Castles and Miller 1993: 3〔邦訳：三頁〕）だろうと述べていた。いまや「二一世紀の最初の一〇年」も過ぎ去り、移民の数の増加は止まるところを知らない。最新の『世界移住報告』(World Migration Report)によれば、出生国以外の国に居住している人は難民や避難民を含めて二億一四〇〇万人にのぼり、今後の世界の人口の増加にともない、移民の数は二〇五〇年までに四億五〇〇〇万人に達するだろうと予測されている(IOM 2010: 1)。統計には表れてこない不法移民の数を含めれば、その潜在的な数はもっと多くなるはずである。

こうした国境を越える人の移動は経済のグローバル化とも密接に結びついている。先進諸国の経済は、もはや移民を労働力として取りこむことなしには成り立たなくなってきており、移民は世界経済の発展を下支えするものである。しかしながら同時に、移民が流入すれば、いかなるかたちで彼らを受入国の社会に取りこんでいくかをめぐって、否が応でも論争を喚起せざるをえない。カースルズとミラーが述べているように、移民の流入はその社会にとっては脅威と見なされやすい。したがって、移民に対する敵意が、しばしば受入国における大きな政治問題となっている(Castles and Miller 1993: 13〔邦訳:一四頁〕)。

このような強い懸念が、移民や外国人の排斥をともなう排外的ナショナリズム(xenophobic nationalism)の高揚をもたらす場合もある。たとえばサミュエル・ハンチントン(Samuel Huntington)の『分断されるアメリカ』(Huntington 2004)は、そうした危機意識のもとに書かれた典型的な著作である。彼はその著書で、移民流入によるアメリカのナショナル・アイデンティティの危機を指摘し、アングロ・プロテスタント文化・キリスト教・英語という共通項に訴えかけることで、ナショナル・アイデンティティの凝集力を再強化しようとしている。もちろん、アメリカにとっては、九・一一テロが社会不安に対する懸念に拍車をかけたことはいうまでもない。

こうした国際的な人の移動に関する「危機」あるいは「脅威」について、マイロン・ウェイナー(Myron Weiner)は①入国管理、②移民と難民の受けいれ、③国際関係、④国際法と国際機関、⑤道義的考察、という五つの側面から分析・検討している（Weiner 1995）。このなかでも五つ目の道義的な考察は、まさにリベラリズムの政治理論においてこそ取り組まれるべき課題であろう。だが、政治哲学からの規範的な研究は、移民の受けいれの問題を等閑視してきたように思われる。

第1章で論じたように、リベラリズムは異なる価値観を有する人びとのあいだで、その相違にもかかわらず皆が同意でき、共生を可能にする政治社会の構成原理を探求し打ちたてることを課題としてきた。このとき実は、リベラルな社会は大きなパラドックスを抱えることとなる。というのも、リベラルな社会はその名のとおり、多様な価値に対して寛容でなければならず、必然的に価値多元主義が要請される。けれども他方で、多種多様な思想や世界観を有する人びとが社会において共生していくためには一定の理念に基づく制度が必要である。それが自由・平等・民主主義・法の支配などの理念に基づいたリベラル・デモクラシーの政治制度である。したがって、多様性を尊重すると同時に、そうした政治枠組みを安定的に機能させるには、さまざまな相異を越えた連帯意識に基づく社会統合が求められる。いいかえれば、リベラルな社会は多様性と社会統合とのあいだで揺れ動いているのである。こう考えたとき、まさに包摂か排除かという狭間にいる存在が移民であり、彼らをどう処遇するかを論ずることは、リベラリズムが論じてきた共生という根本命題にかかわるように思われる。(2) そこで本章では、移民の受けいれについて、規範的に考察していきたい。

リベラリズムの政治理論においては、従来、いかなる個人も道徳的に平等に処遇すべきであるという立場から、移民の受けいれについては基本的には完全な国境開放政策が主張され、無批判に正当化される傾向があった。しかしながら、第1章で論じたように、いわゆる「リベラル－コミュニタリアン論争」や多文化主義に関する論争以後、純粋選択主体としての「負荷なき自我」観や「国家の中立性」を前提としたリベラリズム解釈には疑義が呈されている。こうしたリベラリズム解釈の変容を考慮すると、移民の受けいれの制限は、リベラルな観点から正当だと考えられるのである。

このことを明らかにするために、本章では、まず従来のリベラリズム解釈をもとに主張されていた国境開放論を概観する（第2節）。そして、リベラル・ナショナリズムの立場からの移民の受けいれの是非をめぐる議論を概観する（第3節）。そのうえで、リベラル・ナショナリストの主張に対する懸念に応答し、その妥当性を示し（第4節）、最後に全体をまとめてこの章を終える（第5節）。

2 従来のリベラリズムにおける移民

従来のリベラリズムは、第1章で詳細に論じたように、次の二つを前提にしていた。第一に、自我観について、無色透明で文化中立的な純粋選択主体としての「負荷なき自我」観をとるということ。第二に、そうした個人の自律的かつ理性的な選択を重視し、それを妨げないために、国家はあらゆる個人から等しく距離をとり、いかなる善き生の構想からも中立的でなければならないということである。これらを前提とするリベラリズム解釈からは、国境解放政策が基本的には支持され、正当化されることとなる。そうした主張を展開する代表的論客のひとりであるジョセフ・カレンズ（Joseph Carens）は、その理由を以下のように説明する。(3)

ジョン・ロールズのように、そもそも無知のヴェールに覆われた個人を想定するかぎり、ある社会の市民とその社会に属さない異邦人は理論的に区別できない。なぜなら、既述のように、リベラルな自我観の要諦は自己と他者との状況を捨象した互換可能性にあり、ある社会の市民である「われわれ」と、その社会の外部にいる「他者」は道徳的に平等な存在だと想定されねばならないからである。そうすると、仮に貧しい国Aに住む者がみずからの善き生の構想を探求するうえで、その国を出て豊かな国Bの市民になることがその人の人生設計上重要なのであれば、当人の移動の自由を制限する事由は理論的には見いだせない。よって、ちょうど「信教の自由の権利が基本的自由の体系に含まれると考えられるのと同じ理由で、移民の権利もそれに含まれる」のである（Carens 1995: 334–39）(4)。

またカレンズは、同様に「負荷なき自我」観を前提とする議論として、ロバート・ノージックを代表的論客とするリバタリアニズムと、ロールズが論駁しようとした功利主義についても検討し、やはり両者の主張からも移民を制限するような理論的根拠は導かれないとしている。なぜなら、前者に関しては、ノージックが主張するように国家の役割が領域内の個人（市民／非市民の区別にかかわりなく）の所有権の保護およびその補強に限定されるのであれば、個人の出入国は国家の管轄事項ではなくなるからである（Ibid: 332–34）(5)。

また、功利主義者にとって重要なことは利益であるが、当該社会の市民だけでなく異邦人の利益もその範疇に含まれる。功利主義の中核には、公平性と人間の平等に対する深い信奉がある。「最大多数の最大幸福」とは、あらゆる価値判断から公平に評価されるものであり、「だれの」利益が守られ、最大化されるべきかに関しては二の次となる。つまり、市民と異邦人の区別や国境線は本質的重要性を持たないのである。したがって、功利主義的観点からすれば、貧しい国の人びとが豊かな国に移動することで相対的な利益が高められるならば、それを制限する事由はない（Ibid: 340–41）(6)。

すなわち、義務論的リベラリズムやリバタリアニズム、あるいは功利主義であろうと、「負荷なき自我」観と「国家の中立性」を前提とした広義のリベラリズムからは、国境を越える人の移動を制限する正当な事由を導出することはできないのである。カレンズ自身もリベラルな平等主義（liberal egaritalianism）の立場から移民の受けいれについて次のように論じる。

リベラルな平等主義は、それ自体が重要な自由であり、ほかの自由の必要条件でもある移動の自由を深く信奉するものである。このような想定から移民の自由が支持され、移民の規制を擁護する者に重い立証責任を課す（Carens 1992: 25）。

以上のようなカレンズの主張を擁護するのが、マイケル・ダメット（Michael Dummett）である。彼は分析哲学の分野でフレーゲ研究者として大変著名だが、他方で人種差別に反対する運動にも積極的に取り組んでいる。彼は著書『難民と移民について』において、「市民」と「異邦人」との区別に不当な人種主義を見てとり、国家は国境を開放し、移民の自由を大いに認めるべきだと主張する。

ダメットによれば、貧しい国と豊かな国の貧富の差がますます拡大している現状は大問題であり、あらゆる人が人間らしい生活を送る権利を有するべきなので、とくに先進国は移民を受けいれなければならない（Dummett 2001: 68-72）。ただし、受入国の側に次の二つの事態が予期される場合は、そのかぎりではない（Ibid: 72）。すなわち、移民の流入によって受入国のネイションやその文化が破壊されてしまう場合、あるいは、受入国が深刻な人口過剰に陥ってしまう場合である。(7) とはいえダメットは、こうした状況は予見できる将来においてはめったに起こらないとして、次のように国境開放を支持する。

ネイションの境界線はどこであっても開かれているべきであるという理想は、かすかな願望などではなく、すべての人びとに規範として認められた原理となるべきである。…（中略）…国境の開放は、かなり例外的な状態をのぞいて逸脱が正当化されない規範として理解されるべきである（Ibid: 71-72)。

フィリップ・コール（Phillip Cole）は、上述のカレンズやダメットのように一定程度の留保をつけつつも、基本的には国境開放を支持する議論をさらに推し進めようとする。彼はその著書『排除の哲学』において、リベラルな国家が「市民」と「異邦人」を同様に処遇しないことは、いかなるリベラルな観点からしても不正だと主張している。

コールによれば、リベラリズムには核となる二つの原理があり、それは普遍主義を要請するという。まず、個人の道徳的平等の原理、すなわち、すべての人は平等な尊重と配慮が与えられるというものである。もうひとつは合理性の原理（a principle of rationality)、つまり、あらゆる公的な政治制度は、すべての合理的な主体によって正当化されねばならないというものである（Cole 2000: 87)。そして、そうした立場に立てば、国境を越える人の移動の自由を制限する根拠は見いだせないという。コールの主張をデイヴィッド・コンウェイ（David Conway）は的確に整理している。

コンウェイによればコールの論法は次のようなものである。すなわち、リベラリズムはあらゆる個人を平等な尊重と配慮をもって処遇する。したがって、リベラルな国家は「市民」と「異邦人」を平等な尊重と配慮をもって処遇する。国家が市民のあいだに医療保健衛生といった何らかの稀少な財を配分するにあたって、配分によって影響を受けるあらゆる市民が合意できる配分の原理を選択したとすれば、その場合にのみ、国家は市民を平等な尊重と配慮をもって処遇しているといえる。それゆえ、移民志願者の受けいれを決定するにあたっても、移民志願者のあいだで同意できる選抜の原理を採用すべきである。だが、ある者を受けいれ、ある者は排除するような選択の原理に移民志願者たちは同意できないため、そうした原理を国家は採用できないであろう。もしそうした原理を採用すれば、国家は彼らを平等な尊重と配慮をもって処遇していないことになる。ゆえに、国家が採用できる原理は、すべての移民を受けいれるか、すべての移民を排除するかのどちらかである。しかし、移民を受けいれないという選択をした場合、それは市民と移民を区別し、移民を冷遇していることになる。したがって、国家がリベラルといえるのは、あらゆる移民を等しく受けいれている場合だけである（Conway 2004: 35-37)。

こうした理由から、リベラルな観点から移民に関して唯一提示できる解答は、国際的な移動の完全な自由化である。リベラリズムの政治理論からは成員資格の制限、すなわち、移民の数の制限・管理を正当化することは全くできない（Cole 2000: 202-3)。コールは次のように主張する。

> リベラルな理論は、人間の道徳的性質に普遍主義的な理解を示す以上、リベラルと認知されたあらゆる理論がその恣意性を非難するような論拠に基づいて「外部の者」をつくりだす排除の実践を、首尾一貫したかたちで正当化することなどできはしない（Ibid: 2)。

以上のように、「負荷なき自我」観と「国家の中立性」を前提としたリベラリズム解釈によれば、成員資格の排他性に基づく移民の受けいれの制限は理論的根拠を欠いている。(8) リチャード・シャプコットが的確に述べているように、従来のリベラルの立場が要請するのは、「地球の表面を横断する自由な移動が存在すべきであり、貧しい国の人びとが（法律や規則によって要請される以外の）制約を受けずに豊かな国に移動するのを（その逆に豊かな国の人びとが貧しい国へ移動するのも）可能にすべきだ」（Shapcott 2010: 93）ということである。ジャック・デリダ（Jacques Derrida）の言葉を使えば、リベラルな国家は移民を無条件に「歓待」せねばならないというのである。(9) ところが、こうした主張は近年、新たなリベラリズム解釈を支持する論者たちによって批判されている。

3　リベラル・ナショナリズム論における移民

リベラル・ナショナリストは、従来のリベラルが前提としていた自我観・国家観を次のように否定する。まず、自我は負荷のない抽象的なものではなく、状況基底的（situation based）なものであるととらえられる。なぜなら、個人の自律的選択がリベラリズムにおいて重要であるとはいっても、個人の選択が何に基づいてなされるのかを考えた場合、個人の理性的な判断力は、当人が生まれ育ってきた文化的環境において養われ、それから離れて選択をおこなうとは考えにくいからである。すなわち個人は「選択の文脈」（contexts of choice）としての文化に埋めこまれた存在であるという（Kymlicka 1989a）。

個人を道徳的に平等な尊重と配慮をもって処遇するといっても、異なる文化に属す者の差異を考慮せねばならない。このことをいち早く明確に論じたのが、マイケル・ウォルツァーであった。

ウォルツァーは『正義の領分』において、財の配分の原理は多元的であると主張する。彼によれば、この多元性は社会的財についての特定の歴史的・文化的な理解の差異に由来する。したがって、財の配分に関する普遍的かつ単一的な原理を見いだすことはできず、「個別の社会にはそれぞれの社会的財とそれぞれの配分の領分があり、配分のための複数の基準がある」(Walzer 1983: 10〔邦訳:三〇頁〕) という。彼によれば、「成員資格」(membership) もそのような財のひとつである。

ウォルツァーがいうには、成員資格は共同体における集合的な解釈をもとに構成されており、それに基づいて配分されるものである (Ibid: 31〔同上:六一 - 六二頁〕)。そして彼によれば、成員資格はすでに「われわれ」には与えられているものであって、したがって非成員である部外者にいかなる基準で成員資格を配分するかという入国移民の規制・管理が問題となるのである (Ibid: 32-35〔同上:六二 - 六七頁〕)。

ここでウォルツァーは政治共同体を隣人関係との対比で論じている。隣人関係とは「法的強制力のある受けいれ政策をもたない付きあい」だとされる。つまり、それはだれであっても出入り自由であり、場当たり的で無作為な結びつきである (Ibid: 37〔同上:六九頁〕)。ところが政治共同体とはそのようなものではない。彼は次のように述べる。

隣人関係はある自発的な基盤のうえに、一世代あるいは二世代は結合力のある文化を維持できるかもしれない。しかし、人は出入りを繰り返す。結合力はすぐになくなってしまうかもしれない。文化と集団の特徴は閉鎖性に依存しており、それなしでは人間生活にとって安定したものとはならないであろう。ほとんどの人がそう思っているように、もしもこの特徴に価値があるのなら、閉鎖性がどこかで許されなくてはならない (Ibid: 39〔同上:七三頁〕〔傍点は引用者による〕)。

近年の著作でもウォルツァーは閉鎖性を強調している。すなわち、政治共同体とは彼の言葉でいうところの「自発的なアソシエーション」(voluntary association) ではない。むしろ離脱が難しく、入ることも制限された一定程度閉じられた「非自発的アソシエーション」(involuntary association) である。共同体に対して一定程度個人を拘束することは、当人に「その内部で行動しなければならない理由」(Walzer 2004: ch. 1〔邦訳：第一章〕) を与える。すなわち、こうした束縛、あるいはある種の「離脱不可能性」が共同体を長期にわたって安定的に存続させるための社会的協働の要因となるのである。[10] この意味で政治共同体は「われわれ」と「彼ら」を分かつ「境界線を持たねばならない」(Walzer 1983: 50〔邦訳：八九頁〕) のであり、「移民の流れを管理し、またときには制限し、それ自体の受けいれ政策を作る権威を有する」(Ibid: 39〔同上：七三頁〕) というのである。

また、ウォルツァーの議論は、財の配分の原理を含む政治社会の構成原理が、それぞれの共同体の固有に蓄積されてきた社会的な財に関する解釈をもとに形成されることを指摘している点で、「リベラリズムの中立性原理」に対する明確な批判にもなっている。国家は各人がいかなる善き生の構想を追求するかということから中立でありうるとしても、国家的な政治枠組みは共同体の文化（とくにマジョリティのそれ）が色濃く反映されることとなるという意味で、少なくとも国家は文化的には中立たりえないといえる。

キムリッカの指摘するように、たとえば独立記念日やイースターなどアメリカの祝祭日は、アメリカの歴史と宗教を反映したものである。また、アメリカでの教育は基本的に英語で行われており、英語の学習は移民がアメリカ市民権を獲得するための法的要件にもなっている (Kymlicka 2002: 346〔邦訳：四九九頁〕)。とすれば、国家は文化的に中立であるどころか、事実上不可避的にある特定の集団の民族文化的な要素を支持することとなるのである。

ウォルツァーやキムリッカ、デイヴィッド・ミラーなどのリベラル・ナショナリズムの理論家たちはこのことを積極的に評価する。人びとが政治社会の構成原理を「われわれのものである」と思い、愛着をもってそれを共同で担っていこうと考えるのは、それがみずからを育んだ「社会構成文化」や「公共文化」を基盤につくられているからである。もしそれが人びとから遠くかけ離れた感覚に基づいているならば、人びとはそのような政治制度を「われわれのものである」とは思えず、それを積極的に支えていこうとは思わないであろう[11]。

たとえばウォルツァーやミラーが主張するように、社会正義の原理は相互扶助の感覚に基づいているが、なぜ・どこまで・どのようにお互いに助けあうべきかという原理は、ある程度道義的に拘束された人びと同士の連帯意識や信頼感に多くを負っている。つまり、彼らに共通する感覚の集合としての社会構成文化によって、相互の義務などは決定されていくのである。簡単に離脱可能な社会ではそれが難しい。みずからが窮地に立ったとき、そこから離脱すればよいのであれば、社会正義の原理にとって根本的な相互に助けあうという動機を欠くことになり、人びとのあいだに仲間意識や信頼感も醸成されにくい。仮に何らかの社会正義の原理のようなものができるとしても、それはせいぜい慈善の域を出ないであろう。

したがって、人びとの社会的協働の枠組みが安定的なものであるには、社会構成文化が安定的であり、その発展の方向性を、ある程度人びとがコントロールできることがきわめて重要である（Miller 2005: 200–1）[12]。だが、国境開放政策を実行すれば、何千万もの新たな移民が入国する事態がもたらされる。もし一度に大量の移民が押しよせれば、彼らの社会統合を手助けする諸制度の対応能力を越え、それがうまく機能しなくなるだろう。そうなれば、政治社会の構成原理を担う人びとの連帯意識も損なわれ、最悪の場合には、リベラル・デモクラシーの政治制度が安定的に存続できなくなるだろう。したがって国家には、リベラルな観点からいえば、既存のナショナルな文化の存続可能性を守るために、移民の受けいれを制限し、入ってきた移民の統合を奨励する正当な権利があるのである（See Blake 2003; Meilaender 2001; Kymlicka 2001a: ch. 10, 2001b; Miller 1995: 128-30〔邦訳：二二六－二二九頁〕; 2005, 2007: ch. 8〔邦訳：第八章〕; Tamir 1995: 158-63〔邦訳：三三一－四一頁〕）。

4　批判的見解への応答

リベラル・ナショナリストのこうした主張に対してはいくつかの批判がある。第一に、リベラル・ナショナリストは成員資格の概念を誤解しているというものである。つまり、成員資格はより民主的に開かれるべきであって、政治的なレベルの成員の統合と、倫理的・文化的なレベルの統合は峻別すべきであるという批判である。第二に、リベラル・ナショナリストの主張は、貧しい国から豊かな国への移動を制限するものでもあるために、貧しい国の人びとが貧困から抜けだす機会を不当に奪うものだという批判である。以下ではこうした批判に応答したい。

第一の政治的な統合と倫理的・文化的な統合の区別については前章で触れたところである。ユルゲン・ハーバーマス（Habermas 1996）[13]やセイラ・ベンハビブ（Benhabib: 2004）は、国家の成員資格は文化的伝統に基づく紐帯ではなく、立憲的な政治原理の共有、すなわち「政治文化」の共有に基づく民主的シティズンシップとして理解されるべきであるという。したがって、移民の受けいれにあたって、次の二つのレベルを考えねばならない。すなわち、それはハーバーマスによれば、(a)憲法原理への同意、および(b)入国する移民が保有している文化が変容することの覚悟である（Habermas 1996: 267〔邦訳：二六〇頁〕）。

(a)の立場は、移民に対して立憲的な政治文化の習得だけを求めるものである。これに対して(b)の立場は、より高次の同化、つまり受入国の文化的伝統の習得までも求める。ハーバーマスやベンハビブによれば、リベラル・ナショナリストは移民に(b)のレベルまで要求するが、実質的にそれが難しいため、文化の保護という理由から移民の受けいれを拒否する。ハーバーマスはこうした考えを否定し、次のように論じる。

二つの統合のレベルの分離にまじめに取り組む民主的法治国家なら、移民に(a)の意味での政治的社会化だけを要求（しかも現実的には移民の第二世に期待）すべきである。この方法によって、国家が共同のアイデンティティを移民の流入によっても侵害せずに守ることができる。なぜならそのアイデンティティは政治文化に根を下ろしている憲法原理を土台にしているからである…（中略）…したがって、移民に期待すべきは、ただ新しい祖国の政治文化に適応する覚悟だけであり、移民がみずからの出自の文化的生活様式を放棄する必要はない（Ebd: 267-68〔同上：二六〇－六一頁〕）。

またベンハビブも次のように指摘する。

自由民主主義社会においては、選挙や代議制の民主的な実践のみならず人権や市民権、立憲的な伝統が政治統合の核心的な規範的要素となっている。外国人だけでなく市民が、外国人居留民だけでなく同じネイションに所属するものが尊重し忠誠を示さねばならないのはそれらであって、なんらかの特定の文化的な伝統に対してではない（Benbabib 2004: 121-22〔邦訳：一一二〕）。

しかしながら、政治的統合と倫理的・文化的統合の峻別にハーバーマスは成功していないように思われる。ハーバーマスやベンハビブは熟議民主主義の観点からこれらの峻別を主張するが、まさに熟議の資源の共有という点において、政治的統合は倫理的・文化的統合を前提としているといえよう。[14] したがって、憲法原理の共有に同意すれば移民を受けいれてもよいという主張は、いささか説得力に欠けるように思われる。

リベラル・ナショナリストに対する第二の批判について、たとえばチャンドラン・クカサス（Chandran Kukathas）は、貧しい国から豊かな国への移動は貧困から抜けだす有効な手立てのひとつであるため、それを制限することは、貧困からの脱出を認めないことと同義だという（Kukathas 2005: 211）。こうした批判自体はわからなくもない。というのも、実際にミラーがいうように、リベラル・ナショナリズム論の立場からすれば、国際的な不平等是正の一環として、とくに貧しい国の人びとには豊かな国に移動する権利があるという議論には与しえないか、あるいは一定の留保をせざるをえないからである（Miller 2005: 197-98）。ところがこのような指摘は、リベラル・ナショナリストの議論に対する根本的な批判にはならない。リベラル・ナショナリズムの主張は、単に受入国の社会構成文化を保護するために移民の数を制限するという、排他的なものではない。[15]

そもそもこういった批判は、リベラル・ナショナリストのグローバル正義論に対するやや誤解とも思われる批判に端を発しているように思われる。ロールズ正義論の批判的継承者のひとりであるクカサスは、リベラル・ナショナリストの議論を次のように批判する。すなわち、たしかにリベラル・ナショナリストのいうように、人びとがある協調的な枠組みを構築する場合、そこに何らかの倫理的な同意が必要だろうが、それがナショナルな境界線の内部でしか形成されえないという点に関しては、疑問の余地があるというのである。なぜなら、多くの組織が国境線を越えて活動しており、彼らの行動規範は、彼らの同胞ではなく、異なるネイションに属す他者とも共有されているからである。そうであれば、社会正義という一種の「契約的取り決め」(contractual agreement)の原理を構成する場合も然りであり、それが共有される範囲は、必ずしもネイション内部に限定されることはないという(Kukathas 2003: 114-15)。

また、コスモポリタニズムの立場からグローバルな正義の可能性について論じているチャールズ・ジョーンズ(Charles Jones)は、リベラル・ナショナリストの社会正義の構想は不正な「同胞第一主義」(co-national favouritism)につながる恐れがあるとしている。彼によれば、社会正義の基盤は「道徳的な最低限のものを求める基本的権利」(basic rights for moral minimum)の保障にあり、これはネイションの垣根を越えて、すべての人間に対して尊重すべき権利なのである。したがって、ナショナリティの原理から導かれる社会正義の構想を特別扱いし、それをことさら尊重する理由は見あたらないというのである(Jones 1999: ch. 6)。これら二人の主張に代表されるように、社会正義の構想はネイションごとに独特で異なるという想定に対する懐疑論が提示されている。(16)

こうした観点からクカサスやジョーンズはネイションの境界線を越えるグローバルな社会正義の構想を擁護するわけだが、このような批判はあまり的を射たものではない。なぜなら、第2章で詳細に述べたように、リベラル・ナショナリストは、最低限の人道的ニーズに応える国境を越える正義の構想を否定するわけでは全くないからである。人道的レベルにおいて国境を越える財や資源の移転に関する義務は存在し、その重要性をリベラル・ナショナリストは認めるのであり、最貧国の人びとに対して何らかのかたちで財を再分配する必要性を否定するのでは決してない。

したがってリベラル・ナショナリストは、普遍的な正義の要請として、国家には、本来住まう土地において基本的権利が侵害され脅威にさらされている「難民」[17]を受けいれる一応の人道上の義務があることを認める。ただし、ここで「一応の」という限定がつくのは、難民は直接的には「一時的な避難所」(temporary residence) を求めているからである。それゆえ、難民は基本的人権が脅かされる危険性が除去されれば、自分たちの故国に戻るべきであって、無条件で長期滞在が認められるわけではないのである (Miller 2005: 202, 2007: 224-25)[18]。

確かに移民は世界的な経済格差が原因で生じている面があろう。だが、経済格差はすぐさま移民の自由を認める理由にはならない、とリベラル・ナショナリストは考える。そもそもウォルツァーやミラーは、経済格差や経済的不平等自体は問題ではないという。彼らによれば、社会正義の構想の多元性を前提とすれば、構想の差異によって格差が生じるのはむしろ当然であり、格差や不平等は「ある程度避けがたく、不正ではない」のである (Miller 1995: 191-92〔邦訳：三三九頁〕)[19]。

リベラル・ナショナリストからすれば、問題なのは、貧しい国で人びとの基本的権利が奪われ、侵害されており、その人びとが社会正義の構想を望むように実現できないことにある。したがって、ミラーの言葉を使えば、是正すべきは、貧しい国の人びとの「基本的権利が現に侵害されているという状況であり、この侵害の責任は誰にあるのか、また効果的な介入によって侵害をやめさせる物的手段と道徳的立場を持つのは誰かということが問題となる」(Ibid: 192〔同上：三四〇頁〕) とすれば、格差是正の一環として移動の自由を認めるのではなく、難民として強制的に故国から脱出せざるをえなかった人びとを短期的に受けいれる制度を整えつつ、各ネイションが望むかたちで社会正義の構想を実現できるように援助をするほうが望ましいというのである[20]。

なぜそのほうが望ましいのか。それは彼らがあるひとつの前提に依拠しているからである。それはすなわち、一般に人は、みずからの善き生き方を自分になじみやすい環境のもとで探求したいと思う、という前提であり、自分を育ててきた文化的環境のなかで暮らしを営んでいくことを望むだろうという想定である。本章の冒頭のウォルツァーの引用にはそのことが明示されている。さらに、キムリッカも同様のことを述べている。少し長いが引用したい。

自由民主主義諸国の市民には、国境が開放された体制——人びとが自由に国境を越え、望む国に移住し、そこで労働し、投票できる——を好む者はほとんどいない。そのような体制は、人びとが自由で平等な市民として処遇される領域を劇的に拡大するであろう。だが国境を開放すれば、みずからのナショナルな共同体が他文化出身の移住者によって蹂躙され、独自のナショナルな文化として存続できなくなるおそれも出てくるだろう。それゆえにわれわれには次の二つの選択肢がある。すなわち、ひとつは、流動性が増加し、人びとが自由で平等な個人として処遇される領域が拡大し、もうひとつは、流動性は低下するが、みずからのナショナルな文化のなかでより確実に自由で平等な構成員でありつづけることができる。自由民主主義諸国のほとんどの人びとは後者を好む。人びとは、世界で自由かつ平等な市民であることによって、みずからの言語や文化で生活しにくくなるのなら、それよりも彼ら自身のネイションのなかで自由かつ平等であることを望む。たとえそれによってどこかほかの場所で労働したり投票することが難しくなるとしてもである（Kymlicka 2001a: 215）。

私は、こうした指摘は人間の一面の真理を表しているように思う。何らかのやむにやまれぬ事情がない限り、人は生まれ育った慣れ親しんだ土地を捨て、右も左もわからない場所へわざわざ移動しようとは思わないだろう。グローバルな経済格差の是正を理由にした移動の自由の奨励は、このことに反している。(21) それでも移動したいという人は少数ながら存在するだろうが、基本的には、移動せずとも人びとが慣れ親しんだ土地で善き生の構想を実現できる社会をつくれるように、必要であれば国づくりの援助をおこなうほうが望ましいであろう。こうしたリベラル・ナショナリストの主張は、キムリッカがいうように、ナショナルな共同体を保護するために異邦人の流入や移住の権利を制限するという意味で、ユートピア的な国境開放政策とは一線を画す。だが、すべての異邦人に対して境界線を閉ざす排外主義的な政策ともまた大いに異なることも明らかだろう（Kymlicka 2001b: 264）。

5　おわりに

多様性の尊重と社会統合という二つの相反する要請の狭間で揺れ動いているリベラルな社会は、ある意味でヤヌス的である。そうしたリベラルな社会にとって、移民の受けいれの是非は、最も論争的な問題のひとつであろう。本章では移民の受けいれの是非について、第１章で論じたリベラリズム解釈の変容に留意しつつ規範的な観点から検討した。

従来の純粋選択主体としての「負荷なき自我」観や「国家の中立性」を前提としたリベラリズム解釈においては、各人を道徳的に平等な尊重と配慮をもって処遇することが原則となる。したがって、基本的には移民の受けいれを制限することはリベラルな観点から是認できないとされ、若干の留保を付けつつも、原則的には国境開放という理念が支持されることとなる。

しかしながら、リベラル・ナショナリズム論の立場からすれば、国境開放政策を是認することはできない。リベラル・ナショナリズム論が従来のリベラリズム解釈と異なる点のひとつは、文化中立的であると考えられていたリベラル・デモクラシーの政治枠組みが、実際には個別のナショナルな文化に根ざしたものであることを明らかにし、その事実を一定程度肯定的にとらえる点である。人びとが政治社会の構成原理に愛着を持ち、それを共同で担っていこうと考えるのは、それが一定程度閉鎖的な領域においてみずからを育んできた社会構成文化に基づくものだからである。この観点からすると、政治社会の構成原理が安定的なものであるには、社会構成文化が安定的であり、その発展の方向性を人びとがある程度コントロールできることがきわめて重要である。したがって、移民の大量の流入によって社会構成文化のコントロールがきかなくなる事態を避けるために、国家は移民の受けいれを規制すべきなのである。

ただし、こういった事由から移民の受けいれを制限するかわりに、国家には移民送出国に対して国づくりを援助する強い義務が課せられる。人は貧困・飢餓・圧政などさまざまな理由で仕方なく移民となるが、そういった人を緊急避難的に一時的に受けいれる義務はあるとしても、国家は基本的に彼らの入国を規制できる[22]。しかしながら、入国規制を設けることは、だれも移民にならなくてもよいくらいに、おのおのの人がみずからが生まれ育った場所で善き生の構想を自由に探求できるように、その土台づくりとしての国づくりの援助をおこなうこととセットにならなければならない。そうでなければ、リベラル・ナショナリストの主張は、単なる移民排斥論になってしまうだろう[23]。この点はリベラル・ナショナリズム論における重要な含意だとして、ヤエル・タミールは次のように論じる。

ある一定の領土におけるナショナルな特徴を保持するために移民を制限することは、すべてのネイションが、一つのナショナルな制度枠組み（national entity）——そこにおいてその構成員は、個人的および集合的目標を追求する公正な機会を与えられるだろう――を構築する平等な機会を有する場合にしか正当化されえない。それゆえ、文化的同質性を維持する権利は他のネイションの福利がともなうならば、という条件つきで認められる。したがってリベラル・ナショナリズム論には次のような含意がある。すなわち、あるネイションが移民を制限して同質性を追求することが正当化されるのは、そのネイションが、あらゆるネイションの平等を保証するというグローバルな義務を実行した場合だけだということである（Tamir 1995: 161〔邦訳：二三八頁〕）。

本章の主張をまとめると、従来のリベラリズム解釈とは異なり、国家が移民をある程度制限・管理することは、リベラルな観点からして正当だといえる。そのかわりに、国家には、移民送出国に対して国づくりの援助をするなど、グローバルな正義の義務が強く求められる。公正な多文化共生世界とは、国境線が取り払われた、一見すると開放的な空間において自由な移動を享受する人びとが、混ざりあいながら共存するような世界ではない。そうではなく、人びとが「みずからのルールのもとで暮らすことや、みずからの文化的信念に従って暮らすことに大いに価値を置き」（Miller 2007: 21〔邦訳：二八頁〕）、移民という選択肢を極力とらずとも、みずからの肌になじんだ環境において多様な善き生の構想を自由に探求できる世界として描くことができる。そのためにこそ、境界線を設け、ある程度の閉鎖性を確保することが重要なのである。もしそうした世界が準備されるなら、ロールズが述べたように、規範的見地からすれば、移民の問題は解消されるように思われる(24)。

第6章　ネイションの分離独立をめぐって
——「棲み分け」の理論的条件

国際法の理念は、たがいに独立した国家が隣接しあいながらも分離していることを前提とする。しかしこの状態はすでに戦争状態である（諸国家が連合のもとで統一されていて、敵対行為を予防しないかぎり）。しかし理性の理念によれば、ある一つの強大国があって、他の諸国を圧倒し、世界王国を樹立し、他の諸国をこの世界王国のもとに統合してしまうよりも、この戦争状態のほうが望ましいのである。

イマヌエル・カント[1]

1　はじめに

現実の国際政治における頭痛の種のひとつは、支配的な集団から被支配的な集団が分離独立（secession）することである。昨今もヨーロッパに目を向けると、たとえばベルギーでは、北部のオランダ語圏と南部のフランス語圏の対立が先鋭化し、分裂の危機に瀕している。(2) また、アフリカのスーダン共和国では、住民投票によって、南スーダン共和国が樹立され、国連への加盟を承認された。そのほかにも、ケベック、チベット、バスク、カタロニアなど、世界各地で分離独立をめぐる論議は後を絶たない。

分離独立は事実上「国家主権の内的な融解」（Moellendorf 2003: 129）であり、国家主権の「対内的至高性」と「対外的排他性」という二原則への対抗という意味をともなうために、ネガティブなイメージが付されやすい。本章の目的はあえてこれに焦点を当て、リベラリズムの政治理論から導出される公正な多文化共生世界の構想の基礎となるひとつとして、分離独立の権利について考察することにある。

先の第二次大戦において、ナショナリズムの勃興が戦争の惨禍を招いたとして、戦後は特定の集団（それらは往々にしてマイノリティである）に特別な権利を与えるのではなく、「世界人権宣言」などにうたわれているように、集団への帰属に関係なくあらゆる個人に基本的な権利を付与することで、マイノリティ集団は間接的に保護されると考えられてきた。ところが、時が経つにつれ、その試みが失敗であったことがしだいに明るみになってきた。事実、一九九〇年代以降、民族集団やネイションの権利を保護するための条約が結ばれるようになってきている。(3) さらに、こうした権利の獲得にとどまらず、ある国家において多数派集団とは異なる独自の政治枠組みを保持したいと望む集団が存在することもめずらしくない。

こうした潮流のなかで、一九八〇年代ごろからリベラリズムの政治理論において、分離独立の権利に関する議論が、とくにマイノリティの権利（とくにナショナル・マイノリティの権利）との関連で始められた。ウィル・キムリッカによれば、その口火を切ったのはアレン・ブキャナンの著書『分離独立』（Buchanan 1991）だとされる（Kymlicka 2002: 370〔邦訳：五七〇頁〕）。これは、リベラリズムの政治理論で分離独立の問題に初めて体系的に取り組んだ現代の古典だといって差し支えなかろう。

しかし、ブキャナンが約二〇年前に提示した議論は、当時としては画期的なものであっただろうが、現在の理論的流れからすると、少々古さを感じる部分があることは否めない。それは、「リベラルな文化主義」、そしてとりわけ「リベラル・ナショナリズム」への合意が形成され始めたことと関係がある。

ブキャナンは、ある国家内で特定の集団が何らかの深刻な不正義をこうむっているならば、その状態を矯正するための分離独立はリベラルな観点から正当だという。他方で、文化の保全という観点から分離独立の正当性を擁護する議論には否定的である。ブキャナンは初期の著作から一貫して、文化保全だけを理由にした分離独立はリベラルな観点からは容認できないという立場をとる。だが、リベラリズム解釈の変遷を考慮すれば、ナショナルな文化の保全を事由にした分離独立も、リベラルな観点から一定の条件のもとで正当だといえる。この点について、ブキャナンの理論は修正される必要がある。このことを明らかにするため、本章は以下のような道筋をたどる。

まず、ブキャナンの著書『分離独立』以前には、リベラリズムの政治理論では分離独立の権利について論じることは、基本的に等閑視されてきたことを確認する（第2節）。そして、そうした状況を打破したブキャナンの分離独立に関する理論を概観し、彼が従来のリベラリズムの立場から、文化の保護を、分離独立を正当化するには脆弱な事由としかとらえていないことを示す（第3節）。続いて、こういったブキャナンの議論に対して、リベラル・ナショナリズム論の立場から、ナショナルな文化の保護を事由に分離独立を正当化しうる議論を提示する（第4節）。そのうえでリベラル・ナショナリストに対するブキャナンの批判を検討し、それにできるかぎり応答し、リベラル・ナショナリストの主張の妥当性を論じる（第5節）。そして全体をまとめ、この章を終えよう（第6節）[4]。

2 リベラリズムにおける分離独立——『分離独立』以前

現実の国際政治において、分離独立はつねに激しく議論され、対立を招く大きな問題である。にもかかわらず、分離独立の権利がリベラリズムの政治理論で本格的に構想されはじめるのは、既述のように一九八〇年代半ばごろからであった。なぜこの時期だったのかといえば、ブキャナンによれば、この議論がいわゆる「リベラル－コミュニタリアン論争」に端を発する（Buchanan 1991: 4-5）からであった。コミュニタリアンからのリベラルに対する批判はさまざまあるが、なかでも分離独立とかかわるのが、「リベラリズムの中立性原理」に対する批判と、リベラリズムが内包している「コスモポリタン的志向性」に対する批判であろうと思われる。

「リベラリズムの中立性原理」、すなわち従来のリベラルが想定する「国家の中立性」とは、文化とは宗教と同じく、人びとが私的に追求すべきものであり、それについて（他者の権利を尊重するかぎり）国家の干渉を受けるべきではないというものである。文化中立的国家は、どの民族文化に対しても「好意的無視」という態度をとる。こうすることによって、いかなる集団も平等に処遇されるのであり、マイノリティ集団がみずからの民族文化的なアイデンティティを反映させた制度や権利を望むことは、リベラルな国家の枠組みからの逸脱だとされてきた。それゆえ、「国家の中立性」の想定のもとでは、マイノリティ集団の集団としての権利や制度については議論の対象外に追いやられてしまう。したがって、当然ながら分離独立の権利についても俎上に載ることはなかったのである。

ブキャナンによれば、現代リベラリズム論の大家であるジョン・ロールズはそうした論者の典型である。ロールズの正義の原理は、哲学的な仮定としての「原初状態」から導出されるものだが、ブキャナンによれば、「原初状態」にはそこから離脱するという選択肢が想定されていない。すなわちロールズは、公正としての正義を実現するリベラルな枠組みにおいて、個人は永遠にその成員であるはずだとし、そうした社会からの離脱の必要性を考慮しなかったのである（Ibid: 5-6）(5)。

個人や集団はリベラルな国家から離脱する意志や動機を持たないという解釈は、リベラリズムが有するコスモポリタン的志向性と密接にかかわっている。確かに、上述のロールズの正義の原理についていえば、必ずしも彼は『正義論』において、グローバルな正義の原理を構想したわけではない。ところが、理論の可能性としては、まさにチャールズ・ベイツやトマス・ポッゲ（Thomas Pogge）らがそうしたように、グローバルな規模の普遍的な配分的正義の原理の構想へとつながっていくものだったのである（Beitz 1999a; Pogge 1989）。各国において同様の正義の原理が見いだされるという考え、つまり、リベラルな国家であればどこであれ普遍的にあるひとつの正義の原理を導出できるという考えは、既存の国家の正義の枠組みから離脱し、それとは別の正義の原理を打ちたてることを、従来のリベラルが全く想定していなかった、ということにつながるのである。

こういった国家の中立性について、コミュニタリアンは疑念を呈した。たとえばマイケル・サンデルは、妊娠中絶を禁止しているある州法を連邦最高裁が違憲と判断したことを例にあげ、こうした判断が下るのは、国家が特定の価値観にコミットしているからだとして、国家は中立でないとした（Sandel 1996）[6]。だが、ブキャナンの見るところでは、結局「リベラル‐コミュニタリアン論争」は行きづまってしまった。その理由は、リベラルもコミュニタリアンも「両者ともに、リベラルな国家の枠組みのなかでうまく繁栄できない共同体の存在を認識していながら、一般的にリベラルな制度にコミットしつづけるためのひとつの手段である分離独立の可能性を真剣に考慮しようとしなかったから」（Buchanan 1991: 5, see also 1989: 878–82）である。ブキャナンは、共同体に根本的な価値を置く政治哲学であればいかなるものであっても、共同体に属する人びとの運命を決定する集団的な権利や共同体の境界について考察せねばならないという。つまり、コミュニタリアンこそが、既存の国家からの分離独立は正当なのか、いかなる条件を満たせば正当なのか、などについて真っ向から取り組むべきだったというのである（Buchanan 1991: 5）。

要するにブキャナンによれば、「リベラル‐コミュニタリアン論争」においては、集団的権利、とりわけ分離独立という可能性を想定する視座が抜け落ちていた[7]。つまり、リベラルな国家の枠組みのなかでうまく繁栄できない集団がそこから離脱することを、両者とも想定できなかったのである。この流れを受けて、ブキャナンが『分離独立』などの著作で取り組んだことは、分離独立という視角を取りいれながらリベラリズムを修正することであった（Ibid: xiv–xv）。

3　アレン・ブキャナンの理論

ブキャナンによれば、従来、多くの学者のあいだでは、分離独立を正当なものとする根拠は自決の原則だけだと考えられてきた。ここでいう自決の原則とは、国連憲章などに掲げられている、「すべての民族集団は主権国家をつくり、完全な政治的独立を許される」という原則である（Ibid: 18-22, 48-49)。ところが彼は、すべての民族（peoples）が独自の国家を持つべきだという単純な考えには与しない。なぜなら、すべての民族集団が分離独立運動を起こせば、世界は収拾のつかない状態になってしまうことは明白だからである。[8] 彼はどんな場合でも分離独立は正当だというのではなく、むしろ分離独立の権利は一定の条件のもとで規範的に正当化されるべきだという（Ibid: 27)。では彼は、いかなる条件のもとで分離独立は正当化されると考えたのだろうか。

ここでブキャナンは、分離独立に関する正当化理論を大きく三つのタイプに分類する。まず、①「不正義の矯正という事由のみに基づく分離独立理論」（Remedial Right only Theory）と、②「原初的権利に基づく分離独立理論」（Primary Right Theory）を峻別する。そしてさらに「原初的権利に基づく分離独立理論」は、②－a「国民投票に基づく分離独立理論」（Plebiscitary Theories of Secession）と、②－b「ナショナリストの原理に基づく分理独立理論」（Ascriptivist/Nationalist Theories of Secession）に分けられるとしている。そしてブキャナンによれば、①の「不正義の矯正という事由に基づく分離独立理論」のみが、分離独立の権利を正当化しうる論拠を提示している。

端的にいって、ブキャナンが分離独立の権利を正当だとみなす条件は、分離独立を望む集団が深刻な不正義の被害者である場合だけである。そしてさらにその正当化の前提条件として、深刻な不正義から逃れる手段が分離独立する以外に存在しないこととしている（Ibid: 51, see also 1997: 34-35）。「国民投票に基づく分離独立理論」や「ナショナリストの原理に基づく分理独立理論」を彼が退けるのは、広範にわたる永続的な不正義をこうむっているいかなる事実も必要としないからだという（Buchanan 2004: 353）。では、ここでいわれている「不正義」とは何であろうか。

まずあげられているのが、「領土の不正な占拠」である。これが分離独立の権利を正当化するのは、当該領土に居住していた人びとは独立を望んでいた、あるいはもともと独立していたにもかかわらず、既存の国家に不当に編入・併合されたからである（例として旧ソ連に不当に併合されたバルト三国など）。この論拠によれば、分離独立は単に「所有権の正当な所有者が盗まれた所有権を再取得すること」である。いいかえれば、以前に不当に奪われた領土を、自分たちのものだとして返還を要求することである。こうした「矯正的正義」は、少なくともパラダイムとしては非常に明快であり、分離独立の正当性の根拠として「最も簡潔で、直感的に魅力的な事由」だという。逆にその明快さゆえに、多くの理論家はこれだけが分離独立を正当化する唯一の決定的な事由だと考えてきた。しかしながら、ブキャナンのいうところによれば、たとえ分離独立を望む集団にそのような歴史的な不満がない場合でも、ある一定の条件のもとで分離独立は正当化することができるのである（Buchanan 1991: 67-68）。

そのような事由としてまずあげられているのが、「国内自治協定の侵害」である。すなわち、マイノリティ集団からの圧力によって、結果的には国家と国内的な自治協定を結ぶことになったが、国家がその協定を一方的に反故にしたことが明らかな場合である。この代表的なものとして、一九八九年にミロセヴィッチ率いるセルビアがコソボ自治区との協定を一方的に破棄した事例があげられている。

こうした事態になれば、既存の国家および分離独立を望む集団双方による深刻な人権侵害が懸念される。したがって、国際社会にはまず国内自治協定が実効的なものとなるように、四つのことが求められるとブキャナンはいう。そのなかで、彼が最も重視しているのが、協定を反故にした責任は当該集団あるいは国家の側のどちらか一方にあるのか、あるいは双方にその責任があるのか、ということについて調整を行う公平な調停機関の必要性である。(9) その協定が破棄されたという事実だけでは、ただちに分離独立の正当性が認められることにはならないだろう。その際には、国家と当該集団のどちらの側にその協定を反故にした責任があるのかが明確に問われなければならない。したがって、公平な調停機関が必要だというのである。(10)

それにくわえて、分離独立の正当な事由だとされるのが、「広範にわたる永続的な人権の侵害」である。これは、「その集団の成員の物理的な生存が国家の行動により脅かされている場合（たとえば旧フセイン政権の政策に苦しめられていたイラク国内のクルド人など）や、その集団がほかの基本的な人権を侵害されている場合」を指す（Buchanan 1997: 37）という。より具体的には次の三つの場合があげられる。

①差別的な再分配政策からの離脱

「ある集団には利益となり、他方で別の集団には不利益になるように、道徳的に恣意的な方法で構造的に作用する」場合、その再分配政策は差別的である。もっといえば、リベラルな国家内部で構造的になされる財の恣意的な配分や搾取であり、これは分離独立を正当化するひとつの重要な事由だという。差別的再分配は、すべての個人を社会的・文化的属性にかかわりなく平等に処遇するというリベラルな原則に抵触する深刻な不正義であり、それに対する抵抗は正当化されるべきだからである。

国家による権力の行使は、特定の集団を不当に搾取して別の集団を利することがないかぎりで正当だとみなされる。リベラルな国家では、特定の人びとが差別的に処遇されたり、まして国家によって物理的な危害を加えられたり経済的に搾取されることなどあってはならない。それゆえ国家は、国家内のあらゆる集団もとい個人の相互利益が平等に保たれるように行動せねばならない。ブキャナンによれば、これはある意味で、国家と個人とのあいだの「社会契約」である。国家と社会契約を交わした個人は、国家のなかではその文化的・社会的属性にかかわりなく善き生を自由に探求するための最低限の基本権を有している。よって、そうした権利が侵害されることは、重大な社会契約違反だというのである。

したがって、差別的再分配の被害を受けている集団には、その国家から離脱するだけの非常に強力な理由がある。それゆえ、差別的再分配という深刻な不正義は、その被害を受けている集団が住む領土に対する管轄権を国家から剝奪し、当該集団に新たにそれを付与するにたる事由である。この実例として、ブキャナンはアメリカ独立革命をあげ、差別的再分配という不正義から離脱するのに分離独立以外に方法がない場合には、分離独立の権利は正当化されるという(Buchanan 1991: 40–45)[11]。

②自衛

ブキャナンは、ある集団がジェノサイドといったその存続にかかわるような攻撃や脅威にさらされているならば、それらから身を守るための分離独立は正当だという。その理由は、差別的再分配と同様に、人びとと国家との社会契約に関係がある。先にも論じたように、領土に対する国家の権威の正当性は、当該国家が領土内のすべての人びとを平等に保護するかぎりで保証される。ある国家において、ある集団が第三者から攻撃を受けたときは、国家は当該集団を保護する義務がある。にもかかわらず、国家が何の保護も与えない場合は、その国家からの分離独立は正当だといえる。つまり、自衛のためという理由でも、国家の当該領土に対する管轄権は剝奪され、分離独立を望む集団に新たに付与されるのである（Ibid: 64–67）。

③文化の保護

たとえばケベックなどのように、差別的再分配の被害者でもなく、第三者からの物理的な攻撃に対する国家の不作為も見受けられない場合でも、自分たちが帰属する集団の文化を保護し、維持繁栄させたいという理由で独立した国家を望む場合がある。こうした集団に対して、ブキャナンは一定の留保をつけたうえで、文化の保護という事由による分離独立の正当性を主張できる場合があるという。

文化はなぜ重要なのか。ブキャナンはここでキムリッカの議論を参照している。キムリッカは、個人に意味のある選択肢を提供するという理由から、文化の重要性を指摘する（Kymlicka 1989a: 166）。すなわちブキャナンによれば、キムリッカは文化を「個人が善き生を追求するための適切な構造を提供する」（Buchanan 1991: 53）ものだとしているとされる。

ブキャナンはキムリッカのこの考えを、「非常に説得的である」と評価し、一定の理解を示している（Buchanan 1994: 9）。しかし他方で、その不備を次のように指摘する。すなわち、キムリッカの考え方には「個人の共同体への参画」という視点が抜けているというのである。ブキャナンによれば、「個人にとって共同体への参画はそれ自体、個人の善き生の内容にとって重要なものであり、それは構造の一部ではない」（Buchanan 1991: 54）。つまり、キムリッカは個人を、文化という構造から有意義な選択肢を与えられる受動的な存在だと考えているというのである。したがってブキャナンは、キムリッカのいうことには一理あるとしながらも、個人をより能動的にとらえ、共同体にみずから積極的に関与していくことも求める。

したがって、文化という構造に所属していること自体が個人にとって善であり、それゆえ文化を保護する必要がある、というだけでは、分離独立の事由としての正当性を欠くとブキャナンは考える。彼によれば、確かに個人が文化に所属していることは重要だが、そのことはある特定の文化に所属していることが重要だという意味ではない。そうではなく、個人は自身が豊かな選択肢を享受できる何らかの文化に所属していればよいという。それゆえブキャナンは、個人が特定の文化へ所属するのを重要視する点から文化の保全を主張する議論に対し、文化を船になぞらえて、他のもっと航海に適した船に乗りこむ機会がありながら沈みつつある船にしがみつくようなものだというのである（Ibid: 54-55）。

このように文化をとらえたうえで、ブキャナンはまず、特定の集団が不利益をこうむることがないように、そうした集団に対して集団的な所有権や言語権などの権利を付与することで、リベラルな枠組みの修正を提案する（Ibid: 56-59）。ただし、それでもなお、分離独立を考慮する場合があることは認める。だが、その根拠は、あくまでその文化の本質的重要性にあるのではなく、その文化がこうむっている国家による不正義の矯正にある、というのである。

以上から明らかなように、ブキャナンが最も重視するのは、あらゆる個人を道徳的に平等に処遇するというリベラリズムの原則である。つまり、差別的再分配から逃避するためであれ、自衛のためであれ、また、国内自治協定の侵害から逃れるためであれ、ブキャナンが問題にしているのは、ある国家とその領土内の人びととのあいだの社会契約が守られているかどうかである。国家によるある領土の支配が正当化されるのは、領土内の人びとに対して、宗教や文化的帰属・ナショナリティ・人種・性別などにかかわりなく、等しく（広い意味での）保護・安全を与えるかぎりにおいてである。国家がある集団を恣意的に搾取することや、その集団に物理的な迫害を加えることは、明らかな社会契約違反である。したがって、そうした不正義を矯正する手段が分離独立しかないのならば、それはリベラルな観点から正当だといえるのである。

4　ブキャナンの理論の修正可能性

ブキャナンが分離独立に関する一連の著作で示したことは、リベラルな国家において実際に不正義をこうむっている集団が存在する場合、彼らが分離独立をする条件は、まさにリベラリズムの政治理論の枠内で、つまり、あらゆる個人を道徳的に平等に処遇すべきというリベラリズムの原則から導きだせるということである。集団ではなく個人を重視してきたリベラリズムの政治理論において検討されてこなかった集団的な権利、とりわけ分離独立の権利について、リベラリズムの政治理論の枠内で十分に正当化できると論じたブキャナンの議論は、リベラリズムの政治理論においてそうした権利を議論する土台づくりに大いに寄与したといえよう。

しかしながら、従来のリベラリズムからリベラル・ナショナリズムへという変遷を踏まえると、彼の議論には違和感を覚える。彼が示した分離独立の理論からは次のような問題を解決する視点が抜け落ちているからである。

ブキャナンがいうには、マイノリティ集団の分離独立要求は、深刻な不正義を矯正するためという理由で正当化される。このことを逆にいえば、矯正すべき不正義がなければ、いかなる事由に基づく分離独立も正当化できないということである。ところが、たとえばベルギーでは現実に分離独立運動が起きている。オランダ語圏のフランドル地方とフランス語系のワロン地方では、フランドルのほうが一般的に経済的に豊かだとされているが、どちらかが国家的な枠組みのもとで経済的な搾取や物理的な迫害をしているという事実はない。にもかかわらずフランドルの住民は、みずからの運命をみずからで決定するためにベルギーからの分離独立を熱望するのである。同様に、スペインにおけるカタロニアやバスクの人びとも生命の危機を感じているわけでもなく、みずからの文化が本当に存続の危機に瀕しているわけでもなかろう。それでも彼らは、スペインという国家への帰属ではなく、自前の国家を持ちたいと思う。このことは、その集団に帰属する人びとが最低限の品位ある生活（decent minimum）を送り、国家による不正義の被害者ではないからといって、その国家においてうまく繁栄しているとはかぎらないことを表しているといえよう。

フランドルやカタロニア、バスク、カナダのケベックなどの人びとは、自分たちの運命を自分たちで決め、みずからの文化的な属性を大いに反映させたなじみ深い政治制度のもとで暮らしたいと願い、分離独立運動を起こす。ブキャナンの議論はこうした集団の要望に応えるだけの視座を提供しえないばかりか、そうした運動を非リベラルなものとして受けいれられないとする。だが、新たなリベラリズム解釈からすれば、一定の条件のもとで彼らの要望に応えることは、リベラルな観点から正当だといえる。

自我のとらえ方の変化

従来のリベラルは概ね、自我を負荷なき純粋選択主体として考えている。すなわち、自我は文化・民族・宗教・ジェンダーなどいかなる集団的帰属も帯びていないと考えられてきた。ところが、リベラル・ナショナリズムを支持する理論家たちはそうした自我観をとらない。

カイ・ニールセン（Kai Neilsen）は人間の本来的な特徴を問題にし、ヨハン・ゴットフリート・ヘルダー（Johann Gottfried von Herder）を参照しながら以下のように述べる。すなわち、人間が善き生を送るには自分が何者なのかという自己規定を要するが、そのためには二つの感覚が必要だという。ひとつは、普遍的な意味での人間に対する忠誠である。しかし、これだけでは不十分で、もうひとつ、自分の故郷に対する愛着の念（sense of home)、つまり、「個別の文化的アイデンティティとしての自己のアイデンティティ」（Neilsen 1987: 10）が必要だというのである。いいかえれば、人間は本来的に、人類の一員であるという感覚と、個別の文化的共同体の一員であるという感覚の二つを自己規定に要するのであり、どちらかを脇においておくことはできないというのである（Neilsen 1993: 31)。

人間には文化によって規定された個別のアイデンティティが必要である。ホモサピエンスという種の一員であるという認識や、単に人間性に自己同一化をはかるだけでは不十分である。人は自分が何者であるかを認識するのに、普遍的なコミットメントだけではたりないのである。自分が何者であるかという感覚を有することは、歴史的かつ文化的に根付いた個別のアイデンティティを有することである（Neilsen 2000: 309)。

ニールセンによれば、ネイションという文化共同体に帰属することは、個人が善き生の構想を自由に探求するうえで重要である。なぜなら、ナショナリティは個人にとって自己実現のための有意義な選択を提供するからである。そして、それがあるからこそわれわれは、多様な人生設計をし、それを実行に移すことができる。つまり、ネイションへの帰属意識は自己実現にとっての有効な戦略的手段である。ニールセンによれば、この意味でナショナリティは、ロールズのいう基本財（primary goods）であり、ネイションとは個人が自律的な選択をおこなううえでの有意義な選択の文脈となる「包括的文化構造」である（Neilsen 1998: 125-26)。

そのうえでニールセンは、近代以降の歴史にかんがみれば、ナショナルな文化の維持および安定的な繁栄は、ネイションが国家機構を具えた国民国家になることでしか達成されえないという。彼によれば、ナショナルなものを意識することと、それを安定的に保有することは異なる。そして、国家を持たなくてもナショナルな意識を保持できるが、他方でナショナルなものは、ナショナル・アイデンティティを共有する人びとが自前の国家を有することではじめて安定的なものになるということも、近代以降の歴史において同様に確からしいというのである（Neilsen 1993: 32)。

ニールセンの診断では、過去から現在までの事例を見れば、マルチナショナルな国家としてまがりなりにもうまくいっているのはスイスぐらいである。ルーマニア、ハンガリー、旧ユーゴ、旧ソ連あるいは、それ以前のマルチナショナルな帝国を見てもその多くは成功していない（Ibid: 32-33)。したがって彼は次のように論じる。

ナショナル・アイデンティティを有する人びとは、みずからの社会的アイデンティティや（文化的なものに基づいた）生活を安定して営むために、国民国家を必要とする。国家が、みずからとは異なる自己規定や願望を有する外国人——たとえ善き意図を持った人びとであっても——に運営されるならば、自己のアイデンティティを安定して保有できない。当人たちの社会的アイデンティティを守りたいという願望や、それに関連する自治の願望は、自前の国民国家を保持することで達成されるのである（Ibid: 33)。

包括的文化構造としてのネイションに帰属することで自律的選択が有意義なものとなるなら、個人が善き生の構想を自由に探求するためには、ネイションが長期的に安定的であることが不可欠である。そのためにネイションは国家機構を保持する必要があり、またそうであるならば、必要があれば既存の国家からの分離独立も正当なものだと考えられるのである。

国家の文化中立性に対する疑義

既述のように、従来のリベラルによれば、国家は特定の民族文化的集団の価値観やアイデンティティを奨励することはせず、それらから等しく距離をとるという意味で文化的に中立だとされる。しかし、国家は、各人の善き生の構想から中立でありうるとしても、国家的な政治枠組みには共同体の文化（とくにマジョリティのそれ）が色濃く反映されているという意味で、少なくとも文化的には中立たりえない。むしろ国家は、事実上不可避的にある特定の集団の民族文化的な要素を支持せざるをえないわけである。

リベラル・ナショナリズムの理論家たちは、このことを一定程度肯定的に評価する。人びとが政治社会の構成原理を「われわれのものだ」と思い、愛着をもってそれを共同で担っていこうと考えるのは、その社会がみずからを育んだネイションという包括的文化構造に蓄積されてきた共通感覚や共通了解などをもとにつくられているからである。もしそれが人びとの感覚から遠くかけ離れた感覚に基づいているならば、人びとはそのような政治制度を「われわれのもの」だとは思えず、それを積極的に支えていこうとは思わないだろう。

たとえば社会正義の構想は、それを担う人びとの共通感覚や共通了解の集合である公共文化、すなわちナショナルな文化に基づいて形成される。なぜ、どこまで、どのようにお互いに助けあうべきかという原理は同胞だからこそ理解できる感覚に訴えかけるものであり、そういう感覚に基づいたものだからこそ、みなが愛着を持ってそれを支えていこうとするのである。したがって、「異なるナショナリティを持つということは、異なった公共文化を有するということであり、それゆえ、社会正義の構想についての解釈もいくぶん異なる」(Miller 2000: 123)のである。そうであるとすれば、社会正義の構想は政治的経験や公共文化の違いによって異なるのであり、その基本的な単位はネイションでなければならないのである。

これはまた人権や民主主義の構想についても同様のことがいえる。人権や民主主義といっても文化ごとに解釈が異なるのはむしろ当然であり、それらはすべて「○○型」のものとして理解されなければならない(Walzer 1992)。つまり、ケベックやバスクにはそれぞれ、「ケベック型」・「バスク型」のリベラル・デモクラシーの構想があるのである。単一のリベラル・デモクラシーがどのリベラルな国家でも普遍的に見いだされるというのは、ジョン・グレイのいうように「疑わしい歴史哲学の創造物」(Gray 2000: 22〔邦訳:三三頁〕)なのである。

こういった観点から、デイヴィッド・ミラーはネイションの自決を重視し、それぞれのネイションが固有の文化や伝統、自然的経済的状況などを反映した政治社会を維持・運営できることを求める。リベラル・デモクラシーの政治枠組みは、そういったものに下支えされることによって、安定的かつ長期的に存続できるのである。したがって、あらゆるすべてのネイションがみずからの将来をみずからで決定し、彼らにとってなじみ深いリベラリズムの政治枠組みを実現する機会を与えられ、しかもそれらは尊重されるべきだと考える(Miller 2000: 36-38)。ミラーは次のように述べる。

私は、多くの集団がみずからの文化的伝統を政治的に表現することを許されるべきだということの重要性と、それは当の集団が政治的自決を享受してはじめて可能になるということを強調してきた。リベラルな社会であっても、ネイションの自決に非常に重きをおいており、主権を譲渡するとしても決して喜んで譲渡することはないのである。このことは、たとえ民主的な統治に積極的に参加していない人々であっても、自分たちの運命をコントロールすることに強い必要性を感じている証拠である（Miller 2003: 130〔邦訳：一七八－一七九頁〕）。よって彼は、ナショナル・マイノリティに対して自治権を付与し、場合によっては分離独立などの方策がとられるべきだというのである。

5　ブキャナンによる批判とその応答

ブキャナンによるナショナリスト批判

上述のようないわゆる「ナショナリストの原理に基づく分離独立理論」に対して、ブキャナンは批判的である。彼による批判は大まかにいって次の二つがあげられる。まず、リベラル・ナショナリストはネイションがそれ自体で分離独立の権利を有するというが、なぜネイションだけを特別扱いし、それのみが分離独立の権利を有するのかという批判である。第二に、ネイションは本来的に身びいき的で抑圧的であり、リベラリズムの政治原理を下支えするものとはならないという批判である。以下ではこうした批判を検討していきたい。

ブキャナンによれば、リベラル・ナショナリストは、ネイションをおのおの独特の文化的な特徴を有する固有の集団（distinct group）だと考え、そもそもそうした集団はそれ自体で本来的に自決の権利、ひいては分離独立の権利を有すると主張する（Buchanan 1996: 284）。しかし、こうしたリベラル・ナショナリストの考えは誤りだと彼はいう（Buchanan 2003: 248-50）。というのも、ニールセンやキムリッカなどが指摘するほど、ナショナルな文化への帰属は個人にとって重要ではない、とブキャナンは考えるからである。先に述べたように、ブキャナンは、個人の文化への帰属自体の重要性は認めるけれども、それがある特定のナショナルな文化である必要はないと考える。むしろ個人にとっては、何らかの文化への所属を自由に選びとれることが重要だからである。したがって、リベラル・ナショナリストのように、ネイションの固有性とナショナルな文化への帰属の重要性をことさらに強調することは、ネイションと他の集団の不当な区別につながるとして、ブキャナンは次のように論じる。

（ネイションの擁護論者の議論において）最も理解しがたい点は、ネイションと他の文化的集団を不当に峻別することである。少なくとも現代社会において、個人は多様なアイデンティティの源泉を有しており、個人にとってナショナリティは最も重要なものではなく、単に重要なもののひとつに過ぎない（Ibid: 250）。

ブキャナンのリベラル・ナショナリストに対する第二の批判は、ネイションは本来的に身びいき的で抑圧的な性格を有しているというものである（Ibid: 251-52）。つまり、そうした性格を有するネイションは、リベラル・デモクラシーの政治枠組みを下支えするようなものとはならない、というのである。それはブキャナンの次のような確信からきている。たとえば正義について、ブキャナンは次のように述べている。

少なくともリベラルな観点からすれば、正義の最も根幹にある要素は普遍的な考慮に基づいていることにある。アーサー・リプスタインが示唆しているように、たとえナショナリズムが強力な動機づけになろうとも、正義は基本的に公平性（impartiality)、つまり、あらゆる人間が有する普遍的な特徴を反映し、究極的にはそれを尊重せねばならない。とすれば、ナショナリズムは正義についての適切な動機づけにはならない（Ibid: 252)。

したがって、「ナショナリズムが配分的正義や民主主義の達成に有効な源泉であったとしても、それは道徳的な観点からして受けいれられない」のである。なぜなら、「ナショナリズムは、その本質からして非常に個別主義的であり、したがって不公平なもの」だからである。それゆえにナショナリズムは、リベラリズムの理念とは相容れないとブキャナンはいうのである（Ibid)。

彼によれば、現実世界のナショナリズムは「リベラルな政治理論における骨抜きにされたナショナリズムとは全く異なり」、民主主義や再分配政策を円滑に機能させる潤滑油のような役割をはたしていたというよりは、「国内外におけるネイションを共有しない人びとに対する差別的かつ攻撃的な政策を遂行するための強力な手段」であった（Ibid)。したがって、

単一のネイションのみで構成された国家がほとんどない現実の世界において、政治をかたちづくる——それは国家機構をあるひとつのネイションの繁栄のために手段的に利用するということだが——ためにナショナル・アイデンティティを用いることは、そのネイション以外のすべての人びとにとって、差別、締めだし、そして周縁化の主な原因であった。「ネイション形成」（nation-building）は、ほかの集団にとってはネイションの破壊を意味する。それゆえネイション形成は、過去数十年にわたって民族紛争の主要な要因だったことは明らかである（Buchanan 2004: 389)。

以上のような懐疑論からブキャナンは、ネイションの分離独立はナショナリストの原理に基づいて容認されるものではなく、あくまで分離独立を望む集団がこうむっている深刻な不正義を矯正する、という事由に基づいて正当化されるべきだと主張する。

ブキャナンに対する反論

こうした懐疑論には次のように反論できる。ネイションと他の集団との区別は不当だという批判から応じていこう。

ブキャナンは個人の文化的所属の重要性自体は大いに認めるが、それは前述のように、特定の文化への所属ではなく、何らかの文化への所属が個人にとって重要だという意味である。このことは、個人が文化への帰属を自由に選びとることができることを前提としている。こう批判するときブキャナンは、リベラル・ナショナリストのいう包括的文化構造としてのネイションの概念を誤解しているように思われる。まず、包括的文化構造としてのネイションは、まさに包括的なものであり、そこにはあらゆる私的な文化が発展する余地が大いに残されている（Miller 1995: 26〔邦訳：四六 - 四七〕）[12]。この点を理解していない。

さらに重要なことは、そのような包括的文化構造は、個人がその社会に生まれ落ちて暮らしていくうちに、なかば無意識的に会得してきた物の見方・思考法・価値観の集合だということである。したがって、私的な文化への帰属は自由に取捨選択でき、複数のものに帰属することもできる。しかし、包括的文化構造への所属を私的なものと同様に自由に選びとることは、大半の人にとって難しいだろう[13]。ミラーがブキャナンを批判していうように、この意味での文化は「船とは違って、自分たちの意志で乗りこんだり捨て去ったりできるものではない」

(Ibid: 110〔同上：一八六頁〕)のである。逆にいえば、包括的文化構造としてのネイションは、個人のアイデンティティにとってそれほど根本的なものだということであり、そこからはなかなか離脱しがたいように思われる。とすれば、ナショナル・アイデンティティの重要性を説くからといって、ナショナル・アイデンティティと他の集団的なアイデンティティとを不当に区別することにはならない。

改宗などによって宗教的なアイデンティティを捨てることはできるかもしれないが、ナショナル・アイデンティティを捨てることはかなり難しい。また、たとえ法的な意味で国籍を変更できても、みずからを育んできた文化のなかで自然に身についた、つまり理性的でない選択によって会得した価値観や思考法を捨て去ることまではできない。したがって、包括的文化構造としてのネイションとそれ以外の私的な文化は、そもそも異なるのであり、これを峻別することが重要なのである。

したがって、ネイションが特別扱いされるのは、こうした包括的文化構造が、人間の自己規定の基盤となっているからである。よって、そのようなネイションはそれに所属する人びとにとっては、是が非でも守られねばならないものであり、そのための最良の方法は、ネイションが国家機構を有することである。

ブキャナンは、ネイションがネイションであるという理由だけでは国家機構の保持を許容できないというが、ニールセンにいわせれば、ネイションはネイションであるからこそ、その構成員の福利のために国家を持たねばならないのである。つまり、安定的なネイションを持つことは、そこに所属する人びとの幸福を増大させることにつながり、ネイションが国家機構を具え、国民国家となることがその最善の方法であると彼は指摘するのである。ニールセンによれば、さまざまな集団があるなかで、ネイションには政治的自治を行う権利がある。他の集団とは異なり、ネイションは包括的文化である。ネイションはまた、ある土地——ネイションを構成する人びとがみずからの母国だと思い、または、その人たちが故郷喪失の状態にあれば、故郷をつくりたいと願うような土地——に歴史的に根づいたものである。さらに、とくにネイションは国家機構を運営できるだけの十分な規模と構造基盤を有している。こうした理由から、ネイションは特別な存在なのである（Neilsen 1998: 127）。

ただし、過去の歴史からすれば、ブキャナンのいうように、ネイションの身びいき的な性格が数々の惨禍につながってきたことも否定できないだろう。当然ながら、ネイション形成がほかのネイションの破壊につながるようであってはいけない。そのようなナショナリズムはリベラルとは全くいえない。よってリベラル・ナショナリストは、ネイション形成の権利を享受できる集団は、他のネイションにもそうした権利があることを容認せねばならないという。つまり、すべてのネイションは自決の主体としてみずからの決定に責任を持つものとして処遇されねばならない。このようにナショナリズムを放棄するのではなく、ネイションの自決の公正性という観点からナショナリズムに「リベラルな制約」をかけることで、それを飼い慣らすことが重要である（施 二〇〇九a：七四 - 七九頁）。これによって、ネイション形成がほかのネイションの脅威になる危険性は少なくともかなり低減されるように思われる。

では、あらゆるネイションが望めば分離独立できるのだろうか。そうではない。あらゆるネイションが望めばただちに分離独立できるのであれば、ブキャナンも危惧しているように、世界は収拾がつかない状態に陥ってしまう。(14) この意味で分離独立の権利は一定の条件のもとで正当化される限定的権利でなければならない。これはブキャナンにおいても、リベラル・ナショナリストにおいても共有された認識である[15]。それでは、ネイションの分離独立にはいかなる条件を付すべきだろうか。

このときミラーは、民族文化的に多元的な国家を、①多民族国家（states with ethnic cleavages）、②入れ子状のナショナリティを有する国家（states with nested nationalities）、③敵対的なナショナリティを有する国家（states with rival nationalities）の三つに分類し、分離独立を考慮しなければならないのは③の場合だけだという。

というのも、まず①の場合は、先に論じたようにネイションと民族集団の区別を峻別して考えれば、分離独立ではなく、その集団に対する地位の承認や権利付与の問題が考慮されねばならないからである。また、②のような国家に属する集団は、各地域のアイデンティティと矛盾しないかたちで、共通のより大きなまとまりとしてのナショナル・アイデンティティの陶冶に概ね成功してきている（たとえばイギリスやスイス）。ここでは、連邦および各地域のそれぞれのレベルで十分な熟議民主主義による社会正義の構想に関する合意と、各地域のアイデンティティのあり方にかなった政治をおこなうさまざまな制度（連邦制や地方分権）を深化させることによって、各集団は平和的に共存できる。ゆえに分離独立はさしあたり問題にならない（See Miller 1995: ch. 5〔邦訳：第五章〕, 2000: ch. 8）。

しかしながら、③の場合のように、完全に敵対的で和解しがたいナショナリティを有するネイションがひとつの国家のなかに複数存在する場合（たとえばイスラエルや分裂前のユーゴスラヴィア）は、公共文化が異なるため、単一のリベラル・デモクラシーの政治枠組みのもとでは、いくら連邦制や自治を深化させようとも、共存は決定的に困難な場合がある。したがって分離独立が考慮されねばならないのである。

このような場合分けをしたうえで、ミラーは国家Xからの集団Yの分離独立が正当化される条件として、以下の四つをあげている（Miller 1995: 112-15〔邦訳一九〇－九三頁〕, 2000: 125-31）。まず、分離独立をしたあとの領土内には、少なくとも集団Yと敵対的なナショナリティを持つマイノリティが含まれないことである。[16] もし含まれていれば、それは新たな対立の火種になるからである。第二に、国家Xの内部に取り残される、集団Yの領土外に住む集団Yの構成員に対する考慮がなされることである。たとえば、仮にケベックがカナダから分離独立したとして、カナダにおける集団間の均衡が崩れ、ケベック州以外に住むケベック人（あるいはフランス語圏共同体）は孤立無援の状態に陥るかもしれない。この点を十分に配慮せねばならない。

第三の条件としては、分離独立後の国家Xの持続可能性を考慮することである。たとえば、国家Xはある天然資源の売却益に経済的に依存しており、それは集団Yの領土に多く存在するとする。この場合、集団Yが分離独立すれば、国家Xは収入源を絶たれ経済的に持続困難になろう。このとき、国家Xの成員の生存とナショナルな自決の価値とを十分に比較考量せねばならない。最後に、集団Yが当該領土を占有できる歴史的な正当性があることである。たとえば過去にその土地を領有していたが、他国からの侵略によって併合されてしまった場合などがこれにあたる。これら四つの条件を総合的に判断せねばならず、しばしば誤解されるきらいがあるが、「ネイションの自決の原理は決して分離独立の要求をすべて認めるものではない」（Ibid: 115〔同上：一九三頁〕）のである。

このようにリベラル・ナショナリストは、従来のリベラルの想定してきた無属性的な負荷なき自我観および文化中立的国家観を批判し、リベラル・デモクラシーの政治枠組みにはナショナルな文化が不可避的に反映され、そのことによって政治枠組みを安定的なものにし、また個人は、みずからになじみ深い政治枠組みのなかで善き生の構想を自由に探求できるという。こうしたリベラリズム解釈の変容にかんがみれば、みずからの文化的なものをリベラル・デモクラシーの政治枠組みに反映させたいという願望は、ブキャナン（および従来のリベラル）のいうように非リベラルなものとして処理されるものではない。むしろそれは、一定の条件のもとでリベラルな観点から正当なものであるといえる。したがって、そうした願望が達成されるような理論的な枠組みを提供できないブキャナンの議論は、以上のように修正される必要があるといえよう。

6　おわりに

本章では、ブキャナンの分離独立に関する理論をリベラリズム解釈の変容に留意しつつ批判的に検討し、ブキャナンの理論を修正する必要性を指摘した。

リベラルな国家からの分離独立に焦点をあて、分離独立の権利をリベラリズムの枠内で理論化することを試みたブキャナンの理論は、分離独立の権利について論じてこなかったリベラリズムの政治理論に大きな修正を迫ったという意味で非常に評価できるだろう。ところが、コミュニタリアンの主張の一部の妥当性を認め、そこからリベラリズムの修正を図った彼でも、依然として従来のリベラリズム解釈の立場に依拠している。そうしたリベラリズム解釈の変容を踏まえると、ブキャナンの分離独立に関する理論は修正される必要がある。

文化を保全するためという理由についてブキャナンは、考慮すべきではあるが、それだけでは正当だとはいえないとしていた。しかしながら、リベラリズム解釈における純粋選択主体としての負荷なき自我から状況基底的な自我観への変容や、文化中立的国家観の否定といったことにかんがみれば、ナショナルな文化の保全はリベラルな観点からして分離独立の正当な事由だといえよう。

ただし、誤解すべきでないのは、リベラル・ナショナリストは、あらゆるネイションが実際に分離独立してもよいと論じているわけではない、ということである。ブキャナンと同様に、分離独立は限定的な権利だと考えている。分離独立には、残された国家の存続可能性に対する配慮など、さまざまな条件が考慮されるべきなのである。

最も重要なことは、各ネイションがみずからの文化・伝統などに基づいた政治制度を有し、そのなかでこそ人びとは善き生を自由に探求することができるのならば、そうした環境を整えるために、分離独立は規範的に考慮されるべきひとつの選択肢だということである。従来のリベラリズム解釈では、こういった視角が完全に捨象されてしまうところに大きな問題があった。

マイケル・ウォルツァーによれば、われわれの決定的な共通点は、人類という単一の普遍的な種の構成員であるということではなく、個別主義にある。したがって、彼がいうには、個別主義／個別性を擁護する観点から最もふさわしい政治制度を構想せねばならない。それには分離独立、境界線の変更、連邦制、地域的あるいは機能的自治、文化多元主義など多くの政治的可能性があり、重要なのは多様な選択を妥当なものとする国際的な合意である（Walzer 1994b: 199–200）。そうであるとすれば、世界市民の名のもとにわれわれがひとつに統合されるのではなく、各ネイションに属する人びと自身が正しいとみなすことのできる、なじみ深い社会正義の構想を模索し、それを実現できる世界への道筋をつけるべきであろう。このような世界こそが、望ましい多文化共生世界の像であるように思われる。分離独立の権利をリベラルな観点から正当化することは、そのような「棲み分け型」多文化共生世界の構想を実現するための、重要な条件のひとつなのである。

第7章　「複数ネイション主義構想」の批判的検討
――地域機構におけるネイションの文化的自治は可能か

マルチナショナルな国家のなかでのネイションの自治は、国民国家の単に不完全な代替物にすぎない。

オットー・バウアー(1)

1　はじめに

これまで本書では、リベラリズム解釈の変遷に留意しながら、リベラル・ナショナリズム論からは「棲み分け型多文化共生世界の構想」が理論的には導かれるはずだと論じてきた。具体的には、リベラル・デモクラシーにおける重要な価値である、民主主義や社会正義（平等）を下支えする連帯意識に関する考察（第3章・第4章）、移民の受けいれの是非をめぐる考察（第5章）、ネイションの分離独立をめぐる考察（第6章）を手がかりに検討してきた。しかしながら、リベラル・ナショナリズムの理論家のなかには、別のかたちの多文化共生世界を構想する者もいる。それがヤエル・タミールである。

タミールは一九九〇年代初頭に『リベラルなナショナリズムとは』(Tamir 1995)を著し、現代政治理論において「リベラル・ナショナリズム」という言葉を定着させるきっかけをつくった代表的理論家である。とくに彼女が著書のなかで展開した、純粋選択主体としての「負荷なき自我」か、あるいは「状況づけられた/埋めこまれた自我」(situated/embedded self)かという、自我観に関するリベラルとコミュニタリアンの対立を融和させようとした部分については、大いに評価され、さまざまな批判もなされている(Ibid: ix-xxxiii〔邦訳:九-六七頁〕)。ところがその一方で、彼女が著書の最後の章で提示した「複数ネイション主義」(multinationa-lism)という多文化共生世界の構想については、あまり検討されていない。本章ではこの一種の世界秩序構想をとりあげ、批判的に検討したい。[2]

タミールの「複数ネイション主義構想」とは、ネイションよりも上位の主体による統治を前提にしたある種の地域主義をベースに、各ネイションによる文化的自治を志向する構想である。彼女はヨーロッパ共同体(EC/EU)をモチーフにし、地域機構がネイション横断的に防衛や経済といった政策領域を担当し、各ネイションは地域機構の枠内で独自の民族文化的政策を自由に追求することで、ネイションの規模の大小や経済的な豊かさなどにかかわりなく、自律的に共存できるというのである。

だが、このような「複数ネイション主義構想」は、リベラル・ナショナリズム論の考え方を前提にすれば、理論上必然的に導きだされるものではない。むしろ、タミールがリベラル・ナショナリズム論を展開する一方で、多文化共生世界の構想として「複数ネイション主義構想」を提示することは、論理的につながらない。本章の目的は、タミールの議論におけるリベラル・ナショナリズム論と「複数ネイション主義構想」とのあいだに、矛盾や乖離が生じていることを明らかにすることである。それによって、リベラル・ナショナリズム論からは「棲み分け型多文化共生世界の構想」が理論的には導きだされることがあらためて確認されるだろう。まずは、タミールの「複数ネイション主義構想」を概観するところから議論を始めよう。

2 タミールの「複数ネイション主義構想」

タミールの「複数ネイション主義構想」とは、先にも述べたように、端的にいえば、ネイションよりも上位の統治主体である地域機構が、経済・防衛・環境問題など、各ネイションに共通する公的な問題を担当し、それ以外の文化的領域に属する問題、とくに言語や教育に関する事項を各ネイションが担当する、という一種の地域主義的な構想である。彼女がこうした構想を提示する背景には、ネイションは国民国家になることでしか安定的に存続できないという見解に対する強い疑念がある。少し長いが彼女の以下の言葉を引用しておきたい。

ウズベク人、グルジア人、アゼルバイジャン人は、自前の国家を持てば以前より安全になるのだろうか。国連がユーゴスラヴィアをいくつかの国民国家に分割するという解決策を強制できたとしても、その解決策はセルビア人とクロアチア人がお互いを威嚇しなくなることを保障するのであろうか。ナショナルな紛争の解決策として創りだされた国家は、国家が設立される以前に開始された闘争を、相互破壊的なより洗練された手段さえ用いて継続するだろう。実際、国家内部の民族紛争よりも、国家間の戦争において多くの人が殺されていることは周知の事実である。一九三九年におけるチェコスロヴァキアの諸民族、一九七九年におけるアフガニスタンの諸民族、一九九〇年におけるクウェートの諸民族のことにかんがみればわかるように、国家という地位(statehood)は、必ずしも威嚇から身を守るための防壁にはならないのである(Ibid: xii〔邦訳:一四‐一五頁〕)。

アーネスト・ゲルナーも述べているように、ナショナル・マイノリティがみずからの国民国家の樹立を望んでも、地球は空間的に有限であるため、ナショナリズムの原理を貫徹することは難しく、すべての地域において政治的単位と文化的単位を平和的に一致させることは難しい(Gellner 1983: 1-3〔邦訳:一‐五〕)。空間的な問題以外にも、経済力・軍事力・資源の量などの差によって、独立国家になれるものとそうでないものが存在する。すなわち、すべてのネイションが平等に国民国家となる権利を享受することは「達成不可能な理想」(Tamir 1995: 142〔邦訳:三〇四頁〕)なのである。それにもかかわらず、ナショナル・マイノリティの国民国家を希求する運動は収まる気配もなく、現在でも各地で紛争の火種としてくすぶっている。ネイションの自決と国民国家建設を安易に結びつけることは、「バルカン化」への道筋をつけることにもなりかねないのである。とくにヨーロッパにおいて、「バルカン化の恐怖」、つまり既存の国家が「小さく、敵対的で、存続の難しい単位へと断片化する恐怖」(Ibid: 143〔同上:三〇七頁〕)は非常に大きなものであった。

そこで、タミールはまず、あらゆるネイションが国民国家になることは非現実的であり、こうした目標の追求はやめるべきだと主張する。すなわち、「すべてのネイションに国民国家をという理想は放棄されるべきであり、その見解を各ネイションは進んで受けいれなければならない」というのである(Ibid: 150〔同上:三一八頁〕)。そして、各ネイションが実際にそれを受けいれる理由は、彼女によれば、ナショナリズムの本質は国民国家建設ではなくむしろ、文化的な権利要求の承認にあるからである。彼女は、「ナショナルな運動は、単に国家権力を掌握したいという欲求ではなく、個別の共同体の存続や繁栄を確保したいという要求や、その共同体の文化・伝統・言語を保護したいという欲求によって動機づけられている」と論じる。つまり、ナショナリズムの本来的な目標は文化的なものであり、国家権力を握ることは、それに従属する手段でしかないというのである（Ibid: xiii〔同上：一六頁〕）[3]。

タミールによれば、各ネイションが文化的な権利要求を実現できる空間は国民国家だけだという主張は、根拠に乏しい。ネイションの自決は国民国家のみならず、国家連合（federal states）や連邦国家（confederal states）などによってナショナルな生活に参画する機会を個人に保証することでも実現できるという（Ibid: 75〔同上：一八二頁〕）[4]。つまり、各ネイションが国民国家よりも上位の統治主体に参加し、平等に文化的自治権を付与されることにより、独立国家への願望を、地方自治や連邦的・連合的な協定といったより穏健な解決策に置き換えることができる。彼女はこのように考えるのである。

ここでタミールが希望を託しているのが、「地域機構」（regional organization）である[5]。彼女はニール・マコーミック（Neil McCormick）を引用しながら次のように述べる。

> 主権国家を保持したいという要求は、領土や住民をめぐって相互に競合する。だが、どのネイションの権利要求をとりあげるべきかという選択を不問にして、多様な国籍、文化的伝統、あるいは文化集団を包摂するトランスナショナルな共同体を作り、そこにおける政治的権威の配分を調整できるようにすれば、さらにそのような配分の選択がある種の補完性原理によって導出されるのであれば、ネイション相互の二者択一性はかなり緩和される。つまり、一方

のアイデンティティが必然的に他方のアイデンティティの犠牲のうえで承認される、という状況は解消されるだろう（Ibid: xv〔同上：一九頁〕）。

そして、こうした権力配分の調整や権限の委譲は、「地域機構の監督のもとでおこなわれるならば、より成功する確率は高い」だろうとしたうえで、彼女は次のように主張する。

国民国家は経済・戦略・エコロジーに関する決定権力を地域機構に譲渡し、文化政策を構築する権力をローカルなネイションに委譲するのである。地域の傘に保護されることで、すべてのネイションはその規模・資源・地理的条件・経済的持続可能性にかかわりなく、文化的・政治的な自治を達成できる（Ibid: 151〔同上：三〇七頁〕）。

このようにタミールは、地域機構が経済・防衛・環境問題などを各ネイションに共通する問題として担当し、それ以外の文化的領域に属する問題、とくに言語や教育に関する政策は各ネイションがおこなうという、「複数ネイション主義構想」を提示するのである。そうすることで、先に述べた、ネイション間に歴然としてあるパワーの差をあまり考慮しなくてもよいうえに、ゲルナーがいうような原理を厳密に貫徹して政治的単位と文化的単位を完全に一致させる必要性もなくなるのである。つまり、ネイション間のパワーの差にかかわりなく、自由に独自の文化的価値を育むことができるという意味で、各ネイションは平等に扱われるのである。(6) こうしてそれぞれのネイションは、地域機構内部において平和的に共存できるのである。

さらに、こうした構想は各ネイションがそれぞれの文化的自治を達成するために合理的に判断した結果として要請される、とタミールは論じている。すでに経済レベルでの地域的あるいはグローバルな協力体制が構築されつつあるという現状を踏まえ、「経済的領域におけるものは、戦略的なレベルにおいても当然真である」という（Ibid: 150〔同上：三一九頁〕）。そのうえで彼女は、各ネイションが地域機構に参加することで以下のようなさまざまな便益を得ることができるという（Ibid: 152-53〔同上：三二一 - 一三二頁〕）。

たとえば、規模の小さなネイションの成員にとっては、コミュニケーション技術としての共通語（linga franca）を身につけることで、仕事の幅が広がり、より広い職業的・政治的役割へと門戸が開かれるとしている。[7] また、たとえ規模の大きなネイションであっても、市場の変動、自然環境の変化、天然資源の有限性、あるいは他のナショナル・マイノリティの分離主義的な傾向を考慮した場合、現在享受している相対的な優位性が永久に持続するとはかぎらない。仮にそのネイションが何らかの窮地に陥ったとしても、地域機構に参加しておくことで、それによる便益（労働市場の拡大や共通通貨の使用による為替リスクの軽減など）を享受できるため、長期的観点では安定的に繁栄することができるという。

以上のようなタミールの主張から判断すると、彼女は、各ネイションは、文化的自治権を平等に保証されるならば、地域機構への参入と、みずからの国民国家建設のどちらかのうち、合理性（とくに経済的合理性）の観点から前者を選択すると考えているといえよう。つまり「バルカン化の恐怖」は、ナショナリズムの文化的解釈と合理的選択という観点から抑制される、ということである。タミールにとって「複数ネイション主義構想」は「バルカン化の恐怖」を克服するための「理にかなった妥協案」であり、「われわれの時代においてもっとも切迫した問題点のいくつかを映しだすための具体的な指針として示唆されるもの」なのである（Ibid: 158〔同上：三三二頁〕）。

これまでの議論をまとめると、タミールの「複数ネイション主義構想」の特徴は、ネイション間の平和的な秩序を保つために各ネイションに文化的自治権（文化的自己決定権）を平等に付与し、それぞれのネイションが独自の文化を自由に育むことができる環境を理論的に探求した点にある。そして、文化的自治権を平等に付与するための具体的な秩序構想として、地域機構あるいは地域統合体といったトランスナショナルな枠組みに各ネイションが主体的に参画し、その枠組みに安全保障や経済政策を任せ、そのなかでそれぞれのネイションが共存するという構想を彼女は描きだしたのである。

タミールの構想においては、経済・防衛・環境問題などといった各ネイションに共通する事柄を担当する地域機構と、文化的領域に属する問題、とくに言語や教育に関する政策を担当するネイションというように、統治領域は峻別され二元化されている。[8] 地域機構はできるかぎり「平等な主体からなる共同体」(community of equals)でなければならず（Ibid: 155〔同上：三二七－二八〕）、それぞれのネイションの文化政策に関与しない文化中立的な機構でなければならないのである。このような制度を具えた地域機構において、各ネイションはその枠組みの存続を脅かさないかぎりで認められるのである（Ibid: 152〔同上：三二一頁〕）。このようにタミールは、各ネイションが地域機構に平等な主体として参加し、そのなかで文化的自治権を享受できるかぎりにおいて、各ネイションは政治的主権を獲得することなくネイションの自決を達成することができ、平和的に共存できると、主張するのである。

3　批判的検討

ここからは、これまで述べてきたタミールの「複数ネイション主義構想」を批判的に検討し、リベラル・ナショナリズム論と「複数ネイション主義構想」は論理的に乖離していることを明らかにしていきたい。その乖離は次の二つの点にある。

第一に、タミールは他のリベラル・ナショナリストと同様に、従来的な国家の文化中立性を批判し、リベラル・デモクラシーの政治枠組みはある特定の文化を帯び、それに下支えされていると主張する。にもかかわらず、「複数ネイション主義構想」で示されている地域機構は、各ネイションの文化から中立的であり、教育や言語といった文化政策には関与せず、環境や安全保障といったものだけに携わるとされる。つまり彼女は、「国家の文化中立性」を否定する一方で、いわば「地域機構の文化中立性」を是認するのである。この点からすれば、彼女の理論的背景と「複数ネイション主義構想」は、論理的に明らかに矛盾しているといわざるをえない。

第二に、タミールは各ネイションが地域機構の域内で文化的自治を平等に享受するという。ここで指摘すべきは、文化的自治を実効的なものにするためには、地域機構の域内において各ネイションに公正かつ機能的に財が配分されることが前提となるということである。そうであるならば、地域機構においてネイションの境界線を越える配分の原理を構想できることになるが、はたしてそれは何を基盤に成立するのだろうか。文化的自治に必要な財の再配分は、人道的に要請される一定程度の普遍性・越境性を有する「薄い」正義の構想ではなく、より「厚い」正義の構想であろう。だとすれば、本書第４章で検討したように、そうした制度を下支えする連帯意識や相互信頼の源泉の問題が、必然的に浮上する。この点にいっさい触れていないタミールの「複数ネイション主義構想」は論理的な脆弱性を免れえない。さらに、その点はひとまず措いたとしても、リベラル・ナショナリズム論の核心のひとつである、厚い正義の構想を下支えする社会的連帯はネイションの境界線を越えでることは難しいという主張と、タミールの議論は折りあいがつかない。以下、詳細に検討していきたい。

リベラリズムの中立性原理と地域機構

前章でも触れたように、国家の中立性の概念を文化との関連に着目して述べれば、政治と文化の問題を「政教分離モデル」でとらえ、文化は各人が私的に追求する価値であり、国家はその保護や社会的再生産に積極的に関与すべきでないとする考えである。そこでは、私的な文化的領域とそれに関係のない公的領域とに統治領域が二元化され、国家は後者を担当するとされる。しかし、タミールはこの考え方を支持しない。彼女は、国家の中立性とは疑わしいものであり、国家は事実上政治的・社会的・道徳的・経済的な問いに対してひとつの立場をとらざるをえないことを認めたうえで、次のように論じている。

政治システムを創造し、法を制定し、主流となる政治的立場を占め、そして国家官僚制を動かす人々がある一つの文化、すなわち彼らによって政治的領域に不可避的に持ちこまれる文化を有することからもわかるように、国家（state）と文化の区別が不可能な作業であるのは明らかだ（Ibid: 149〔同上：一一六 - 一一七頁〕〔傍点は引用者による〕）。

このことからわかるように、彼女は他のリベラル・ナショナリストと同様に、「国家がある特定の文化的アイデンティティを奨励し、それにより他の文化的アイデンティティに不利益を与えることは避けられない」（Kymlicka 1995: 108〔邦訳：一六二頁〕）ことを強く認識している。

ひるがえって、タミールは地域機構をどのように想定しているのだろうか。彼女は地域機構、とりわけＥＣは

「複数ネイション主義」に基づくひとつの政治体であると述べ、それは同質的な文化的共同体の形成を目指さないだろうし、連合の存続を脅かさないかぎりで、個別主義的な感情を尊重し、それに承認を与えるとしている（Tamir 1995: 151-52〔邦訳：三二一頁〕〔傍点は引用者による〕）。つまり、地域機構は多様性を尊重し、その地域的な連帯を破壊しないかぎりで、民族文化的な要求を承認するのである。そして、地域機構は各ネイションの教育・言語など文化政策には干渉しないとされる。これは「国家の文化中立性」ならぬ、「地域機構の文化中立性」とでもいえよう。

つまり彼女は、国家のレベルにおいては明確にその文化中立性を否定している。ところが、それよりも上位の統治主体である地域機構は、各ネイションの平等を担保しそれらを文化中立的に扱うものだと想定されている。ここには、国家のレベルでは中立性を否定するが、それより上位のレベルではそれを認めるというねじれが見受けられるといってよいだろう。

地域機構におけるネイション間の連帯

タミールの構想では、各ネイションは文化的自治を平等に認められることになっているが、現実に政策を履行するにあたっては、そのための財源の確保が必要となろう。彼女によると、その財源の配分等をつかさどる経済政策を担うのは、個別のネイションではなく、それより上位の地域機構である。したがって、それぞれのネイションが文化政策を実現するうえでの財源は、地域機構が握っているということになる。

このような状態で、各ネイションが自由かつ平等に独自の文化政策を追求できるか否かは大いに疑問である。いうまでもないが、地域機構内部にはさまざまな意味でのパワーの偏在が見受けられる。そうした状況で、すべてのネイションが文化的自治権を保持するのであれば、経済力に乏しいネイションは文化政策を自由におこなうことができないと予想される。たとえば、あるネイションが自身の文化に基づいた教育をするために学校を建設するといっても、財政的な余裕がないためそれが不可能な場合があろう。実際に学校が建設できなければ、そのネイションが独自の文化的発展を独自に追求できているとはとてもいいがたい。

そうであるならば、各ネイションの文化的自治を追求できる権利を有名無実のものにしないためには、たとえば与えられた権利を実行に移すだけの財源が確保されていなければならない(9)。したがって、広い意味で財の配分が域内でうまく機能することが前提となる。当然ながら、豊かなネイションAから貧しいネイションBへの財の移転が、地域機構の決定によって強制的におこなわれることもありうるわけである。このとき問われるべきなのは、そういった強制的な財の移転さえも是とする、ネイションを越える地域機構における財の配分を下支えする、連帯意識である。

とくに第4章で詳しく論じたが、そのような連帯意識に関するリベラル・ナショナリストの見解をいまいちど確認しておきたい。彼らは、配分的正義を担う制度が安定的に機能するには、それを担う人びとの共通のアイデンティティに基づく連帯意識や相互信頼が必要であることを強調する。そうでなければ、人びとはその政治制度に愛着を持てず、結果的にうまく機能しなくなるからである。このことを積極的に評価し、個人間の仲間意識や信頼をもたらすナショナリティの重要性を強調する。もちろんタミール自身もこうした主張を展開している。彼女の配分的正義に関する議論にやや詳細に立ちいってみよう。

配分的正義に関する問いは、現代のリベラリズムの政治理論において中心的なもののひとつだが、タミールによれば、従来のリベラルは、再配分政策の成否は必然的にある一定のナショナルな信念に基づいているという事実を看過していたという。

配分的正義に関する構想が国家において意味を持つのは、国家がみずからを自発的なアソシエーションではなく、同じ運命をその成員たちが共有する自発的かつ比較的閉じた共同体だとみなす場合だけである。そうした共同体の内部において成員たちは、お互いに対する愛情を育む。そうした愛情から、相互的な責務――それなくしては「ケアする国家」（caring state）という理念は保持できない――を引き受けるために必要な道徳的正当化の根拠がもたらされる（Ibid: 117-18〔同上：二五九頁〕）。

彼女はマイケル・サンデルを参照しつつ、リベラルな福祉国家があるパラドックスのうえに成立しているという。すなわち、リベラルな福祉国家は、個人主義的な諸価値に基盤を置く国家において、社会的なケアに基づいた政策を追求しようとする。別のいい方をすれば、リベラルな福祉国家の特徴とは「個人の諸権利を強力に保障する一方、他方で市民のあいだに高い程度の相互のかかわりあいを要求している点」（Sandel 1984: 94, quoted in Tamir 1955: 118〔邦訳：二五九－六〇頁〕）にあるという。しかし、この個人の権利の称揚と、市民のかかわりあいの要求は矛盾をはらむものである。

よって、再分配政策は成員に対して必ず負担を求めるものだが、それを進んで引き受ける態度は、みずからと一定の資質――「そもそもはじめから相互に恩恵を受け、道徳的にかかわりあいをもつ存在としての自分自身を見る何らかの見方」――を共有する人びとに対して抱く、いわば「関係性の感情」（a feeling of relatedness）に依拠しており、これはリベラルの理論それ自体からはもたらされない前提である（Ibid: 118-19〔同上：二五九－

六三頁〕)。そして、そうした感情は、「ある種の文化的・社会的背景」を人びとが共有することによって生じるというのである(Ibid: 128〔同上:二七九頁〕)。彼女は次のように述べている。少し長いが、重要であるため引用したい。

われわれが福利を考慮すべき「他者」はわれわれが気遣い、アソシエーションに関するわれわれのアイデンティティとかかわりがある他者である。共同体的な連帯意識は、親密さと共通の運命という感情、あるいは幻想を生みだすのであり、そうした感情ないし幻想は配分的正義の前提条件である。それは「慈善は足許から始まる」という主張を支持しつつ、諸種の特殊な関係に道徳的な力を付与する。そのうえ、共同体的道徳は、将来世代の善き生、および共同体の過去を学びとり、それを維持・継承していくための資源の配分を正当化する根拠として作用しうるものである。その結果、国民国家がもつ共同体に似た性質は、とりわけリベラルな福祉国家の観念によく——そしておそらくは必然的に——なじむのである(Ibid: 121〔同上:二六五頁〕)。

以上のような、ネイション内部における配分的正義に関するタミールの議論を、ネイションより上位の政治枠組みである地域機構に敷衍すると、地域機構の域内で財の再配分を実現するには、地域機構の構成主体である各ネイション間に共通のアイデンティティに基づく連帯意識や、それによって生じる共有の制度への愛着が必要だということになろう。(10) つまり、タミールのいうように各ネイションが文化的自治を平等に達成するには、ネイション間において財の配分政策が円滑に遂行されることが不可欠である。しかし、彼女の理論的基盤からすれば、ネイション間の財の再配分が円滑に機能するためには、その前提としてネイション間で何らかの「社会的・文化的背景」を共有することから生じる連帯意識、つまり「関係性の感情」が必要だということになろう。

そうであるならば、地域機構における社会正義の構想はいかなる「関係性の感情」に基づいて実現されるのかが明確に述べられる必要がある。けれどもタミールは、「ネイションの自決はそれより大きな地域的枠組みにおいて最もよく達成される」（Ibid: 165-66〔同上：二四六頁〕〔傍点は引用者による〕）とは主張するものの、それが達成される場がなぜ「地域」機構であるのかという根拠を全く示していない。[11]

タミールは、ヨーロッパ共同体のような枠組みを具体的な制度として意識しているため、ヨーロッパの各ネイションが地域機構に対して愛着と忠誠を抱いていることを暗黙の前提としていたのかもしれない。それは「実際に、独立した国民国家を形成できなかったヨーロッパの規模の小さいネイションは、ヨーロッパ統合を心待ちにしている」（Ibid: 151〔同上：三二一頁〕）という表現や、「ヨーロッパ統合の深化は、先祖がえり的なナショナリズムが大火のごとく飛び火するのを防ぐ最良の途である」というマコーミックの言葉を引用していることからもうかがえる（Ibid: xv〔同上：二〇頁〕）。

しかし仮にそうであったとしても、またそうであるならばなおいっそうのこと、地域機構における文化的自治によるネイションの平和的共存を主張するのならば、ヨーロッパという地域における「関係性の感情」の源泉とはいかなるものであるかを示さなければならない。いいかえれば、リベラルな国家の政治枠組みを下支えするナショナリティを考察するのと同様に、地域機構を下支えするいわば「リージョナリティ」とでもいえるようなものについて考察せねばならないということである。タミールが、ネイションでもなくコスモポリタンなものでもなく地域機構に希望を託すのならば、これに関する考察は不可欠であろう。[12]

ネイション間の財の配分がうまく機能しないとすれば、とくに資源などの乏しいネイションは、いかに文化的自治権を平等に与えられようとも、それを実現することができない。そうなれば地域機構への信頼は揺らぎ、経済政策などの権限をネイションに取りもどそうとする運動なども予想される。すなわち、地域機構内部において文化的自治では不十分だとして、政治的自決を求める運動が再燃する懸念は拭いきれないであろう。

たしかにタミールのいうように、国民国家という選択肢が放棄され、すべてのネイションが平等に文化的自治を享受しつつ地域機構へ参入すれば、「先祖がえり的なナショナリズムが大火のごとく飛び火する」恐怖はなくなるかもしれない。だが、「複数ネイション主義構想」において考察されていないのは、それぞれのネイションが地域機構に権限を委譲する際に、各ネイションの地域機構への愛着や、地域機構の構成主体間の連帯意識は問われないのか、ということである。

ある社会において自由・平等・民主主義といったリベラルな価値を実現する政治制度が安定的に機能するためには、それらを担う者のあいだに連帯意識と、それに基づく共有する制度への愛着が求められる。これがリベラル・ナショナリズム論の中心的洞察である。タミールも、ネイションのレベルで政治制度が円滑に機能するには、それに対する愛着や構成員相互の連帯意識が必要であることを強く主張している。けれども、地域機構の議論に転じたときには、すでに確認したように、文化中立性が地域機構に密輸入されてしまっている。その結果、文化的自治権が実質的に担保されるには、地域機構域内における財の再配分が不可欠だが、それを実現する地域機構の構成主体間の相互の連帯の源泉については全く考察されていない。

タミールのいうように、地域機構がおこなう政策決定や政治制度は、民族文化的なものを超越し、中立的でありうるのだろうか。仮にそうだとしても、中立性のみでは統治機構は支持されないと彼女が認識しているのならば、中立的な地域機構に対して人びとが愛着や忠誠心を抱くと考える根拠は何なのだろうか。こうした問いはなおざりにされている。この点でタミールの議論は脆弱であり、彼女の理論的基盤がリベラル・ナショナリズムである点を考えれば、「複数ネイション主義構想」の導出は論理的な整合性を欠いているといえる。

4 おわりに

本章では、タミールが主著『リベラルなナショナリズムとは』において提示した「複数ネイション主義構想」という多文化共生世界の構想を批判的に検討してきた。ここで指摘したタミールの「複数ネイション主義構想」の問題点は次の二つである。まず、タミールが地域機構を、各ネイションの文化に関与しない中立的な存在であるととらえていることである。政治機構が文化的に中立的であるという主張は、従来のリベラリズムの政治理論において主張されてきた国家の中立性原理そのものである。すでに確認したように、タミールが「国家」のレベルでは文化中立性を否定する一方で、地域機構のレベルで文化中立性を是認することは、論理的に整合性を欠いている。

タミールの「複数ネイション主義構想」における重要なポイントは、地域機構に参画することで、各ネイションに文化的自治権が平等に保証されることである。しかし、それには豊かなネイションから貧しいネイションへの財の配分が機能しなければならない。そうであれば、彼女のいう地域機構は、単なるネイションの功利主義的連合ではなく、厚い配分的正義の構想の実現に向けて権利と義務を共有する共同体でなければならない。

このときに必然的に浮上する問いは、そうしたネイションの境界線を越える財の配分の原理を下支えする連帯意識の源泉は何なのかということである。ネイション内部で配分的正義を論じる際には、彼女はネイションを構成する個人間に何らかの社会的文化的特質に基づく「関係性の感情」が不可欠であると述べていた。この点こそがリベラル・ナショナリストの重要な洞察であるにもかかわらず、地域機構におけるネイション間の財の配分を安定的かつ継続的に行うための連帯意識や相互信頼の源泉に関しては、いっさい触れられていない。これがタミールの「複数ネイション主義構想」の第二の問題点である。

第2章および第4章で論じたように、リベラル・ナショナリストは、厚い正義の構想の実現に向けて権利と義務を共有する共同体としてネイションを重視する。ネイションにおいてこそ、社会正義の理念およびその手段としての再配分政策が最もよく実現される。その理由は、ネイションが社会正義の構想を共同で模索し実施するための一定の特質・共通了解を含むため、ネイションの構成員である個人間に相互信頼や連帯意識が存在し、また彼らが担う再配分に関する政治制度への愛着も生まれるからである。

だが、そうした社会的連帯は、共通の文化や感覚を有さない人びとのあいだには、すなわちタミールの言葉でいえば「関係性の感情」を持たない人びとのあいだには形成されにくい。したがって、社会的連帯がネイションの境界線を越えることは難しいという立場にたつのがリベラル・ナショナリストである。たとえば、デイヴィッド・ミラーは、まさにこの「関係性の感情」の醸成がヨーロッパにおいてさえも難しいために、地域機構にはあまり期待できないとしている(13)。彼はニコ・ウィルターディンク(Nico Wilterdink)を引用しつつ、ヨーロッパの統合過程を人びとはある程度受けいれてはいるが、それは主に功利主義的観点からであり、個別のネイションの自律性が脅かされないかぎりにおいてだと指摘している(Miller 1995: 160-61〔同上:二八四頁〕)(14)。

それゆえ、ネイションが平和的に共存するには、すべてのネイションを国民国家にするという理想を放棄し、すべての国民国家がその地位を棄て、地域機構というそれよりも大きな枠組みに組みいれられ、そのなかで文化的自治を達成できるようにする以外にない、とタミールが論じたとき、彼女はもはや、リベラル・ナショナリズムを放棄してしまっているようにすら思われるのである。

以上のタミールへの批判から、あらためてリベラル・ナショナリズムから理論的に導出されるべき多文化共生世界の構想が明らかになるだろう。リベラル・ナショナリストの最も重要な指摘は、リベラリズムの政治枠組みは、それを担う人びとの共通了解や価値観などを反映したものであり、それゆえに人びとは、それをわれわれのものだと認識し、継続的に支えていこうと考える、ということである。いいかえれば、ナショナルな文化を共有する集団によって下支えされることで、リベラル・デモクラシーの政治枠組みは安定的なものになるということである。したがって、論理的な帰結としては、各ネイションがみずからの文化的なものを大いに反映させた政治枠組みを多種多様なかたちで花開かせることが理想である。

ただし、それが自民族中心主義的なものとならないために、みずからの文化に基づく政治制度を構想できないナショナル・マイノリティに対して国づくりの援助をおこなう義務が（とくに先進諸国には）強く要請される。この義務は第4章で述べたように、ネイションの自決の公正性という観点から説明されるのである。

タミール自身がマイケル・ウォルツァーの「反復的普遍主義」(reiterative universalism) の議論を参照しつつ論じるように、ネイションはそもそも自民族中心的ではなく、「多中心的」(polycentric) な性格を有する。なぜなら、みずからのネイションだけでなく、他のネイションをもそれぞれのナショナルな文化を体現する主体であることを認識し、自律的な存在として処遇することを求めるからである[15]。したがって、ネイションはそれぞれの特徴を再創造するのみならず、みずからにとって最適なアイデンティティと役割を発見するために、おのおののネイションからなるオーケストラに互いに平等な存在として加わろうとするのである（Tamir 1995: 90〔邦訳：

二一一頁〕; See also Walzer 2007)。

序章でネイションを定義した際に述べたように、ネイションと他の集団を分かつものは、ネイションが政治的な自決を望む集団だということであり、リベラル・ナショナリズムは、ネイションが自決できる環境を整えるための規範理論を提示すべきである。したがって、タミールのように政治的自決をあきらめ文化的自治で満足すべきだというのは、本末転倒である。各ネイションが政治的主権を地域機構に一部移譲し、ネイションは地域機構の枠内で文化的自治を享受するというような多文化共生世界の構想は、リベラル・ナショナリズムからは出てこない。あくまでネイションの自決を前提とし、多様なネイションが自律性を尊重しつつ共存する「棲み分け型多文化共生世界の構想」こそが、リベラル・ナショナリズムから導出されるのである。

終章　「棲み分け型」多文化共生世界の構想

生活系を異にした社会は、その生活の場を異にしている。生活系は厳密に言えば種と種のあいだであっても、ちがっているべきである。そうすれば、ちがった種の社会が同じ生活の場を占めるようなことはありえない。種はそれぞれにちがった生活の場を確保し、違った生活の場の上に成立している。あるいは、種はお互いに生活の場を棲みわけ habit segregation ているということになる。

今西錦司(1)

本書では、一九九〇年代以降のリベラリズム解釈の変容を踏まえ、新たなリベラリズム解釈からはどのような多文化共生世界の構想が導出されるのかということについて、リベラル・ナショナリズムの知見を参照しつつ論じてきた。本書全体を通じて、リベラル・デモクラシーの政治枠組みが安定的に存続するうえでナショナリズムの力やネイション間の境界線が重要であることを論じ、従来のリベラリズム解釈から導出される「雑居型」ではなく、「棲み分け型」の多文化共生世界の構想が導きだされることを明らかにした。

啓蒙思想家やその思想的影響を受けたリベラルな理論家の多くは、人びとを分かつ境界線は不当なものなので理性によって取り払うべきであり、実際に取り払うことができると考えた。彼らが理想としたのはあらゆる境界線が取り払われた世界であり、多様な人びとが自由に行き来し、混じりあいながら暮らすことであった。ところが、近年のリベラリズム解釈の変容を考慮すれば、そうした「雑居型多文化共生世界の構想」は規範的な見地からは擁護できない。たしかにいくつかの境界線は取り払われるべきかもしれないが、すべての境界線を取り払うことができるというのは、理性主義の傲慢である。(2)

人間を分かつ不当な境界線（とりわけ国境線）は取り払われ、多様な文化的背景を有する人びとが混じりあいながら対等な立場で共生する。こうした構想は聞こえはよいけれども、ジョン・ロールズがいうように、「国境線はそれだけ切り離してみれば恣意的であり、かつある程度は歴史的状況に依存するように思われるかもしれないが、世界国家が存在しない以上、なんらかの種類の国境線はないわけにはいかない」（Rawls 1999b: 39〔邦訳：五二頁〕）のである。とりわけ、リベラル・デモクラシーとの関連で考えれば、境界線を取り払うことは実のところ望ましくない。というのも、境界線に囲われていること、つまり、ある種の「閉鎖性」が社会を成り立たせるうえで重要だという点は看過できないからである。(3) ここで議論を深めるためにアルバート・ハーシュマン（Albert O. Hirschman）の『離脱・発言・忠誠』（Hirschman 1970）の議論を少し参照しよう。

ハーシュマンは著書で、衰退している企業や組織の回復プロセスに関する理論的研究をおこなった。ここでは彼があげている居住環境の問題を例に考えてみたい。近隣の環境が悪化した際に、安全性・快適さ・清潔さなどの良好な居住環境を求める住民には、次の二つの選択肢がある。つまり清掃や見回りなどを近隣の住民に提案するといった「発言」(voice)をし、住環境の悪化に歯止めをかけるか、他の住環境のよいところに居を移すという「離脱」(exit)をするかである。このとき、合理的観点からすれば、「発言」のほうが「離脱」よりもコストがかかるために、「離脱」が選択される可能性が高い。すなわち、「『離脱』は『発言』を駆逐するとみなされ、発言は離脱が実質的に排除されてはじめて重要な役割を果たす」(Ibid: 76〔邦訳:八五頁〕)と思われがちである。ここで全員が離脱を選択すれば、その居住環境は荒廃の一途をたどるだけである。では、なぜ「発言」を選択する契機が生じるのかといえば、人びとには組織や社会に対する「特別な愛着」(special attachment)といった「忠誠」(loyalty)があるからである。その地区が好きだからそこに住みつづけたい。だからこそその場所を離れるのではなく「発言」によって、住環境を良くしていこうと思うわけである。

境界線を取り払うことは「発言」ではなく「離脱」の可能性を強めることになってしまう。そうすれば社会の衰退を招く。移動できる者は社会から「離脱」し、移動する資源を持たない者だけが残り、結果的に社会の自己改善能力は失われ、その社会は荒廃するだろう。クリストファー・ラッシュ(Christopher Lasch)はこのことを、自己利益のみを過剰に追求して経済合理性の観点から「離脱」を志向するエリートによる、社会への反逆とみなすのである(Lasch 1995)。

こうしたハーシュマンの議論は、リベラル・ナショナリズムの議論と大いに通じるものがある。ネイションという集団は、マイケル・ウォルツァーが指摘するように「非自発的アソシエーション」(involuntary association)である。それは簡単には離脱できないような、一定程度閉じられたものである。「非自発的アソシエーション」には構成員をそこから離脱できないように道徳的に束縛する。このことは、閉ざされた空間のなかで他者とともに生き、相互に扶助しあうといった社会的協働の基礎を生みだす。ウォルツァーは「交互に支える用意のある相互支援の政治体制がなければ、自由な諸個人からなる政治体制は存在しえないだろう」という（Walzer 2004: 17〔邦訳：三三‐三四頁〕）。

この指摘は妥当であろう。リベラル・デモクラシーの政治枠組みは、人の出入りが制限された一定程度閉鎖的な社会において、人びとの連帯意識や信頼感、そして制度に対する愛着を前提に成立しうる原理だといえる。たとえばリベラリズムの重要な価値のひとつである法の支配について考えてみても、こちらが法の遵守というみずからの行動に対する一種の規制を受けいれたところで、相手も同様にしなければ自分が損をするだけであり、法を遵守する動機は生まれにくい。また、社会正義についても同様であり、税を払うなどして貧しい人のために尽くしたとしても、次にみずからが困窮したときに助けてくれるかわからないのならば、社会保障の前提となる社会的連帯の形成はあまり期待できないだろう。(4) つまり、離脱が不可能で、人びとが長く協力せねばならない閉じた社会においてはじめて、社会的協働を可能にする動機やエートスが醸成されるのではないだろうか。そうしたエートスが人びとの相互信頼の源泉のひとつとなり、社会への「忠誠心」や「愛着」を生み、「離脱」ではなく「発言」を通して社会的協働に積極的にかかわっていこうという気概につながるのである。離脱が容易な社会においては、社会的協働を可能にする動機やエートスを涵養することは困難だといえよう。

さらに、リベラルな価値を解釈するうえでの手がかりとなる「社会構成文化」としてのナショナルな文化を共有する者同士であれば、たとえば社会正義という価値の解釈およびその構想について同意しやすく、社会正義の構想は安定的かつ持続的なものとなる。したがって、リベラル・デモクラシーの政治枠組みの安定性にとって、ナショナルな境界線によって閉じられていることはきわめて重要な意味を持つのである。

また、各ネイションごとにリベラルな価値の解釈やその構想が異なるのはごく自然である。そうした構想は、理性なるものによってあらかじめ決まった方法で設計されるわけではないからである。このようなネイションの特殊性・多元性を是とする議論は、ダーウィン主義的な進化論を退け、生物の分化発展を唱えた今西錦司による生物社会の「棲み分け」の議論と、ある意味でパラレルである。今西は次のように述べている。

生物がある環境に適応するということは、一種の特殊化であり、道具というものを持たない生物にとって、それはしばしば身体の作りかえを待たねばできないことである。その結果、ある環境に適応したということは、もはや他の環境には適応しにくくなった、ということに等しくなるのである…（中略）…すべての生物がこのようにしてそれぞれに特殊な環境に適応し、その主人公になったならば、そこに成り立つ生物の世界は「棲みわけ」によるすべての生物の平和共存の世界である（今西 一九九三a：一八〇頁）。

環境に適応するかたちで特殊化していった生物といえば、人間もそうであろう。和辻哲郎の表現を使えば、われわれは「風土」とのかかわりにおいて自己を了解し、文化や伝統を形成してきたのである。したがって彼は、「種々なる風土における種々の人間が、その存在の表現においてそれぞれ顕著な特徴を持つ、ということは、存在的には我々には明白なことである」（和辻 一九九一：二六-二七）という。社会はそれが置かれた特殊的な風土に適応するかたちで多種多様な文化や伝統を形成しつつ発展してきたのであって、フリードリッヒ・ハイエクが述べているように、伝統や慣習といった自由な文明の不可欠な土台をなす自然発生的な形成物がひとたび破壊されてしまうと、そのような文明を意図的に再建することはわれわれの能力を大きく超える（Hayek 1980: 25〔邦訳：三〇頁〕）。つまり、こうした特殊性・多元性は理性によって乗り越えられる類のものではないのである。この意味で、アイザイア・バーリン（Isaiah Berlin）の次の指摘は重要である。

所与の共同体に属し、共通の言語、歴史的記憶、習慣、伝統、感情などの解き放ちがたい、また目に見えない絆によってその成員と結ばれることは、飲食、安全や生殖と同様に、人間が基本的に必要とするものである。ある国民が他の国民の制度を理解し、それに共感できるのは、みずからにとってその固有の制度がどんな大きな意味を持っているのかを知っているからにほかならない。コスモポリタニズムは、彼らをもっとも人間らしく、また彼らが彼らたるゆえんを捨て去ってしまうのである（Berlin 2001: 12〔邦訳：六一－二頁〕）。

以上、本書の主張をまとめると、リベラル・デモクラシーの政治枠組みがある程度閉じた社会において成り立つ政治原理であることと、人類社会の環境（風土）への適応は多元的であることからすると、望ましい多文化共生世界の構想としては「棲み分け」が導出されると考えられる。そして、いかなる境界線のもとで棲み分けるかといえば、ナショナルな文化の境界線に基づく「棲み分け」ということになるのである。

序論であげたウルリッヒ・ベックのように、コスモポリタン的な視座への転換の必要性を論じる著作は数多くある。しかしながら、そのような議論のまえに、ナショナルな視座の重要性をリベラル・デモクラシーなどとの関連で再考することが重要だろう。本書では、一見すると望ましいように見えるコスモポリタン的な世界の、いわば「暗部」や「落とし穴」を示したつもりである。もちろん「棲み分け型」が万能であるなどと主張するつもりはない。リベラル・ナショナリズムが抱える「暗部」にも目を配らなければならない。ここでは「雑居型」か「棲み分け型」かという言葉で表現したが、両者の視座がより洗練され、お互いが議論を積み重ねることで、より望ましい多文化共生世界の構想が立ち現れてくることだろう。本書がその理論的な発展に寄与することになれば幸いである。

あとがき

二〇一一年三月一一日、わが国は東日本大震災という未曾有の災害に見舞われた。私は九州に住んでいるので、幸いにも直接的な被害はなかったが、地震やそれによって引き起こされた津波による被害をリアルタイムでテレビで見ていて、さすがにショックを受けた。それを受けて日本に対する、世界中の国や地域の人びとから温かい支援をいただいた。なかには正直なところそこまで豊かだとはいえない国々からの支援もあった。日本にとってはこれくらいの義捐金の額では何のたしにもならないことは承知しているが、われわれの気持ちを受けとってほしい。ある国のスポークスマンがこのように話していたのをニュースで聞いたときには非常に感動した。

一方で、震災の翌日以降の税関は出国ラッシュだったようである。日本に滞在している外国人が福島県の原発事故のこともあり、いち早く日本から脱出しようと大挙して押し寄せたようである。誤解のないようにいっておけば、私はこのことについてけしからんなどと思っているわけでは全くない。仮に私が同じ立場だったならば、こんな危険な国からは一刻も早く逃げだしたいと思うだろう。ある意味であたりまえの反応だと思う。ましてチェルノブイリを経験しているヨーロッパ諸国の人びとは、原発事故の怖さをとくに身にしみてわかっているのだから。

しかしながら、私が本書で論じてきたこととあえて関連させていえば、このような危機的状況においても、それでもこの国を支えていこうという気持ちが大切だということである。つまり、ここは「われわれの」国であるとか、「われわれの」制度であるという、合理的な計算を度外視した愛着や忠誠のことである。これまであまり意識されてこなかったが、リベラル・デモクラシーの政治制度は、そうしたものに支えられることによって、安定的に機能するのである。みずからが属する社会にそのような愛着を抱けず、離合集散を繰り返す人びとの群れには、その社会を維持し、後世に良いかたちで継承していこうなどという気概やエートスは生まれようがないように思われる。

私が本書で示した「多文化共生」の構想は、一般にイメージされるものからはずいぶんかけ離れているように思われるかもしれない。国民国家の退場や揺らぎや「ウェストファリア体制の終焉」が叫ばれる時代に国民国家の重要性を説き、「リキッド・モダニティ」の時代や「液状化する社会」において、ナショナリズムの力やネイション間の境界線の重要性を論じるとは、時代錯誤もはなはだしいと思われるかもしれない。事実、アンドリュー・ハレル（Andrew Hurrell）は、国民国家の多元的共存というモデルは、今日、地球規模の問題を考慮に入れた場合もはや時代遅れであり、いまさら国民国家を中心とした体制への退行は現実的に考えられないという（Hurrell 2007）。しかし、そもそもリベラル・デモクラシーの政治枠組みとナショナリティの関係性を規範的に吟味することは、近年まで等閑視されてきたのであって、不可能だとか時代遅れだと断じるには明らかに時期尚早である。加えていえば、国民国家体制への「退行」という表現に如実に表れている、時代遅れの国民国家体制を超克することこそが進歩だというようなダーウィニズム的な考え方も、大いに問題である。そのうえで、本書で展開した規範理論の意義について次のハイエクの言葉を引用しておきたい。

経済理論家または政治哲学者の主要な仕事は、今日政治のうえでは不可能であることが、政治のうえで可能になるように、世論に影響を与えることにあるべきであり、それゆえに……現実に実行不可能だという反対意見は……少しも妨げにならない（Hayek 2007: 17〔邦訳：ix頁〕）。

世の中の趨勢はグローバル化／ボーダーレス化だけれども、本書で論じたように、そうした世界は実はリベラル・デモクラシーの根幹を揺るがすことになるのかもしれない。現状の日本の問題に絡めれば、東アジア共同体をどう考えるのか、「平成の開国」だといわれるTPPをどう考えるのか、あるいは外国人の（地方）参政権の付与についてどう考えるのか、などという問題と直結しているのである。そうした問題を考えるうえで、本書がひとつの視座やヒントを与えるものとなれば幸いである。

＊

本書は、平成二三年年三月に九州大学大学院比較社会文化学府に提出し受理された博士学位請求論文に大幅な加筆・修正をおこなったものである。第3章以外は公刊に先だって学術誌などに掲載された。初出は以下の通りである。

第1章　「いまひとつの多文化共生世界の構想――リベラル・ナショナリズム論の視座から――」『比較社会文化研究』第二七号、二〇一〇年、二五‐三九頁。

第2章　「規範的国際政治理論におけるグローバル秩序構想――『コスモポリタン―コミュニタリアン論争』を手がかりに――」、松井康浩編『グローバル秩序という視点――規範・歴史・地域――』（法律文化社、二〇一〇年所収）。

第4章　「分断された社会における社会的連帯の源泉をめぐって――リベラル・ナショナリズム論を手がかりに――」『政治思想研究』第一〇号、二〇一〇年、三三五-六三頁。

第5章　「国境を越える人の移動に関する規範理論的一考察――リベラリズムと文化の関係性についての新たな解釈に基づいて――」『比較文化研究』第九五号、二〇一一年、一四九-六一頁。

第6章　「アレン・ブキャナンの分離理論の意義と限界――リベラル・ナショナリズム論の観点から――」『比較社会文化研究』第二一号、二〇〇七年三月、二九-四三頁。
「リベラル・ナショナリズム論による分離独立の権利――多文化共生社会に関する規範理論一考察――」『比較思想論輯』第一四号、二〇〇八年、三九-四六頁。

第7章　「ヤエル・タミールの『複数ネイション主義』構想の批判的考察――『リベラリズムの中立性原理』との関係性を中心に――」『比較社会文化研究』第二三号、二〇〇八年、六一-七一頁。
「リベラル・ナショナリズム論の国際秩序構想――序論的考察――」『政治研究』第五六号、二〇〇九年三月、八九-一一七頁。

リベラル・ナショナリズムに初めて触れたのは、修士課程に入学した二〇〇五年の秋ごろだったように思われる。何か特別なきっかけがあったわけではなく、ただ単に大学院の授業で扱う論文のなかに、ミラーやキムリッカのものが含まれていたからである。それ以前は、政治哲学よりも国際政治学や国際関係論の文献に触れる機会が多かったために、私は当初、哲学関連の本や論文は読みにくく、難解なのではないかとやや敬遠しているところがあった。ところが、リベラル・ナショナリズムの議論は、無理なく私の頭に入ってきた。ロールズの『正義論』を初めて読んだときのなんともいえない違和感とは裏腹に、それこそ私の肌にあったなじみやすい議論だという感想を持った。

それと同時に、こうした議論はいまこそ求められているのではないかとも思う。ナショナリズムやナショナリティを肯定するものはすぐに「右翼／右派」とされ、そうではないものは「左翼／左派」とされる。ところが、こうした短絡的な二者択一の議論は往々にして不毛である。多文化共生は避けられないという現実に向きあったうえで、ナショナリズムをどのように引き受けるのかということをわれわれは真剣に考えなければならないし、リベラル・ナショナリズムはそのひとつの視座を与えてくれるものである。もちろん、たとえばコスモポリタニズムの理念を支持する人たちからは大いに異論があるだろう。論壇や学会などで建設的な議論をするなかで、より洗練された政治理論を探究・提示できるように私自身今後も努めていきたいと思う。

＊

本書およびその元となる博士学位論文が完成に至るまでには、数えきれない方々のご助言やご尽力を賜っている。

まず、博士後期課程における世話人教官および、日本学術振興会特別研究員（ＤＣ２）の受けいれ教官を務めていただいた施光恒准教授には本当に感謝の言葉もない。思えば修士課程入学当初は国際政治学を志向し、東アジア共同体について研究したいといっていた私が政治理論・哲学の道へ誘われたのは、先生からアレン・ブキャナンの分離独立に関する理論の研究を勧めていただいたことがひとつの大きなきっかけであった。以来、「リベラル・ナショナリズム」、「棲み分け」など本書の核となる議論の多くは、日々の授業や個別の研究指導を通じて先生からご教示、ご示唆を賜った。また本書の出版に際しても、大変なご尽力をいただいた。政治理論や政治哲学について浅学だった私を根気強く指導し、三年間で博士論文の完成まで導いていただいた学恩に報いるには、この短い謝辞では到底及ばないが、深く感謝申しあげたい。

前述のように当初は国際関係論を志望していたこともあり、高田和夫教授（現在は名誉教授）に修士課程における指導をお願いした。近代ロシア史がご専門である先生のご研究と私の研究テーマに直接的な関連性は必ずしもない。だが、より全般的に「研究とは何か」ということについて、その方法、心構えなど多くを教わった。先生は「こうしなさい」などとおっしゃることはなかったが、ゼミでの私を含めた諸院生の研究に対するご発言は大変含蓄あるものであり、そこから直接的にせよ間接的にせよ非常に多くのことを学んだつもりである。ぎりぎりではあったが、先生が定年退官なさるまでに博士論文を書き終えることができ、その学恩に少しでも報いることができたのではないかと思う。先生には今後本当にお体を大切にしていただきたい。

岡崎晴輝教授からは、私の諸論考に対する暖かくかつ厳しいご批判と多くの叱咤激励をいただいた。先生は政治理論の方法論について、既存のものではなく新たなお考えをお持ちであり、そうした観点からのご批判は拙論にとって大変有意義なものであった。また、「一日四〇〇字でよいから、何かの読書ノートでもよいので書きなさい」と先生は常々おっしゃっておられる。三年という期間で博士論文を執筆することができたのは、ひとつにはこの先生の言葉があったからだと思っている。先生が志向されている水準の政治理論まで私の研究が達してい

ると は到底いいがたいとは思うが、今後研究を遂行していくなかで、いただいたご助言を活かしていきたいと思っている。

松井康浩教授が二〇〇七年度から本学に赴任されたことは、私にとって幸運であった。純粋に政治理論や哲学の分野ではなく、国際関係の規範理論なども取りこんでいる本書に対して、国際政治理論の観点からさまざまなご指摘をいただけたことは大変貴重であった。先生にはご多忙のおり、施先生とならんで、私の論考を数多くお読みいただき、ご指導いただいた。それだけでなく、先生には比較社会文化学府の学生および卒業生による著作の編者をお願いしたり、翻訳の分担をお願いするなど、博士論文の執筆以外のところでも大変なご迷惑やご苦労をおかけしている。先生のご助言やご助力に深く感謝すると同時に、今後の研究をさらに発展させることで、学恩に報いたいと思う。

指導教官団だけではなく、学内外の諸先生方からもさまざまなご指導やご助言をいただいた。とりわけ博士論文の学外審査員をこころよくお引き受けいただき、また、現在は日本学術振興会特別研究員（ＰＤ）の受けいれ教官でもある押村高教授（青山学院大学）に深く感謝申しあげたい。先生には博士論文に関して、年末年始、あるいは年度末の慌ただしいときに、丁寧にお目を通していただき、また、審査のために福岡まではるばるご足労いただき、口頭ないしはペーパーで拙論の問題点などについて貴重なコメントをいただいた。

また、学会や研究会などで拙報告に対して貴重なコメントをしていただいた方々、日々の授業や集中講義などでお世話になった諸先生方に感謝申しあげたい。さらには他大学の大学院生との交流や、学内のゼミにおける議論も、本書を完成させる過程において大変有益なものであった。すべての方々に感謝申しあげたい。そして、本書がこうして日の目を見ることができたのは、勁草書房の上原正信氏のおかげである。私の原稿を読みこみ丁寧に朱入れやコメントをしていただいた。私はそれから多くのことを学んだつもりである。私とほぼ同年代の若き編集者である上原さんとともに本書の出版準備ができたのは大変楽しい経験であった。感謝申し上げる。

＊

最後に、いつも迷惑ばかりかけているが、家族の支えがなければこうして大学院を修了することも、著書を出版することもなかっただろう。私事で誠に恐縮ではあるが、祖母・津多子、母・奈緒子、そして今は亡き祖父・哲一への深い感謝を記して本書を終えることをお許しいただきたい。

二〇一一年一一月

白川 俊介

本文注

序章

（1） Mill（2006: 923）.

（2） 「ネイション」や「ナショナリティ」は、きわめてつかみどころのない概念である。とくに日本ではその表記について、「民族」や「国民」など、論者によってさまざまであることもあり、とりわけ「エスニシティ」や「エスニック集団」との区別は曖昧である。本書では、ナショナリティとエスニシティ、ネイションとエスニック集団は概念的に異なるものとして扱う。差しあたりここでは、両者の違いを明確に意識しているノルウェーの人類学者、トーマス・ハイランド・エリクセン（Thomas Hylland Eriksen）の定義を確認しておこう。彼によれば、エスニシティとは「みずからが認知しかかわりを有しているほかの集団の成員と自分たちは本質的に異なると考えている者のあいだに起こる社会関係のひとつである。したがって、比喩的あるいは想像上の親族関係によって特徴づけられる（対他者に基づく）社会的アイデンティティであるとも定義できる」（Eriksen 2010: 16-17）。こうしたエスニシティとナショナリティを区別するのは、「まちがいなく国家（state）との関係」だと彼はいう。すなわち、「ナショナリストは政治的境界線と文化的境界線とが一致すべきだと主張するのに対して、多くのエスニック集団は承認や文化的権利を求めるのであり、国家の支配を求めてはいない」というのである（Ibid: 10）。なお、国家との関係においてネイションとエスニック集団を区別するエリクセンの定義は、リベラル・ナショナリストの定義と類似している。

（3） またキムリッカは、のちの著作で次のようにも述べている。「政治的な規範は、単一の統合された『社会』として認識されている国民国家の内部に適用される、という想定はあまりに浸透しており、多くの理論家は、そのことをわざわざ明記する必要性に気づくことさえなかったのである」（Kymlicka 2001a: 221）。

（4）リベラル・ナショナリズム論の代表的理論家とその著書としては、Canovan (1996); Kymlicka (1995, 2001a); Margarit and Raz (1990); Miller (1995, 2007); Moore (2001); Spinner (1994); Tamir (1995); Walzer (1994c, 1997)。また、リベラル・ナショナリズム論の紹介および検討として、施（二〇〇五）を参照。

（5）近年、日本でもナショナリズム論の解説書において「リベラル・ナショナリズム論」が紹介されるようになったことは、このことを如実に表していると思われる。大澤・姜（二〇〇九）、塩川（二〇〇八）を参照。

（6）関連する著作として、Buchanan and Moore (2003); Miller and Hashmi (2001); 杉田（二〇〇五、二〇〇九）; 杉田編（二〇一一）を参照。とりわけ、杉田敦の近年の論考は、国境線と社会統合という側面を扱っており、本書の問題関心ともきわめて近い。

（7）ここで、多文化共生世界に関する「雑居型」・「棲み分け型」という構想について、施光恒氏からご教示いただいたことを記して感謝申しあげたい。この点に関して、施（二〇一〇）を参照。また、「棲み分け型」のモチーフとしては、杉村昌昭の「分裂共生」という考え方からも示唆を得ている。杉村（二〇〇五）を参照のこと。

第1章

（1）Hampshire (1992: 33).

（2）ただし、井上はここでは、リベラリズムを「啓蒙的理性の嫡出子」として理解することには問題があるという文脈でこの語を使用している。

（3）たとえば、フランシス・フクヤマ（Francis Fukuyama）の『歴史の終わり』（Fukuyama 1992）は、この種の議論の典型であり、多くの反響を呼んだ。

（4）啓蒙思想をこのように「大陸型」と「イギリス型」の二つに分類する論法は、ハイエクの議論を踏襲している。ハイエクによれば、啓蒙思想には、「ヴォルテールからコンドルセに至るフランスの哲学者」のものと、「マンデヴィルからヒューム、アダム・スミスを通じてエドマンド・バークに至るスコットランドとイングランドの哲学者」のものとがあり、これら二つの潮流を「啓蒙」の名のもとに一括で扱うことは、両者のあいだの重要な差異を無視してしまうことになるという。そして、アンチ合理主義の立場について、ハイエクはシェルドン・ウォーリン（Sheldon Wolin）を引用しつつ、「啓蒙主義に対して啓蒙自身の武器を向け」、「合理的分析をもちいて理性の要求を削ぎ落として」ゆこうとしたヒュームの思想に由来するとしている（Hayek 1991b: 101〔邦訳：七七頁〕）。

（5）実際にタミールやキムリッカは、ヒュームやスミス、ハイエクには全く触れていない。ミラーには、ヒュームについての研究書があり（Miller 1981）、この点についてやや自覚的だと思われる。

（6）私がここで論じている「従来の」リベラリズム解釈と「新たな」リベラリズム解釈という二類型は、マイケル・ウォルツァーが「二つの自由主義」で論じた、「リベラリズムⅠ」と「リベラリズムⅡ」という類型や、グレイによる「普遍的レジームを目指す自由主義」と「平和的共存の自由主義」という類型と合致する（Walzer: 1994a; Gray: 2000）。しかしながら、ウォルツァーはその類型の思想史的系譜には言及していないし、「普遍的レジームを目指す自由主義」の理論家にハイエクを含めるグレイの議論はいささか問題含みであるように思われる。ただし、行論の都合上、その点についてはこれ以上深く掘りさげない。

（7）ハイエクとリベラル・ナショナリズム論を結びつけることには異論があるかもしれない。というのも、ハイエクは本書で論じるような「棲み分け型」の世界構想を支持しないからである。ハイエクによれば、「厳密に限定された諸権力が、一つの国際的当局へと移譲され、他のすべての側面についてはそれぞれの国が自国内の事柄に依然として責任を持ちつづけていくという形を可能にする国際的な政府とは、いうまでもなく連邦制という形態である。この連邦制こそ、諸民族（peoples）の独立への正当な要望を妨げることなく、確固とした国際秩序を創りだせる唯一の道である」（Hayek 2008: 239〔邦訳：三二一頁〕）。このことは彼のナショナリズム理解に起因する。ハイエクによれば、ナショナリズムとは「社会主義の双子の兄弟」であり、大衆社会化・社会の全体主義化を招く「毒」である（Hayek 1980: 28〔邦訳：三四頁〕）。ナショナリズムは近代国民国家建設の過程から明らかなように、ネイションの統一を目的に国家語の創出・公教育の実施などを通して、意図的・計画的な方向で作用する。この意味で、ナショナリズムは文明社会の発展を阻む脅威なのである（Hayek 1978: 111〔邦訳：一五四頁〕）。ハイエクによれば、「各人は特定の集団の成員ではなく個人として重んじられ、したがってそこではすべての責任ある人に等しく適用できる普遍的な行為のルールが存在しうる」（Ibid: 27〔同上：四一頁〕）。だが「正しい行動ルールの普遍的適用に対する最大の障害となっているものは、依然として、親族・国民・人種・宗教といった集団をはじめとする職業集団や階級にまでいたるような特定の集団に対する忠誠心である」（Ibid: 148〔同上：二〇二頁〕〔傍点は引用者による〕）とし、「開かれた社会」へ向かうためには、ナショナリズムという「部族社会の道徳」（Ibid: 147〔同上：二〇〇頁〕）は乗り越えられるべきものだととらえられている。しかし、ナショナリズムを「偏狭な心情や外国人嫌いの戦闘的な態度」（Ibid: 146〔同上：一九九頁〕）とし、内向的で閉じられた社会の原理であるとしかとらえていないハイエクのナショナリズム理解には、明らかに不備があるように思われる。本書全体を通して明らかにしていくように、「リベラルな」ナショナリズムとは、そのようなものではない。あるいは少なくとも偏狭で排外的でないように規定されうるものである。そして、ハイエク自身は否定するかもしれないが、自生的な秩序としての「大社会」（great society）は、ネイションという包括的文化構造における慣習や伝統を前提にしなければ成り立たないようにも思われるのである。この点については別稿でさらに詳細に論じるつもりである。

（8）普遍言語とは、コンドルセによれば、「記号によって、いかなる人間も平等に理解しうる単純かつ一般的な観念を構成する実在の事物や、はっきり定まった事物の集合を表現し、また、これらの観念同士の一般的関係性や、人間精神の作用、諸科学技術の過程に独自な作用などを表現するもの」（Condorcet 2009: 405〔邦訳：二八一頁〕）である。

（9）第一原理：各人は、すべての人々にとっての同様な自由の体系と両立しうる最大限の基本的自由に対する平等な権利を有するべきである。第二原理：社会的・経済的不平等は、次の二つの条件を満たすように取り決められなければならない。すなわち（一）正義に適った貯蓄原理と矛盾せず、最も恵まれない人々の最大限の利益となる、（二）公正な機会均等という条件のもとで、あらゆる人に開かれた職務や地位にしか付帯しない（Rawls 1999a: 302〔邦訳：四〇二－三頁〕）。

（10）マイケル・サンデルによれば、ロールズは原初状態における自我を、「偶発的に与えられるすべての属性がはぎとられているので、本質的に負荷がなく、前もって境界づけられ、目的よりも優先する、一種の超経験的な地位が、つまり行為や所有がかぎりなく希薄である、純粋な主体」（Sandel 1998: 94〔邦訳：一〇七頁〕）だと想定している。

（11）中立性については他に、Larmore (1987); Rawls (1996: 190-95) なども参照。また、中立性について文化保護政策との関連で検討したものとして、松元（二〇〇七：第三章）を参照。

(12) カナダを例にもう少し具体的に述べれば次のようなことである。すなわち、カナダでのマジョリティであるアングロサクソン系カナダ人がみずからの文化の維持・繁栄を追求することは、アングロサクソン系の人びとの善き生の追求につながるが、マイノリティであるケベックのフランス語系の人びととの善き生の追求にはマイナスに働く恐れがある。したがってリベラルな観点からすれば、カナダ政府はある特定の人びとにとっては有利に、ある人びとにとっては不利に働くような政策について、公的な態度表明はすべきでないのである。

(13) 初期ロールズの理論に内在するコスモポリタン的志向性については、寺島（一九九八：二四二頁）を参照。ただし、ロールズ自身はのちに立場を変更し、正義の原理は「包括的な道徳的教説」でも「一般的教説」でもなく「政治的構想」(political conception) であるというように立場を変更し、正義の原理のグローバルな拡大および適用を拒否した (Rawls 1985, 1996)。この点については次章でも触れる。

(14) この点については、Kymlicka (1995: 1-5〔邦訳：一－八頁〕) を参照。

(15) このような議論は他のリベラル・ナショナリストにも見られる議論である。たとえば、アヴィシャイ・マーガリット (Avishai Margalit) とジョセフ・ラズ (Joseph Raz) は、個人の幸福にとって、「包括的集団」(encompassing group) に所属していることが非常に重要だという。その理由は、包括的集団が、共通の特徴と文化を持つ集団であるからである。つまり、それは生活スタイル・活動の種類・職業・仕事・人間関係の多様性を特徴づける共通の文化を持つ集団なのである。したがって個人は、その集団のなかに、みずからの嗜好、機会をかなりの程度形成している文化、自己の支えとなるもの、所属することで、努力せずとも得られる安全を見いだすのである。ゆえに、包括的で浸透力のある文化を持つ集団に所属することは、個人の福利にとって大変重要なのである (Margarit and Raz: 1990)。ここで、キムリッカやマーガリットとラズに共通しているのは、彼らのいう、包括的な文化、あるいは社会構成文化とはすなわち、ナショナルな文化だということである。つまり、彼らは、個人にとってそのような文化を共有する集団、すなわち、ネイションに所属していることこそが非常に重要だと主張するのである。カイ・ニールセンも、同様の意味でネイションをとらえ、ネイションとは個人が自律的な選択をおこなううえで有意義な文脈を提供する「包括的文化構造」だという (Neilsen 1998: 125-26)。これらは、後述するミラーの

「公共文化」の概念と大いに重なるものである。

(16) スコットランド啓蒙思想の特徴のひとつは、スミスの師であり、スコットランド啓蒙の父と称されるフランシス・ハチスン（Francis Hutcheson）以来そうであったように、感情が理性に先行することを説き、理性ではなく人々の情念から道徳理論を構築しようと試みた点にあろう。その姿勢は、ヒュームの「理性は情念の奴隷であり、かつ奴隷でのみあるべきであって、情念に仕え、それに従う以外のつとめを何か持っていると主張することは決してできない」（Hume 2000: 266〔邦訳（第三巻）：二〇五頁〕）という言葉に端的に表れている。ヒュームとスミス両者の道徳哲学に共通する大前提は、簡潔にいえば、人間を本質的に社会的存在だととらえるところにある。彼らは人間の本性を「理性」に求めるのではなく、「情念」あるいは「他者に対する情緒」に求め、そこに道徳が社会的に形成される理由を見いだす（See ibid; Smith 1982）。彼らによれば、社会秩序を導く人間本性は理性や合理性ではなく、他者に対する共感能力、つまり「同感／共感」（sympathy）である。これは、「他人の喜びや悲しみ、怒りなどの感情を自分の心のなかに写しとり、想像力を使って、それらと同様の感情を引きだそうとする、あるいは引きだせるか否かを検討する人間の情動的な能力」（堂目 二〇〇八：三一頁）だとされる。

(17) 佐伯啓思が論じるところでは、スミスのいう社会とは、「文化的なものの共有のうえに立った共同体」、すなわちネイションである（佐伯 一九九九：八六－八九頁）。

(18) ヒュームによれば、「慣習」（convention）とは「他人の行動が将来も規則的であるという確信を与えるもの」であり、「この期待があってこそ、われわれの寛容も節制も成り立つ」のである（Hume 2000: 348〔邦訳：六三頁〕）。いいかえれば、慣習とは「共通利益の一般的感覚」であり、「他人の行為に関する期待のパターンの蓄積」（中野 二〇〇八：八五頁）のことである。人びとが慣習を理解し、それに従うことで社会に秩序が生まれるのである。

(19) ハイエクは次のように述べている。「人は賢く、合理的に、そして善く生まれるのではなく、そうなることを教えられなければならない…（中略）…人間は学ぶべき伝統――本能と理性の狭間にあるもの――があったから知的になったのである。そして、ひるがえってこの伝統は、観察事実を合理的に解釈する能力ではなく、応答する習慣から生じたのである」（Hayek 1988: 21-22〔邦訳：二六－二七頁〕）。このようにハイエクは「ひとりの人間は社会全体のほんの小さな一部分を知るだけでそれ以上のことはなしえない」（Hayek: 1980: 14〔邦訳：一七頁〕）として、人間の理性の限界を認識し、合理主義（デカルト的合理主義）を批判する。彼によれば人間とは、「高度に合理的で聡明なものなどではなく、きわめて非合理的で誤りを犯しやすい存在」（Ibid: 8〔邦訳：一二頁〕）である。こうした人間観を前提とするみずからの立場を、ハイエクは「進化論的合理主義」（evolutionary rationalism）、あるいは、「アンチ合理主義的アプローチ」（antirationalistic approach）だという（Hayek 1973: 5〔邦訳：一二頁〕）。

(20) リベラル・ナショナリズムの理論家だとされるタミールも以下のように述べている。「実際にはリベラルな国家は近代の国民国家を構成する諸々の前提の枠内で運営され、またみずからを特有の文化・歴史および集団的な運命と共にあるところの一共同体とみなしてきたのであった」（Tamir 1995: 141〔邦訳：三〇三頁〕）。それゆえ、「国家が事実上、政治的・社会的・道徳的・経済的な諸種の問いに対して、ある一つの立場にたださるをえない」のである（Ibid: 146〔邦訳：三一一頁〕）。したがって、キムリッカのいうように、「国家がある特定のアイデンティティを奨励し、それにより他の文化的アイデンティティに不利益を与えることは避けられない」のである（Kymlicka 1995: 108〔邦訳：一六二頁〕）。ただし、リベラル・ナショナリズムの理論家がこのように主張するからといって、マジョリティのナショナルな文化がリベラリズムの政治枠組みに反映されることで生じる暴力性を軽んじているわけでは、決してない。この点を強調し、マイノリティの権利擁護を重視する「リベラルな多文化主義」（liberal multiculturalism）の議論は、リベラル・ナショナリズム論と相互補完的な関係にある（Kymlicka 2001a: 41-42）。

(21) ここでのヒューム理解は、クヌート・ホーコンセン（Knud Haakonssen）の文献（Haakonssen 1981）に大いに負っている。

(22) ミラーは近著で「正義の環境」について論じる際に、ヒュームの議論を念頭に置いている（See Miller 2007: 18〔邦訳：二四－二五頁〕）。

(23) ほぼ同様にナショナリティを理解するものとしてJ・S・ミルがあげられよう。ミルは次のように述べている。少し長いが引用しておく。「人類のある部分が、共通の共感によって相互に結合されていて、その共感が他のどんな部分とのあいだにも存在しないのならば、彼らはひとつのナショナリティを形成するといってよいだろう。その共通の共感によって彼らは、他の人々よりも彼ら同士で協働することを好み、同一の統治下にあることを望み、その統治が彼ら自身だけの、あるいは彼ら自身の一部だけの統治であることを望む。このナショナリティの感情を生みだしてきた原因は、さまざまなものでありうる。ときどきそれは、人種または血統が同一であることの結果である。言語の共通性や宗教の共通性が、それに大いにあずかっている。地理的境界もその原因の一つである。しかし、すべてのうちで最も強力なのは、政治的沿革の同一性であって、それはネイションとして歴史を有し、その結果として共通の回想をもつこと、すなわち過去の同じできごとに関して、協働の誇りと屈辱、喜びと悔恨を持つことである。ただし、これらの事情はいずれも不可欠ではないし、必ずしもそれだけでは十分ではない」。だが一般には、「どのくらいの力でもナショナリティが存在するところにはそのネイションの全成員を同一の統治、しかも彼ら自身だけの別の統治のもとに結合させるための一応有利な事情が存在する」（Mill 2010: 294-96〔邦訳：三七四－七六頁〕）。

（24）加えて、次のミルの指摘も参照のこと。「一般に自由な諸制度にとって必要な条件は、統治の境界とナショナリティの境界がだいたいにおいて一致すべきだということである」（Ibid: 298-99〔同上：三八〇頁〕）。

（25）私はこの点について、渡辺幹雄の主張（渡辺 二〇〇六）を参照し、それに大いに共感する。

第2章

（1）Carr（2001: 87〔邦訳：一八二頁〕）.

（2）ポスト実証主義には、「批判理論」、「規範理論」、「コンストラクティヴィズム」、「フェミニズム」、「ポストモダニズム」などがあげられる。それらの概観としては、Baylis, Smith, Owens（2008: chs. 9-11）; Burchil, Linklater, et al.（2009: chs. 7-10）; Devetak, Burke, George（2007: chs. 6-9）; Jørgensen（2010: chs. 7-8）を参照。邦語文献としては吉川・野口（二〇〇六：第八－一〇章）を参照。

（3）国際政治を道義や倫理の側面から分析しようという流れは英語圏において近年顕著である。代表的なものとして、Amstutz（2008）; Brown（2002a）; Erskine（2008）; Gismondi（2008）; Graham（2008）; Hutchings（2010）; Nardin and Mapel（1992）; Pin-Fat（2010）; Shapcott（2010）; Sutch（2001）を参照。また、日本でもこのところ国際政治思想に関する著作が増えてきていることは望ましいことである。代表的な試みとして、押村（二〇〇八、二〇〇九、二〇一〇）；小田川・五野井・高橋（二〇一一）を参照のこと。

（4）規範理論の概観としては、Baylis, Smith, Owens（2008: ch. 11）; Brown（1992, 2002b）; Frost（1986, 1996）; Shapcott（2010 chs. 2-3）; Thompson（1992）を参照。邦語文献としては、吉川・野口（二〇〇六：第九章）を参照。また規範理論におけるコスモポリタン‐コミュニタリアン論争を整理し、プラグマティズムの見地から批判的に検討したものとして、Cochram（1999）を参照。

（5）英国学派における「連帯主義」と「多元主義」に関する詳細な説明については、Buzan（2004: 45-62）; Hurrell（2007: chs. 2-3）; Linklater and Suganami（2006: ch. 2）を参照のこと。

（6）たとえば、Shapcott（2008: 199-201）の記述を参照。

（7）リベラル‐コミュニタリアン論争の詳細については、Mulhall and Swift（1996）を参照。

（8）『国際秩序と正義』の初版は一九七九年であり、一九八九年には進藤榮一による邦訳が出版された。その後一九九九年に著者よる新たなあとがきが付された第二版が刊行された。本書では第二版を使用したが、引用箇所の訳出に際しては、邦訳書も適宜参照した。

（9）また、ブライアン・バリーも同様に、ベイツをトマス・ポッゲとともに、コスモポリタニズムの最も賞賛に値する解釈をする者として評価する（See Barry 1999: 36）。

（10）ベイツは国際関係を「自然状態」としてとらえるホッブズ流の見方を批判する。ベイツによれば、国際関係が自然状態にあるというのならば、次の四つのことが成立せねばならない。すなわち、①国際関係の行為主体は国家である、②国家の力は相対的に等しい（最も弱い国でも最も強い国を打ち破ることができる）、③国家はその国内的（つまり安全保障にかかわりない）問題を、ほかの行為主体の国際政策を顧慮することなく処理できるという意味で相互に独立した存在である、④協力の規律を強制できる高次の権力が存在しないために、行為主体がそうした規律に服する確かな期待が存在しない、ということである。ベイツはこれらをひとつひとつ検討し、「今日の国際関係はこうした条件をまったく充たしていない」という（See Beitz 1999a: 13-34）。したがって、リアリスト的な解釈は誤りであるとされる。

ただし、ベイツがとらえるリアリズムはその一側面でしかなく、その点を過度に強調しているようにも思われる。たとえば、いわゆる国際関係理論における古典的リアリズム（classical realism）の代表格であるとされるE・H・カー（Edward

Halett Carr)、ラインホルド・ニーバー（Reinhold Niebuhr）、ハンス・モーゲンソー（Hans Morgenthau）らが、国際政治における道義・道徳の重要性も一定程度認識していたという点に十分留意する必要があろう。たとえばカーは次のように述べていた。すなわち、「国際政治は常にパワーポリティクスである。というのも、パワーの要素を国際政治から取り除くことはできないからである。しかしながらそれは事実の一部でしかない。…（中略）…いかに限定的で脆弱なものであろうとも、（ナショナルなプロパガンダに訴えかけることができる）共通の諸理念の国際的な根幹（international stocks of common ideas）が存在するということである。…（中略）…この共通の諸理念の根幹こそ、われわれが国際道義（international morality）として意味するものである」（Carr 2001: 130〔邦訳：二六一頁〕）。

（11）またバリーやポッゲも、表現は多少異なるが、同じ内容をコスモポリタニズムは含意するという。それはバリー（Barry 1999: 35-36）によれば、「個人主義・平等・普遍性」へのコミットメントであり、ポッゲ（Pogge 2008: 175）によれば、「個人主義・普遍性・一般性」へのコミットメントである。

（12）とりわけベイツが問題にするのが、天然資源の分配である。天然資源を有しているかどうかは、その国の繁栄に最も直接的にかかわる要因のひとつである。グローバルな原初状態において、その参加者たちは、みずからにどのような資源が与えられているのかはわからないと仮定される。そうした状況において、彼らはグローバルな資源の再分配の原理に同意するとされる（See ibid: 136-43）。

（13）クリス・ブラウンによれば、「ロールズは基本的に、現実世界に存在する社会経済的な差異は、政治文化、すなわち個々の社会の政治的・市民的文化の産物であり、その住民がおこなった選択の結果だと考えている」（Brown 2002a: 177）。この理解はミラーの見解とかなり近似する。

（14）ただし、ロールズがリベラル・コミュニタリアンだということはできても、彼がリベラル・ナショナリストにどこまで同意できるかは慎重に検討すべきである。とくに、正義の構想が導出される基盤としてのミラーのいう「公共文化」と、ロールズのいう「公共的政治文化」の概念の相違については、比較検討の余地があるように思われる。また、ミラーとロールズの差異という点に関連して、シャプコットは、ロールズを、ある種の普遍性（普遍的正義）を承認するミラーよりもさらにラディカルなコミュニタリアンだと位置づけている（See Shapcott 2010: 199-203）。

(15) ミラーは『ナショナリティについて』において、みずからの国際正義の構想とベイツのそれを比較して次のように述べている。「ここで素描した国際正義の像は、各国民国家は自決権を享受するが、不干渉の義務を通じて、また、ときには援助の義務を通じて、他のネイションの自決権を尊重するという世界を提示するものである。こうした像は、たとえばチャールズ・ベイツの示した像とは非常に異なっている。ベイツは、単一の協力枠組みとして世界をとらえるべきであるとし、それゆえ、ロールズ的用語で国際正義を描きだそうとする。とくにベイツは、ロールズの格差原理を国際社会に適用すべきだと主張する。ベイツの立場からすれば、外部からの経済運営を受けいれれば、貧しい他国の最も恵まれない構成員の生活水準を引きあげる最も効果的な方法につながることが判明した場合、どの国家にも外部からの経済運営を受けいれる義務が生じるということになる。他方、私がここで素描した像では、貧しい国を援助する一般的義務は存在しない」(Miller 1995: 107-8〔邦訳：一八二-八三頁〕)。

(16) カイ・ニールセンも全く同様の指摘をしている (Neilsen 2004: 439-41)。彼によれば、道徳的コスモポリタニズムとは、あらゆる人びとの生は平等に重要であるという、リベラルな社会に深く組みこまれた確固たる道徳的平等の信念を表明する。ただし、コスモポリタニズムを実現するための具体的な制度構想に言及するわけではない。この立場は国民国家を肯定する者も含め、ほとんどの現代政治理論家が共有するものである。これとは対照的なコスモポリタニズムのもうひとつの立場が「法的／制度的コスモポリタニズム」である。この立場は、世界政府や世界連邦などのようないわゆる世界的ガバナンスと称されるようなもの、すなわち、一部の領域においては国民国家や複数ネイション国家の主権を凌駕しうるトランスナショナルな政体を求める立場である。したがって、「法的／制度的コスモポリタニズム」は「道徳的コスモポリタニズム」であると言えるが、「道徳的コスモポリタニズム」は必ずしも「法的／制度的コスモポリタニズム」である必要はないのである。

(17) この意味では、ポッゲもベイツと同様の立場だといってよい。ポッゲは「制度的コスモポリタニズム」の支持者だが、彼のいう「制度的コスモポリタニズム」は「道徳的コスモポリタニズム」のひとつの立場であって、いわば世界国家を志向する「法的コスモポリタニズム」とは明確に峻別されている。ポッゲのコスモポリタニズムの分類については、Pogge (2008: 175-76) を参照。

(18) リベラル・ナショナリズム論とは異なる文脈であるが、多極的グローバル秩序に関する論考を展開しているシャンタル・

ムフ（Chantal Mouffe）は、デイヴィッド・ヘルド（David Held）やメアリー・カルドア（Mary Kaldor）といった「制度的コスモポリタニズムの支持者」に対して以下のように批判している。「等しい権利と義務を持つコスモポリタンな市民からなるコスモポリタン・デモクラシーが可能であると信じること、これらは危険な幻想でしかない。仮にこの企図が実現されたとしても、みずからの世界観を惑星の全域に押しつけ、また、みずからの利益を人類の利益と同一視しながら、あらゆる不同意を『理性的な』リーダーシップに対する不正な挑戦とみなす支配的権力による世界大のヘゲモニー状態を意味するであろう」（Mouffe 2005: 107〔邦訳：一五七頁〕）。

(19) 財の比較可能性については、ミラーは近著で、とくに機会の平等の理解という点から議論を展開している（See Miller 2007: 62-68〔邦訳：七九－八四頁〕）。

(20) ウォルツァーのように、個別的な「厚い」道徳同士が相互に承認できるところに「薄い」普遍的な道徳を見いだすやり方をミラーは「重なりあう合意戦略」（overlapping consensus strategy）と呼び、経験的なレベルでは認めつつも、客観性に欠けるとして、最低限の普遍的な人権を見いだすアプローチとしてはふさわしくないとして退けている。代わりにミラーがとるのは「人道主義的戦略」（humanitarian strategy）である。これは、文化や文脈横断的に認められる「核となる人間活動」（core human activity）から人間の「基本的ニーズ」（basic needs）を見いだし、それをもとに普遍的な人権を基礎づけようとするアプローチである（See Miller 2007: 172-85〔二〇九－二二一頁〕）。なお、ミラーは基本的人権について、ヘンリー・シュー（Henry Shue）の議論にかなり依拠している（Shue 1996）。

(21) したがって、ミラーからすれば、社会正義とグローバルな正義は概念的に異なるが、両者を同時に追求することに矛盾はないのである（See Miller 2009）。この点でミラーは、世界政府というグローバルな主権を想定しないかぎりグローバルな正義という観念はキメラでしかないとしたトマス・ネーゲル（Thomas Negel）とはやや見解を異にする（See Miller 2007: 256-59, 276-79〔邦訳：三〇六－九頁、三三三－三六頁〕, 2009: 30-31）。ただしネーゲルも、グローバルな「正義」は否定しつつも、貧しい人びとに対する人道的な義務を認めている（See Negel 2005）。

(22) ミルは次のように述べている。「人間が、個人としてであれ、集団としてであれ、誰かの行動に対する自由な干渉が正当だといえるのは、自衛を目的とする場合だけである。文明社会において、個人に対する力の行使が正当だといえるのはただひとつ、他者への危害の防止を目的とする場合だけである」（Mill 2011: 21-2〔邦訳：二七頁〕）。

（23） この点については次章で詳細に論じる。

（24） シャプコットによれば、コスモポリタニズムとリベラル・ナショナリズム（彼の言葉ではアンチ・コスモポリタニズム）は「普遍主義というひとつのスペクトラム上にそれぞれの立場を位置づけるもの」であり、両者の違いは「コスモポリタニズムという枠組みのなかで生じる」という（Shapcott 2010: ix, 10-11, 226）。類似の指摘をするものとして、神島（二〇〇九）を参照のこと。

第3章

（1） Berlin（2001: 22〔邦訳：七八頁〕）。

（2） とはいえ、本章の内容が次章で扱う社会正義（平等）と全く異なるかといえばそうではない。というのも、ある面では、社会正義を実現するための福祉政策などは、民主主義によって正当化されることではじめて成り立つからである。したがって、次章の内容はおのずから本章の内容をある程度反映したものになる。

（3） 代表的な論者とその著作は次のとおりである。Archibugi（2008）; Archibugi, Held, and Köhler（1998）; Bohman（2007）; Dryzek（2000, 2006）; Falk（1995）; Negri and Hardt（2004）; Held（1995, 2010）; Held and Archibugi（1995）; Linklater（1998b）. コスモポリタン・デモクラシーの概観としては、Gould（2004）を参照。

（4） 'deliberation' や 'deliberative democracy' に対してどのような訳語を当てるかは悩ましい問題だが、本書ではその点については争わない。本書では、原則的に「熟議」や「熟議民主主義」と表記する。

（5） こうした熟議民主主義に対する批判は、「闘技民主主義」（agonistic democracy）を支持する論者からも提出されている。とりわけその代表的論者であるシャンタル・ムフの次の重要な批判は、私のここでの問題関心とも大いに重なるところである。「理想的発話状況の実現およびそれがもたらすであろう排除なき合意への障害は、民主主義の論理それ自体に組みこまれているのである。実際、共通の関心事についての、自由で制約のないすべての当事者による公共の熟議は『われわれ』と『彼ら』のあいだに境界線を引くという民主主義の必要条件に反する。デリダの用語を用いて次のようにいうことができよう。すなわち、まさに民主主義が作動する可能性の条件そのものが、同時に熟議民主主義によって構想されるような民主主義的正当性の不可能性の条件を構成するのである」（Mouffe 1999: 46〔邦訳：六六頁〕）。必然的にムフは、コスモポリタン・デモクラシーに批判的であり、次のように断じている。「コスモポリタン・デモクラシーは、もしそれが実現したとしても、民主主義的形態における統治の現実的な消滅を偽装し、フーコーが『統治性』と称した自由主義的な形態における統治の合理性の勝利を指し示す空虚な名前以上のものにはならないだろう」（Ibid: 42〔邦訳：六〇頁〕）。ここではとくに闘技民主主義に関する議論はとりあげないが、それと熟議民主主義との関係性については、田村（二〇〇八）で詳細に検討されている。

（6）　ここでいう「土着語」とはネイションが共有する言語であり、事実上「国家語」のことであり、いわゆる「母語」や「方言」とはやや異なる。後注21および22も参照のこと。

（7）　本章では「国民国家」（nation state）と「主権国家」（sovereign state）はとくに区別せずに互換的に用いることとする。両者は厳密にいえば同義ではないが、リンクレイターは「主権国家」を「主権的国民国家」（sovereign nation state）という意味で用いているからである。

（8）　リンクレイターによれば、プーフェンドルフやヴァッテルからヘーゲルに至るまで、主権国家の理論家は、シティズンシップとは単に、すべての人びとがお互いに負うべきあいまいな義務を具現化したものであると考えていた（Linklater 1998a: 191, 2007: 67）。

（9）　リンクレイターは政治共同体の三重の変容論をE・H・カーに見いだしている。カーはポスト・ナショナルな、あるいはポスト・ウェストファリア的な国家構造が新たに形成される可能性を強調しており、政治共同体の三重の変容にかかわる新たな政治構造を考察していたとされる（See Linklater 1998b: 161-62, See also Linklater 2000）。

（10）　ブルは次のように述べていた。「もし現代国家が、主権概念がもはや当てはまらなくなるほど、その市民に対する権威と彼らの忠誠心を国家へ凝集させる能力を、一方で地域的・世界的権威と、他方で国家あるいはネイションの下位にある権威と共有するようになっていれば、新中世的な普遍的政治秩序の形態が現れたといえるだろう」（Bull 2002: 246〔邦訳：三〇五頁〕）。

（11）　ここでいう「二重の閉鎖」とは、主権国家は他国民に対して壁をつくるのはもちろんのこと、国家内のエスニック・マイノリティや先住民族に対しても壁をつくるという意味で「二重」なのである（Linklater 1998a: 79-85）。

（12）なぜなら、批判理論は文化的多様性を尊重しながらも、政治的共同体の境界線を拡張する方法を提示するものだからである（Linklater 2007: 98）。また、リンクレイターのいう対話の主体とは、個別の文化的背景を背負った具体的な主体である。押村高はこの点を、カント‐ロールズ的な契約論者の正義の導出法と異なるとして積極的に評価をしている（押村 二〇〇九：五二頁；See also Devetak 2002）。

（13）厳密にいえば、「対話的コスモポリタニズム」はリチャード・シャプコットの用語である。シャプコットはハーバーマスではなくハンス‐ゲオルク・ガダマー（Hans-Georg Gadamer）の解釈学に依拠しながら、リンクレイターと類似した構想を提示する（Shapcott 2001）。ここでは両者のアプローチの差異には言及しない。というのもリンクレイター自身もとくにこの点を問題視せず、むしろ彼との共通点を見いだしているからである（Linklater 1998a: 98）。

（14）こうした構想は、ハーバーマスのいう「個々人や集団間に固有の差異である文化的背景に敏感な包摂」（Habermas 1996: 174〔邦訳：一七一頁〕）と重なるものである。

（15）とはいえ、イ・ヨンスクはネイションを越える民主主義における言語の問題を指摘しているわけではない。彼女の関心はもっぱら、ある国家（とりわけ日本）の支配的なネイションとマイノリティ集団との関係にある。本章における問題は、民主主義の境界線がネイションを越えて拡大しうるかということであって、あるネイション内部のマジョリティとマイノリティのあいだの問題はここではひとまず措くことにする。

（16）公共的な言説空間が普遍性を帯びているように見えて、普遍性の名のもとに実は排除を常態化するものだと批判するジュディス・バトラー（Judith Butler）は、「小ぎれいに空間化された『発言の場』の輪郭を描くことなどどうでもよい」と断じている（Butler 1996: 50〔邦訳：九四頁〕）。

（17）同様の指摘として、Miller（1992, 1995: 96–98, 2010: 145–46）; Tamir（1995: 128–29〔邦訳：二七七‐七九頁〕）; Taylor（1996; 1999b）を参照。

（18）社会構成文化とは、「公的領域と私的領域の両方を含む人間の活動のすべての範囲――そこには社会生活、教育、宗教、余暇、経済生活が含まれる――に渡って、さまざまな有意義な生き方をその成員に提供する文化」（Kymlicka 1995: 76〔邦訳：一一三頁〕）である。

(19) たとえばミルも、リベラル・デモクラシーの政治枠組みとナショナリティとの関係で次のように述べていた。すなわち、「同胞感情のない人々、とりわけ異なる言語を読み書きしている人々のあいだには、代議制統治を運用するうえで求められる統一された世論が存在しえない」(Mill 2010: 296〔邦訳：三七六頁〕)。

(20) 本章のダンテに関する記述は、岩倉(一九八〇、一九九七);田中(一九八一、二〇〇一)に負うところが大きい。また厳密には、ダンテの用いた言語はイタリア語ではないが、ここではわかりやすさを重視し、イタリア語と表記した。

(21) 英語の venacular はラテン語の vulgaris を起源とする。両者の意味はほぼ同義であるが、本章では、vulgaris を「俗」、vernacular を「土着」と表記する。キムリッカのいう「土着語」とダンテのいう「俗語」が概念的にはやや異なるからである。ただしこれが本章の大筋に影響することはない。というのも、私がここで論じたいことは、後述のように、キムリッカは民主主義について、ダンテは文学について、人びとにとってなじみ深い言葉でなされるほど、「民主化」されると主張している点で共通するということだからである。

(22) これはキムリッカにおいても共通している。キムリッカは「土着語」と「母語」(mother tongue) を互換的に使用している。ところが、キムリッカが「土着語」と「母語」を区別なく使用している点はいささか問題含みである。キムリッカにおける「土着語」とは、政治社会の構成原理の基礎となる「文化的なもの」のひとつの表出の形態であって、それは実質的にはナショナルな言語、すなわち、いわば「国家語」までも含む。あるいは、一般的に「母語」という言葉で連想するもの以上のものを含む、かなり広範な概念だといってもよい。「母語」とは必ずしも「国家語」ではなく、ある言語の下位単位としての「方言」であることも多い。田中克彦のいうように、方言とは「言語に先立って存在する、よそ行きではない、からだから剝がすことのできない、具体的で土着的なことば」(田中 一九八一:一九頁〔傍点は引用者による〕)である。ただし、日本語の文脈では「ことば」という一言で曖昧にされるが、欧米の言語では「言語」(language) と「方言」(dialect) は、同じ「ことば」ではあっても、概念的に明確に区別されている。このことを考えれば、キムリッカはあくまで「言語」あるいは「言語と言語の関係」を念頭に置いているのであって、「言語と方言の関係」を問題にしているわけではないと考えられる。しかしその場合、キムリッカの定義では、政治的リテラシーにおける国家語(言語)と方言の緊張関係が隠蔽されてしまう危険性があることを指摘しておきたい。この点はヤングのいう「内的排除」の問題と大きくかかわる問題である。

(23) ミラーも次のように述べている。「一般の人びとはグローバルな中央機関によって上から課された規則よりも、国民国家の中で通常の民主的手続きを通じて議論し、票を投じて成立させた法律のほうに、はるかに進んで従うように思われる。私がここで想定している民主主義のもつ正当化の力は、一般の人々が理解し、一体感を抱いている民主的手続きに依拠しており、それぞれのネイションには民主的手続きについての理解や政治に関する固有の土着語などがあるのである」（Miller 2007: 269〔邦訳：三二五頁〕〔傍点は引用者による〕）。

(24) この調査はEU二五カ国にブルガリア、ルーマニア、クロアチア、トルコを加えた計二九カ国の一五歳以上の計二万九三二八人を対象に二〇〇五年五月から六月に行われたものである（European Comission 2005: 1）。

(25) チャールズ・テイラー（Taylor 1999a）も同様に、抽象的行為規範としての人権とその正当化論を峻別し、正当化に関しては、社会ごとのやり方があると論じている。ベルは西洋とは異なる価値観に基づく人権の正当化の一例として儒教における「仁」をあげている（Bell 2000: 50〔邦訳：四八頁〕）。儒教的価値と人権についてはChan（1999）; De Bary（1998）; De Bary and Weiming（1999）を参照。また、日本の文化的資源に基づく人権の正当化根拠の探求としてSe and Karatsu（2004）を参照。

(26) したがってベルによれば、「現地の人から学ばずに作られた『普遍的』理想を採用させようとして現地の人々を説得するよう努めるのは非常に無礼」である（Bell 2000: 45-46〔邦訳：四三頁〕）。

(27) エスペラント語や、非英語圏の話者の共通英語としての「グロービッシュ」（globish）を使用すればよいではないかという意見もあるだろう。エスペラント語にしろグロービッシュにしろ、たしかに異文化コミュニケーションの手段としては有用かつ魅力的な面はあるだろうし、私はその使用についてとくに反対しない。いずれにしろここで指摘したいのは、政治的な熟議は単なる言語コミュニケーション以上のものを含み、手段として言語を使えるという以上の高度な能力が求められるということである。この観点からすれば、エスペラント語やグロービッシュで政治的熟議が十分におこなわれるとは考えにくい。

(28) アルキブージは「多言語に通じた人（polyglots）を読み書きできなくすることで社会をより平等にすることはきわめて簡単だが、啓蒙的な社会政策によって読み書きできない人を多言語話者にすることを目指さなければならない」という（Archibugi 2005: 553, 2008: 272〔邦訳：二九四頁〕）。

（29）もちろん私は、とくに多民族が混在する社会において、コミュニケーションを円滑に行うために多言語を学習する必要性それ自体は否定しない。また、土着語による熟議が全く非排除的であり、ヤングが指摘したような「内的排除」の問題や、マイケル・マン（Michael Mann）のいう「民主主義の暗部」（dark side of democracy）の問題を完全に免れているなどと主張しているわけではない（Mann 2004）。

（30）ミラーも次のように指摘している。「現在の国民国家は、定期的な選挙と世論に対する政府の反応といった弱い形での民主主義を実行しているにすぎないが、このレベルの民主主義に到達するためにも、同じ言語を話す（あるいは最低限、二公用語で参加する）民主的な公衆が、同じマスメディアに触れ、政党その他の政治結社などを形成することが必要なのである。さらにヨーロッパレベルではこのような民主的公衆がどちらかというと不在であるから、各構成部分が民主的である連邦制や連合国家とは対立的な意味で、EUそれ自体を民主的だと語ることを難しくしている。もし純粋にグローバルであり、かつ純粋に民主的な政府形態を創造するならば、これらの問題は何倍も不都合となろう」（Miller 2007: 26-27〔邦訳：三五頁〕）。ミラーのコスモポリタン・デモクラシー批判としては、Miller（2010）も参照。

（31）キャス・サンスティン（Cass Sunstein）は一般的な論議（general debate）において不可視化され、沈黙させられ、抑圧されてしまう立場の人びとの発展をうながす意味で「閉鎖的な熟議」（enclave deliberation）は重要だと論じている。ただし、サンスティンのいう「閉鎖的な熟議」とは、必ずしもナショナルなアリーナにおける熟議ではない（Sunstein 2009: 151-54）また、この意味で、「熟議をより包括的なものにすればするほど、政治的に有意義ないかなる帰結に達することも難しくなってしまう」（Bell 2006: 80）というベルの指摘は示唆的である。

（32）ただし五野井郁夫も指摘しているように、ここで形成された「グローバルな」世論が、真にグローバルな世論といえるのかどうかは大いに留保が必要であろう。

第4章

（1）トクヴィル（一九八七：三〇頁）。

（2）齋藤純一は次のように述べている。「分断の様相を呈する社会にあっては『アイデンティティの共有』のみが人々を連帯へと動機づけることができるという議論に傾斜する前に、『制度の共有』の事実とその意義を再認識することがいかに連帯への動機づけを涵養しうるかに光をあてるべきであろう」（齋藤 二〇〇九：四六頁）。

（３） この意味で、熟議による「選好の変容」はその重要な契機のひとつだろう。「選好の変容」については、田村（二〇〇八：第四章）を参照のこと。

（４） たとえば田村哲樹は、「公共性」の生成は熟議の場という「制度」の作用でもあり、「公共性」生成を単なる諸個人の努力事項に還元すべきではないという。つまり、「熟議の場という特定の制度的文脈の下であるからこそ、諸個人は『公共性』を生成することができる」というのである（田村 二〇〇四：四九頁〔傍点は引用者による〕）。

（５） T・H・マーシャル（Thomas Humphrey Marshall）が論じたように、一八世紀以降の市民的・政治的・社会的シティズンシップの進展こそが、西欧社会において見知らぬ他者とのあいだに新たな連帯をつくりだし、互いを「われわれ」の一員であるとみなすナショナル・アイデンティティを形成してきたのである（See Marshall 1987）。

（６） ただし、新川敏光はグローバル化がただちに福祉国家の衰退に結びつくわけではなく、むしろ福祉国家を強化すべき理由を提供することもあると論じている（新川 二〇〇四）。

（７） ロールズのいうようにナショナルなレベルよりも小さな「コミュニティ」を通して福祉を達成する戦略は、ある面では福祉国家に反対するリバタリアンの戦略と重なる。橋本祐子によれば、リバタリアンは「国による強制的な福祉の供給には反対するが、市場やコミュニティなどの民間領域における人々の自発的な福祉の提供には賛成する。すなわち、福祉国家ではなく福祉社会をめざす」とされる（橋本 二〇〇八：六頁）。こうした議論は、社会的連帯の源泉をどこに求めるかという本章の関心にとってきわめて重要であるが、行論の都合上、別稿であらためて考察したい。

（８） 憲法パトリオティズムの概説と検討としてはMüller（2007）を参照。

（９） この点については前章の議論を参照のこと。

（10） 興味深いことに、民主主義とナショナリティの関係性について述べる際に、キムリッカもミラーが引いたミルの一節の全く同じ部分を引用している（See Kymlicka 2001a: ch. 10）。

（11） Habermas（1996: 262-63〔邦訳：二五六頁〕）の記述を参照。

(12) タミールは次のように述べている。「実際にはリベラルな国家は近代の国民国家を構成する諸々の前提の枠内で運営され、またみずからを特有の文化・歴史および集団的な運命と共にあるところの一共同体とみなしてきた」のであった。それゆえ、「国家が事実上、政治的・社会的・道徳的・経済的な諸種の問いに対して、ある一つの立場にたたざるをえない」のである（Tamir 1995: 141, 146〔邦訳：三〇三、三一一頁〕）。

(13) 誤解のないように述べておけば、リベラル・ナショナリストはたしかにマジョリティの文化が政治制度に反映されることを肯定的に評価するが、それを無批判によいことだと考えているわけではない。いかなる文化が反映されるかという文化的なものの解釈は、マイノリティとの熟議につねに開かれているものなのである。この点についてはたとえば Miller (1995: 70〔邦訳：一二二―一二三頁〕）を参照。

(14) リベラル・ナショナリズム論とは異なる文脈ではあるが、かつてカール・グンナー・ミュルダール（Karl Gunnar Myrdal）も、福祉国家とそれを下支えするナショナルな連帯意識が不可分である点を強調した（Myrdal 1956）。ただしミュルダールは「福祉国家の国民主義的限界」を指摘し、国際統合を支えるうえで連帯意識が希薄であるという問題を承知のうえで、「福祉国家」から「福祉世界」の構築を志向した（Myrdal 1960）。ミュルダールに関しては、中野（二〇〇八：一八四―八九頁）；藤田（二〇一〇）を参照のこと。

(15) ほかのリベラル・ナショナリストも同様の見解を提示する（Kymlicka 2001a: 225-26; Tamir 1995: 117-19〔邦訳：二五八―六〇頁〕）。

(16) 「ナショナリティの強調は人々の関心を内部最適化の方向へ傾斜させ、国民とは定義されない人々を視野の外に締めだす効果をもつ」（齋藤 二〇〇八：四八頁）。

(17) したがって、ナショナルな統合からこぼれおちる他者を包摂しうる「ポスト・ナショナルな社会統合」が要請されるわけである。本章で論じる熟議という制度を介した社会統合は、ポスト・ナショナルな社会統合のひとつの方法である。なお、EUを事例にポスト・ナショナルな社会統合の可能性について検討したものとして、遠藤（二〇〇九）を参照。

(18) たとえば、現在格差解消運動の先頭に立つ雨宮処凛は、自身が二〇代のころは右翼運動に身を投じていたと述べている（雨宮 二〇〇七）。

(19) フランスにおける社会統合をめぐる諸問題に関する近年の重要な研究として、内藤・阪口（二〇〇七）；宮島（二〇〇六、二〇〇九）を参照。

(20) 「ネイション」と「民族集団」の区別については、Kymlicka（1995: ch. 2〔邦訳：第二章〕）; Miller（2000: 127-28）を参照。

(21) とりわけミラーはその点を強調して次のように述べる。「他のネイションの自律性を尊重するということが含意するのは、それらのネイションを、資源の利用や経済成長、あるいは環境保護などに関する自分たちの決定に対して責任を負う主体として遇するということである」（Miller, 1995: 108〔邦訳：一八三頁〕）。あるいは、ネイションを「過去についても将来に対してもみずからの生に責任を負うことができる主体として処遇せねばならない」（Miller 2007: 263〔邦訳：三一八頁〕）のである。

(22) 第2章で触れたように、ミラーによれば、構成員の基本権を保障できない社会、すなわち、表現と結社の基本的自由を保護できなかったり適切な食料・教育・医療を提供できない社会の存在は、政治文化的境界にかかわりなく、その社会を支援するわれわれの一般的義務を生みだす（Miller 1999b: 179）。

(23) したがって、リベラル・ナショナリストにとって重要な点は、「すべてのネイションが他のネイションの自決権を尊重する義務を負う」（Tamir 1995: 161〔邦訳：三三七頁〕）ということである。この義務の不履行は、これまでリベラリズムの政治理論においてあまり論じられてこなかったネイションの分離独立の権利を正当化する根拠のひとつになる。この点については本書第6章であらためて論じる。

(24) ミラーによれば、人種・エスニシティ・宗教・ジェンダーを理由に排除することは、いかなる場合にも許されない（Miller 2005: 204）。

(25) したがって、リベラル・ナショナリズムの議論は「その意図にかかわらず、福祉国家の再建のために移民の排斥を求めるような排外主義の思想を助長する効果に対しても無警戒である」（齋藤 二〇〇九：三四頁）というのは必ずしも妥当な評価とはいえない。山崎望のいうように、排外主義へと傾斜するリスクは否定できないかもしれない（山崎 二〇一一：五一頁）。けれども、リベラル・ナショナリストはそうした懸念に対して、先に述べたように「公正さ」という観点から一定程度の歯止めをかけている。

（26） リベラル・ナショナリストは人びとがみずからの文化的なものに根ざした政治社会を構築していくうえで、その発展の方向性に関して、彼ら自身の手でコントロールできることがきわめて重要だと考えている。そのときに、あまりに大量の移民が流入してしまうと、文化の発展の方向性をコントロールできなくなる恐れがある。そうなれば、文化的なものを基盤にした社会統合の絆を壊し、結果的にリベラリズムの政治制度の安定的な維持が不可能になる。したがって、リベラル・ナショナリストからすれば、国家は移民の受けいれに関して一定程度の決定権を持つべきなのである（Kymlicka 2001b: 264; Miller 2006: 200-1）。この点は次章でさらに詳細に検討する。

（27） ここで、援助・支援と福祉・社会正義との違いについて少し触れておきたい。第2章でも触れたように、ここでいう援助や支援はグローバルなミニマム、つまり一群の基本的人権に関するものであり、これはミラーによれば、ネイションごとに異なる社会正義とは同一の原理で考えることはできない。なぜなら、グローバルなミニマムに関する支援は、「他人が現在こうした権利を享受しているか否かにかかわらず、それを受けるに値する」ため、他の人びとがどうであるのかにかかわりなく、その状態が正義にかなっている、あるいは不正だといえる原理、すなわち「比較不適合な正義の原理」（noncomparative principles of justice）に基づくべきだからである。他方で社会正義の原理は、「当該集団の個々の構成員が平等に利益を享受すべきだと要求するが、個々の構成員が公正に権利を要求できるかどうかは、ほかの構成員が獲得できるものとの比較に負っている」ために、「比較適合的な正義の原理」（comparative principles of justice）に基づくべきである（Miller 1999b: 169-71, 2007: chs. 7-9）。

第5章

（1） Walzer（1983: 38〔邦訳：七一－七二頁〕）。

（2） マシュー・ギブニー（Mattew Gibney）はリベラルな社会が抱える矛盾について、次のように表現している。「不偏主義（impartialism）の理屈をすべて受けいれると、共同体の自決や公共財の供与に必要な条件を切り崩しかねない政策に導かれる可能性がある。他方で、同胞偏愛主義（partialism）に固執すれば、難民の要請にほとんど重きを置かない入国政策を神聖化する恐れがある」（Gibney 2004: 230）。
（3） カレンズによる移民の受けいれの是非に関する議論の簡潔な整理として、浦山（二〇一〇：一六八 - 七〇頁）を参照。
（4） セシル・ファーブル（Cecile Fabre）によれば、無知のヴェールのもとでは、大半の契約者は国境開放に同意する。というのも、「人は自分がどこの国に住むのか知らないとすれば、経済的・政治的な理由から別の国に移り住む必要があるのかどうかもわからない」からである。したがって、自由移動が自由権に含まれるのならば、このことが他の自由を切り崩さない限りで、「あらゆる個人は自由に国境を越えて移動する権利を有するべき」（Fabre 2007: 118）だということになる。
（5） また、ヒレル・スタイナー（Hillel Steiner）は、いわゆる左派リバタリアニズムの立場から、自由移動の権利を擁護している（Steiner 1992, 2001; See also Fabre 2007: 127-30）。
（6） 功利主義の立場から、人の移動（とくに難民や庇護申請者）について論じた者として、Penz（2001）を参照。
（7） こうした留保はカレンズにも共通する（See Carens 1992: 36-43）。この点に関して、浦山聖子は次のように主張する。すなわち、カレンズやダメットも治安やリベラルな制度のためには移民の規制を認めているのであり、後述するリベラル・ナショナリストの移民規制論とのあいだに「どこまで差があると言えるのか問題である」という（浦山二〇一〇：一七二頁）。確かに結果だけを見ればそのようにいえるかも知れないが、移民受けいれの正当化根拠がそもそも全く異なる点はやはり看過できない。とりわけ前章で論じたリベラル・ナショナリズム論からは各ネイションの「棲み分け」という規範的な世界秩序構想が導出される。リベラル・ナショナリストはこの点を念頭に置いて、グローバルな正義論や移民の受けいれの是非を規範的に論じているのである。
（8） そのほか、Barry and Goodin（1992）や Schwartz（1995）における各論文も参照のこと。また、トーマス・シュレレス（Thomas Schlereth）によれば、従来のリベラリズム解釈の源流である啓蒙思想家（とくに大陸的な啓蒙思想家）の多くは、国境開放政策を支持していたとされる（Schlereth 1977）。
（9） デリダは、無条件な歓待のためには「言葉を停止する」こと、つまり、「ある限定された言葉を、さらに他者への呼びかけを停止すること」が必要だという。すなわち「他者に対して、あなたは誰だ、名前は何だ、どこから来たのだ、などと尋ねたいという誘惑は押さえなければならない」と述べている。そして次のようにもいう。「到来者にはウィといおうではありませんか、あらゆる限定以前に、あらゆる先取り以前に、あらゆるアイデンティフィケーション以前に。到来者が異邦人であろうとなかろうと、移民、招待客、不意の訪問者であろうとなかろうと、他国の市民であろうとなかろうと、人間、動物あるいは神的存在であろうとなかろうと、生者であろうと死者であろうと、男であろうと女であろうと、ウィといおうではありませんか」(デリダ 一九九九：九八、一三七頁)。

(10) 杉田敦も、一定の留保をしつつ、「人々は国境線の中に囲い込まれて、そこからなかなか移動できず、その中で長くやっていかなければならないと思っていたからこそ、国民相互の助け合い、すなわち国民的な再配分や連帯に理解を示したのだという考え方にも、一定の説得力はある」(杉田 二〇一〇：一九二頁) と述べている。

(11) この点で次のダニエル・A・ベルの指摘は示唆的である。ベルによれば、世界人権宣言でさえ、非欧米圏の人びとはそれを心底深く信奉しているというよりは、政治的な理由から支持しているにすぎない。なぜなら、世界人権宣言は欧米の文化的価値に基づいたものであり、非欧米圏の人びとからすれば、「われわれの」人権規範ではないため、それを価値として信奉すべき明確な理由を見いだすことができないからである。よってベルは、人権を構想するうえで、人権とはどういうものかという理解の源泉となる当該社会の伝統や文化（「地域知」）に目を向ける必要性を指摘している (Bell 2006: ch. 2)。

(12) ミラーによれば、移民を受けいれるかどうかは当該社会の一般的な目標の優先順位に応じて考慮される。その目標は、既存のナショナルな価値を反映した民主的議論のプロセスを通じて設定される。つまり、移民の受けいれは、当該社会の将来的なあり方を成員がみずから決めることができること、すなわち、ネイションの自決と切り離せないのである (Miller 2007: 222-24〔邦訳：二六六－六九頁〕)。

(13) ハーバーマスに関しては、高橋 (二〇〇六：六三－六七頁) も参考にした。

(14) 詳細な議論は、本書第4章を参照のこと。

(15) そもそも国際移動の自由を是認する論者たちは、たとえばカレンズが「移動の自由はそれ自体が重要な自由であり、また他の自由の必要条件でもある」といったように、移動の自由を個人の自由にとって根源的なものととらえる傾向にある。ミラーはこの点を批判する。ミラーによれば、そもそもリベラルな国家においても、個人は完全な移動の自由があるわけではない。なぜなら、他人の所有地にみだりに踏みいることは法的に制限されているからである。しかし、それを根拠にその国家では移動の自由が制限されていると主張する者はいない。とすれば、移動の自由は個人の自由を保証するうえで本質的に重要な権利であるとまではいえないという。ただし、他国に移動しなければ政治的な迫害を受ける、または、必要な医療が受けられない、あるいは仕事が見つけられないなどの場合、つまり個人にとっての基本的権利（basic rights）が確保されていない社会においては、移動の自由は不可欠の権利である。ただし、この場合の移動の自由は、本質的に重要な権利であるというよりはむしろ、矯正的権利（remedial right）として機能するものである（Miller 2005: 195-96, 2007: 204-13〔邦訳：二四八 - 五七頁〕）。

（16）他の代表的なものとしては、第2章でとりあげたベイツ以外に次の論者があげられよう。Caney（2005）; Moellendorf（2003）; O'Neil（2000）。また邦語文献としては下記があげられる。伊藤（二〇〇七、二〇一〇：七五 - 九一頁）。

（17）難民の定義については、Gibney（2004: 5-15）; Shacknove（1985）を参照。

（18）ただし、ミラーは以下の二点を付言している。第一に、難民の受けいれについて、すべての難民がいずれかの国に受けいれられ、それに責任を持つような何らかの公式のメカニズムやレジームを発展させるように努めるべきである（Miller 2001, 2005: 202-3, 2007: 226〔邦訳：二七〇 - 七一頁〕）。第二に、暫定的に入国を認められた難民のうち、故国に安全に帰還する見込みがかなり薄いことが明らかとなった場合には、移住した国で十全なシティズンシップを得る機会が与えられなければならない（Ibid: 225〔同上：二七〇頁〕）。

（19）ミラーは次のようにも述べる。「あるネイションが他のネイションよりも豊かなことについて、本質的に批判されるべきことはないのであり、そのような不平等は文化的に多様化した世界では避けがたい特徴であるとみなすことができるかもしれない」（Ibid: 79〔同上：九六〕）。

（20）よって、従来のリベラルのように、移民と難民を峻別せずに、すべて個人として受けいれる考えには問題があり、やはり両者は理念上峻別される必要がある（Tamir 1995: 159〔邦訳：三三四頁〕）。しかしながら、移民と難民を概念的に区別できるのかという批判はある。たとえば、Benhabib（2004: 136-38〔邦訳：一二六 - 一二八頁〕）; Kukathas（2005: 217）を参照。また移民と難民の境界設定についての歴史的な恣意性を検討したものとして、柄谷（二〇〇四）を参照。

（21）そもそも自由移動を認めることがグローバルな経済格差の解消につながるかどうか疑問である。ミラー（Miller 2007: 203〔邦訳：二四七 - 四八頁〕）も述べているように、貧困国から富裕国へ移動している者は、「移動する資源をすでに手にし、移動先の社会で必要とされている技能を備えている者」、すなわち貧困国におけるエリートである。こうした状況で自由移動を認めても、エリートは豊かな賃金や機会を求めてよりいっそう活発に移動するだろうが、一般民衆は単に取り残されるだけである。まさにクリストファー・ラッシュが「エリートの反逆」（Lasch 1995）と断じた事態をグローバルに助長する恐れがあり、そうなれば、格差の是正どころかさらなる深刻化と階層分断を招きかねない。この点を富裕国から貧困国への頭脳流出を例にして指摘したものとして、Kapur and McHale（2006）を参照。

（22） 短期滞在者の権利については別途考察が必要であろう。差しあたりCarens（2010）を参照。

（23） ジョナサン・セグロウ（Jonathan Seglow）は、リベラル・ナショナリストの主張は、統制なき移民の大量流入が「政治文化を変容させ、われわれの生活様式を『圧迫』するものだ、という偏見を学術的に表明したもの」だという（Seglow 2005: 321）しかし、実際にアメリカ南部のヒスパニック系の移民や、ドイツにおけるトルコ系移民の短期間の大量流入の例を考えれば、「偏見」ではすまないことは、たとえばティロ・ザラティン（Thilo Sarrazin）の著作『ドイツがなくなる』（Sarrazin 2010）が専門書としては異例のセールスを記録したことからも明らかである。ただし、そうかといってこれまで述べてきたように、リベラル・ナショナリズム論では、あらゆる移民の受けいれを禁止せよということにはならない。むしろ「当該社会の受容能力に応じた移民の数の制限」（Miller 1995: 129〔邦訳：二二七頁〕）をリベラル・ナショナリストは求めるのであり、セグロウの批判は当たらない。

（24） 「リベラルな諸国民衆や良識ある諸国民衆からなる社会が実現されたならば、移民は消えてなくなるように思われる」（Rawls 1999b: 8-9〔邦訳：一一頁〕）。

第6章

（1） Kant（1998: 32〔邦訳：二〇七-八頁〕）。

（2） ベルギーについては、松尾（二〇一〇）において分裂の起源に関する研究がなされている。

（3） たとえば、一九九一年の欧州安全保障協力会議における「少数民族の権利」に関する宣言の採択や、一九九二年のヨーロッパ評議会における「地域的言語あるいはマイノリティの言語のためのヨーロッパ憲章」の採択がある。なお、この部分の記述に関しては、Kymlicka（1995: ch. 4〔邦訳：第四章〕）を参照のこと。

（4） 本論に入るまえに、いくつか付言しておきたい。まず「分離独立」という言葉を明確に定義しておきたい。ここでの定義はブキャナンに依拠する。分離独立とは「自決の最も劇的な（dramatic）形態のもの」（Buchanan 2004: 332）である。一言で自決といっても、内容は多岐にわたる。そのなかで分離独立が最も劇的なものである理由は、「国家権力がみずからに及ぶことに対する抵抗」と、「特定の領土に対する明確な権利要求」という二つの要素を含むからである（Buchanan 1991: 11-12）。つまり分離独立とは、ある特定の集団と既存の国家とのあいだにおける政治的な権利義務関係を遮断し、当該集団が国家内の特定の領土を取得し、独立した国家となることである。なお、ミラーもブキャナンに準ずるかたちで分離独立を定義している（Miller 2000: 116）。また、本章の関心は、これまでリベラリズムの政治理論においてあまり議論されてこなかった分離独立を俎上に載せ、それがどのように、いかなる条件のもとで正当化できるかについて論じることにある。すなわち、クリストファー・ウェルマン（Christopher Wellman）の言葉を借りれば、本章の目的は「分離独立を擁護することというよりはむしろ、分離独立の権利を擁護すること」（Wellman 2005: 2）にある。最後に、本章では規範理論的研究という性格上、「どのようにして、あるいは、なぜ分離独立が起こるのか」という実証的・経験的な事例の検証および説明には踏みこまない。

（5） ウィリアム・ギャルストン（William Golston）による同様の指摘も参照のこと（Galston 1991: 147）。

（6） 中立性に対する批判については、Kymlicka（1989a: 883-89）を参照のこと。

（7） ブキャナンは、リベラリズムと両立可能な集団的権利として次の三つをあげる。すなわち、当該集団に独自の言語を教育するといった意味での「集団的言語権」、歴史的に所有が認められる土地などのついての「集団的所有権」、当該国家内における「諸々の限定的な自治権」であり、分離独立は「限定的な自治権」のひとつだとされる（Buchanan 1994: 4-5）。コミュニタリアンの側から提示される分離独立の議論は、ウォルツァーのものが最初であろう（Walzer 1994b）。

（8） とはいえ、ブキャナンは、実際に起きた分離独立の数とそれを望む集団の数を比べれば、単純にアナーキーに陥ることにはならないとも述べている（Buchanan 1991: 102-4）。

（9） それ以外の三つは、①分離独立の代替案としての国内自治協定の締結の際に仲介者を支援すること、②国家と当該集団の両者が協定を遵守しているかどうか監視すること、③国家と当該集団がお互いの義務を責任をもって履行することで協定の有効性を高めるように支援することである（Buchanan 2004: 358）。

(10) ただし、ブキャナンは、国内的な自治協定の侵害による分離独立が正当化されるには、さらに次の二つの追加的な条件が満たされる必要があるという。第一に、その協定を反故にした責任が明らかに全面的に既存の国家の側にあること。つまり、当該集団にとって全くいわれなき理由で、あるいは何の説明もなく一方的にその協定が国家によって破棄されたことが明白であること。そして第二に、分離独立という選択肢が、両者の関係を修復するうえで、それ以外に手立てのない最終手段だということである（Buchanan 2004: 357-59）。

(11) そうはいっても、被害を受けている集団が分離独立を経た後に、既存の国家よりも豊かになることが想定できる。たとえば、その集団が暮らしている地域に特定の天然資源があり、国家の経済がある程度その天然資源の売却益に依存しているような場合には、その集団の分離独立によって当の国家は収入源を失い、経済的に立ちゆかなくなる可能性が考えられる。このことが明白であっても、分離独立が道徳的に正当なのかという反論が可能である。いいかえれば、再分配の正義という観点からすると、持てる者は、持たざる者に対して最低限の生活を保障する義務があるために、そうした再分配の義務と分離独立の権利要求とを比較した場合に、再分配の義務のほうが優先されるべきではないかという反論である。だがブキャナンは、仮に分離独立をなしえても、既存の国家に対して何らかの援助をすることは十分ありうるし、むしろ援助をしないという選択肢は、道徳的な観点からして受けいれられないという。つまり、その集団が差別的再分配などの明らかな不正義の被害者であり、分離独立によってしかその不正義を矯正できないのなら、それによって既存の国家の状況が悪くなるとしても、分離独立の正当性を覆す決定的な理由とはならない。ただし、分離独立した集団は、残された国家の住人に対して何らかの「過渡期的な特別の義務」（transitional special obligation）を負う。よって、その義務を履行し、分離独立後も適切な援助をおこなうかぎりで、分離独立は正当化できるというのである（Buchanan 1991: 114-21）。

(12) またミラーは近著でも、前章で論じた移民の受けいれの文脈ではあるが、ナショナルな文化と私的文化の峻別の重要性を指摘している（Miller 2007: 229〔邦訳：二七三頁〕）。

(13) 包括的文化構造の重要な構成要素のひとつとしてあげられるのが、言語（言語文化）である。言語文化の異なる社会への移動は非常に大きなリスクをともなう。というのも、第3章で論じたように、たとえば政治的な熟議という場面を想定したときに、たとえ手段として言語を流暢に活用できたとしても、その文化に独特の話法や修辞的な語句などといったところまで理解できなければ、熟議は成立しないのである。こういった点からも、包括的文化構造のあいだを移動することは多くの人にとっては難しいと考えられる。

（14）ウォルツァーは、こうした懸念は理解できるが、それは「滑り降りる必要のない滑りやすい坂」であり、「滑りやすい坂道にはそれなりに安全な停止地点がある」と述べている（Walzer 1994b: 191）。

（15）ミラーは意図的に、分離独立については「権利」（right）ではなく、あくまで考慮すべき「道徳的権利要求」（moral claim）という語を使用している。つまり、分離独立の権利とは、状況に応じて考慮されるべき強い道徳的要求なのである（See Miller 1995: 103-18〔邦訳：一八三－九七頁〕）。

（16）同様の指摘として、Walzer（1994b: 190）を参照。

第７章

（１）Bauer（1971: 441〔邦訳：三七五頁〕）。

（２）タミールに対する批判としては、たとえばLevinson（1995）; Levy（2001）; Yack（1995）などを参照。

（３）ただし、タミールはそのように述べた直後に、「ナショナリズムが必ずしも国民国家を樹立する権利を含まないという主張は、ナショナリズムを私的なものとする企てとしてとらえられるべきではない」という重要な付言をしている。

（４）タミールによればネイションの自決権とは、集団ではなくネイションの存在を独自の実体として保護・保存・発展させるための個人の権利である。つまり、個人が公的空間において文化的な承認を求める権利である（See Tamir 1995: 72-73〔邦訳：一七八－七九頁〕）。したがって、ネイションの帰属までも個人の選択だとされる。彼女は次のように述べる。「個々人は、みずからが帰属したいナショナルな集団を選ぶ権利を有するべきであるばかりか、彼らはこの成員資格に付随する意味を定義する権利をも有すべきである」（Ibid: 37〔同上：一一六－一一七頁〕）。

（５）ただし、Tamir（2000）の論考において、地域機構ではなく、世界政府により肯定的な評価を下している。

（６）ここで、タミールにとってはネイション間の平等をいかに達成するかということも大きな理論的課題であったと考えられる。既述のようにタミールは、すべてのネイションが国民国家を建設するのが不可能な理由として、実質的なネイション間の資源や能力の不均等、不平等を指摘している。このため、ネイションの自決が達成できる枠組みを提示する際に、ネイション間の平等を強く意識していたと思われる。その証拠に彼女は次のように指摘している。「ネイションの自決権に含意される望ましい自治の程度は、すべてのネイションが平等な資格を持つことを考慮しなければならない」(Tamir 1995: 74〔邦訳:一八一頁〕)。

(7) タミールによれば、共通語は特定の文化への同一化を図るための道具ではなく、あくまでコミュニケーションの技術あるいは手段である (Ibid: 152〔同上:三二二頁〕)。

(8) こういった政治枠組みの構想は、オーストロ・マルクス主義者のカール・レンナー (Karl Renner) やオットー・バウアー (Otto Bauer) が民族問題関連の著作で提示した、いわゆる「民族の文化的自治」(National Autonomie) の構想と類似している (See Bauer 1971; Renner 1918)。これらは「二次元の連邦構想」といわれた。

(9) たとえばデイヴィッド・ミラーは、各ネイションの民族文化的な価値を反映しそれらを再生産していく手段としての社会政策 (たとえば教育政策) は、経済政策と切り離すことができないと指摘している。この点について、ミラーは失業対策と農業政策を例にあげて説明している。すなわち、失業対策は経済的均衡の一要素というだけでなく、社会の一般的生活に多大な影響を及ぼすこととなり、また農業政策は、農民の既得権益と消費者の利益との綱引きというだけでなく、国土のあり方そのものに関する主要な決定要因となるであろう。つまり、彼のいうところによれば、経済政策はその社会をどのような方向に動かしていくかという点で社会政策、ひいては文化的自治の問題と大きくかかわるのである (See Miller 1995: 101-3〔邦訳:一七五-一七七〕)。

(10) このような敷衍が可能かつ妥当であると思われるのは、タミールが、国民国家およびネイションはその構成員である諸個人によって間主観的に構成される「想像の共同体」だということを前提としているからである。タミールによれば、「ネイションはただその成員が共同体意識の感覚を共有するかぎりにおいて存在し、その意味においてネイションに所属しようとする意思の重要性を的確に描きだそうとしているルナンの隠喩、『日々の国民投票』にたしかに合致している」(Tamir 1995: 66〔邦訳:一六八頁〕)。そうであれば、ネイションよりも上位の統治機構である地域機構についても、同様に想像の共同体だととらえることができるように思われる。この点を補強する議論として、国際政治学における地域主義の理論的研究が参考になる。そこでは、アレクサンダー・ウェント（Alexander Wendt）などに代表される構築主義的アプローチをモチーフにしつつ、地域をある種の構築された共同体、すなわち、「認知上の地域」（cognitive region）、あるいは「想像された地域」（imagined region）としてとらえようとしている。代表的なものとして、Adler（2005）; Adler and Barnett（1998）; Hurrell（1995）などを参照のこと。

（11）さらにいえば、地域機構内部での財の配分が機能するには、地域機構における財の配分に関する熟議が円滑かつ公正におこなわれることが求められるという意味で、それぞれのネイションがいかにして地域機構の意思決定に参与しうるのかという、熟議民主主義あるいは民主的正当性の問題も大きな論点としてあげられよう。この点に関しては、本章では行論の都合上ほとんど言及することができなかったが、ここで少し触れておきたい。タミールは、ナショナルなレベルにおける民主主義にも、個々人が同じネイションに所属する人びとに対する「関係性の感情」を抱いていることが求められると述べている（See Tamir 1995: 128-29〔邦訳：一七八－七九頁〕）。これは他のリベラル・ナショナリストと共通する（See Kymlicka 2001a: 212-20, 317-26; Miller 1992, 1995: 96-98〔邦訳：一六七－七〇〕）。そうであれば、地域機構における民主主義についても同様に、各ネイション間に何らかの「関係性の感情」が必要だと思われるが、本章で指摘しているように、タミールは地域機構における「関係性の感情」については全く言及していない。民主主義という観点からしても、彼女の議論はナショナルなレベルとトランスナショナルなレベルで、理論的整合性を欠いていると思われる。ネイションの境界を越える民主主義については、本書第3章で批判的に検討している。

（12）この点に関連して、ユルゲン・ハーバーマスは『引き裂かれた西洋』（Habermas 2006）において、「国民同士の連帯を国家の境界線を越えて拡大することなしに、二五カ国が集まった超国家共同体の内部における再分配はうまくいくはずがない」（Ebd: 65〔邦訳：九〇頁〕）とし、ネイションの連帯感が国境を越えて拡大される可能性を考察している。ただし、彼の「憲法パトリオティズム」に基づく連帯意識の問題点は、第4章で指摘したとおりである。

（13）「福祉国家の国民主義的限界」を論じ、福祉国家を越える福祉世界を展望したグンナー・ミュルダールも、その実現が困難な根拠として、それを下支えする連帯意識があまりに希薄な点を指摘していた（Myrdal 1960）。

(14) ミラーは、ある国の経済政策の履行はその国の文化的な価値と密接に関連しているという理由から、ネイションの枠組みを越えるいかなる集団的取り決め（collective arrangements）が結ばれた場合でも、国家はそこから離脱する最終的権利をつねに保持しつつ、経済政策に関する決定権をそれより上位の統治主体に条件つきで移譲する準備を整えるべきであると主張している（Miller 1995: 101-3〔邦訳：一七五 - 七七頁〕）。

(15) ミラーは次のようにいう。「他のネイションの自律性を尊重するということが含意するのは、それらのネイションを資源の利用や経済成長、あるいは環境保護などに関する自分たちの決定に対して責任を負う主体として処遇するということである」（Ibid: 108〔同上：一八三頁〕）。

終　章

(1) 今西（一九九四：九〇 - 九一頁）。

(2) これについて、杉田（二〇一一）は、境界線のない世界を想定できないなかでわれわれが境界線をどのように考えるべきかという点で大変示唆的な論考である。

(3) これとの関連で、自由貿易と民主主義は相容れない性格を有しているというエマニュエル・トッド（Emmanuel Todd）の議論は興味深い（トッド 二〇〇九、二〇一〇）。

(4) この点については、みずからの犠牲がのちに自分に返ってくるという互酬性や互恵性を必ずしも前提としない。社会正義の源泉となる社会的連帯は、そのような横の連帯だけでなく、過去の世代や将来世代といった縦の連帯をも含むからである。

J・メイヨール	世　界　政　治 進歩と限界	田所昌幸訳	2625円
吉川直人 野口和彦 編	国際関係理論	A5判	3465円
押村　高	国際政治思想 生存・秩序・正義	四六判	2940円
S・ムルホール, A・スウィフト	リベラル・コミュニタリアン論争	谷澤・飯島ほか訳	5250円
M・サンデル	民主政の不満（上・下） 公共哲学を求めるアメリカ	上巻　金原・小林監訳 下巻　小林正弥監訳	上巻2730円 下巻3150円
M・サンデル	リベラリズムと正義の限界	菊池理夫訳	4200円
田村哲樹	熟　議　の　理　由 民主主義の政治理論	A5判	2940円
A・セン	アイデンティティと暴力 運命は幻想である	大門毅監訳	2205円

＊表示価格は2012年2月現在，消費税は含まれております。

著者紹介

白川 俊介（しらかわ しゅんすけ）

1983年生まれ。関西学院大学総合政策学部を卒業。九州大学大学院比較社会文化学府博士後期課程修了，博士（比較社会文化）を取得。

現在：日本学術振興会特別研究員（PD）。専門は政治理論，国際政治思想。

主著：『グローバル秩序という視点——規範・歴史・地域——』（法律文化社，2010年，共著），「分断された社会における社会的連帯の源泉をめぐって——リベラル・ナショナリズム論を手がかりに——」『政治思想研究』（第10号，2010年，政治思想学会研究奨励賞受賞）など。

ナショナリズムの力
多文化共生世界の構想

2012年2月25日　第1版第1刷発行

著者　白《しら》川《かわ》俊《しゅん》介《すけ》
発行者　井村寿人

発行所　株式会社　勁《けい》草《そう》書房

112-0005 東京都文京区水道2-1-1　振替 00150-2-175253
（編集）電話 03-3815-5277／FAX 03-3814-6968
（営業）電話 03-3814-6861／FAX 03-3814-6854
三秀舎・青木製本所

ISBN978-4-326-30208-6　Printed in Japan

事項索引

あ　行

か　行

さ　行

た 行

な 行

は　行

ま　行

や　行

ら　行

人名索引

あ 行

か 行

さ 行

た 行

な 行

は 行

ま 行

や　行

ら　行

わ　行

参考文献

※　外国語文献で翻訳書を参照したものについては，訳語や文体の統一という観点から訳文を変更している場合がある。

外国語文献（アルファベット順。邦訳のあるものはそれを併記する）

Adler, E.（2005）*Communitarian International Relations: The Epistemic Foundation of International Relations*, New York: Routledge.

———. and Barnett, M. (eds.)（1998）*Security Communities*, Cambridge: Cambridge University Press.

Amstutz, M. R.（2008）*International Ethics: Concepts, Theories, and Cases in Global Politics*, Third Edition, Boulder: Rowman & Littlefield.

Anderson, B.（1983）*Imagined Communities: Reflections on the Origin and Spread of Nationalism*, London: Verso.〔白石さや・白石隆訳『定本 想像の共同体――ナショナリズムの起源と流行――』図書新聞，2007 年〕

Archibugi, D.（2005）"The Language of Democracy: Vernacular or Esperanto? A Comparison between the Multiculturalism and Cosmopolitan Perspectives," *Political Studies*, vol. 53, pp. 537-555.

———.（2008）*The Global Commonwealth of Citizens: Toward Cosmopolitan Democracy*, Princeton: Princeton University Press.〔中谷義和ほか訳『グローバル化時代の市民像――コスモポリタン民主政へ向けて――』法律文化，2010 年〕

———, Held, D. and Köhler, M. (eds.)（1998）*Re-imaging Political Community: Studies in Cosmopolitan Democracy*, Cambridge: Polity Press.

Ashley, R.（1981）"Political Realism and Human Interests," in *International Studies Quarterly*, vol. 25, no. 2, pp. 204-246.

Barry, B.（1973）*The Liberal Theory of Justice: A Critical Examination of the Principal Doctrines in A Theory of Justice by John Rawls*, Oxford: Clarendon Press.

———.（1999）"Statism and Nationalism: A Cosmopolitan Critique," in Shapiro, I. and Brilmayer, L. (eds.), *Global Justice*（*NOMOS XLI*）, New York: New York University Press, pp. 12-66.

———.（2001）*Culture and Equality: An Egalitarian Critique of Multicul-*

turalism, Cambridge: Harvard University Press.

———. and Goodin, R. (eds.) (1992) *Free Movement: Ethical Issues in the Transnational Migration of People and of Money*, London: Harvester Wheatsheaf.

Bauer, J. R. and Bell, D. A. (eds.) (1999) *The East Asian Challenge for Human Rights*, Cambridge: Cambridge University Press.

Bauer, O. (1971) *Die Nationalitätenfrage und die Sozialdemokratie*, Glashütten im Taunus: Detlev Auvermann.〔丸山敬一・倉田稔・相田愼一・上条勇・太田仁樹訳『民族問題と社会民主主義』御茶の水書房，2001 年〕

Bauman, Z. (2001) *Community: Seeking Safety in an Insecure World*, Cambridge: Polity Press.〔奥井智之訳『コミュニティ――自由と平等の戦場――』筑摩書房，2008 年〕

———. (2004) *Wasted Lives: Modernity and its Outcasts*, London: Polity Press.〔中島道男訳『廃棄された生――モダニティとその追放者――』昭和堂，2007 年〕

———. (2006) Liquid Fear , London: Polity Press.

Baylis, J., Smith, S. and Owens, P. (eds.) (2008) *The Globalization of World Politics: An Introduction to International Relations*, Forth Edition, New York: Oxford University Press.

Beck, U. (2002) *Macht und Gegenmacht im globalen Zeitalter: Neue weltpolitische Ökonomie*, Frankfurt am Main: Suhrkamp.〔島村賢一訳『ナショナリズムの超克――グローバル時代の世界政治経済学――』NTT 出版，2008 年〕

Bell, D. A. (2000) *East meets West: Human Rights and Democracy in East Asia*, Princeton: Princeton University Press.〔施光恒・蓮見二郎訳『「アジア的価値」とリベラル・デモクラシー――東洋と西洋の対話――』風行社，2004 年〕

———. (2006) *Beyond Liberal Democracy: Political Thinking for an East Asian Context*, Princeton: Princeton University Press.

Bell, D. (2010) *Ethics and World Politics,* New York: Oxford University Press.

Beiner, R. (2003) *Liberalism, Nationalism, and Citizenship: Essays on the Problem of Political Community*, Vancouver: University of British Columbia Press.

Beitz, C. (1994) "Cosmopolitan Liberalism and the States System," in Brown (ed.) (1994), pp. 123-136.

———. (1999a) *Political Theory and International Relations: With a new afterward by author*, Princeton: Princeton University Press.〔進藤榮一訳『国際秩序と正義』岩波書店，1989 年〕

———. (1999b) "Social and Cosmopolitan Liberalism," *International Affairs*,

vol. 75, iss. 3, pp. 515-529.

Benhabib, S. (2004) *The Rights of Others: Aliens, Residents, and Citizens*, Cambridge: Cambridge University Press.〔向山恭一訳『他者の権利——外国人・居留民・市民——』法政大学出版局，2006年〕

Berlin, I. (2001) "The Counter-Enlightenment," in Berlin, *Against the Current: Essays in the History of Ideas*, edited by Hardy, H., Princeton: Princeton University Press, pp. 1-24.〔「反啓蒙主義」福田歓一・河合秀和編『ロマン主義と政治——バーリン選集3——』岩波書店，1984年，43-82頁〕

Blake, M. (2003) "Immigration," in Frey, R. G. and Wellman, C. H. (eds.) *A Companion to Applied Ethics*, Oxford: Blackwell, pp. 224-237.

Bohman, J. (1998) "The Coming Age of Deliberative Democracy," *Journal of Political Philosophy*, vol. 4, no. 4, pp. 418-443.

———. (2007) *Democracy across Borders: From Dêmos to Dêmoi*, Cambridge: MIT Press.

Boucher, D. (1998) *Political Theories of International Relations: From Thucydides to the Present*, New York: Oxford University Press.

Brown, C. (1992) *International Relations Theory: New Normative Approaches*, Hemel Hempstead: Harvester Wheatsheaf.

———. (2002a) *Sovereignty, Rights and Justice: International Political Theory*, Cambridge: Polity Press.

———. (2002b) "The Normative Framework of Post-Cold War International Relations," in Lawson, S. (ed.), *The New Agenda for International Relations: From Polarization to Globalization in World Politics*, Cambridge: Polity Press, pp. 147-163.

———. (ed.) (1994) *Political Restructuring in Europe: Ethical Perspectives*, London: Routledge.

Buchanan, A. (1989) "Assessing the Communitarian Critiques of Liberalism," *Ethics*, vol. 99, no. 4, pp. 852-882.

———. (1991) *Secession: The Morality of Political Divorce from Fort Sumter to Lithuania and Quebec*, Boulder: Westview Press.

———. (1994) "Liberalism and Group Right," in Coleman, J. and Buchanan, A. (eds.), *In Harm's Way: Essays in Honor of Joel Feinberg*, Cambridge: Cambridge University Press, pp. 1-15.

———. (1996) "What's So Special About Nations?" in Couture, J., Neilsen, K. and Seymour, M. (eds.), *Rethinking Nationalism*, Calgary: University of Calgary Press, pp. 283-309.

———. (1997) "Theories of Secession," *Philosophy and Public Affairs*, vol. 26, no. 1, pp. 31-61.

———. (2003) "The Making and Unmaking of Boundaries: What Liberalism Has to Say," in Buchanan and Moore (eds.), pp. 231-261.

———. (2004) *Justice, Legitimacy, and Self-Determination*, Oxford: Oxford University Press.

———. and Moore, M. (eds.) (2003) *States, Nations, and Borders: The Ethics of Making Boundaries*, Cambridge: Cambridge University Press.

Bull, H. (2002) *Anarchical Society: A Study of Order in World Politics*, Third Edition, Hampshire: Macmilan.〔臼杵英一訳『国際社会論――アナーキカル・ソサイエティ――』岩波書店, 2000年〕

Burcill, S., Linklater, A., et al. (2009) *Theories of International Relations*, Forth Edition, London: Palgrave Macmillan.

Butler, J. (1996) "Universality of Culture," in Nusbaum, pp. 43-50.〔辰巳伸知・能川元一訳「文化における普遍性」『国を愛するということ――愛国主義の限界をめぐる論争――』人文書院, 2004年, 88-100頁〕

Buzan, B. (2004) *From International to World Society?: English School Theory and the Social Structure of Globalization*, Cambridge: Cambridge University Press.

Caney, S. (2005) *Justice Beyond Borders: A Global Political Theory*, New York: Oxford University Press.

Canovan, M. (1996) *Nationhood and Political Theory*, Cheltenham: Edward Elgar.

Carens, J. H. (1992) "Migration and Morality: A Liberal Egalitalian Perspective," in Barry and Goodin, pp. 25-47.

———. (1995) "Aliens and Citizens: The Case for Open Borders" in Kymlicka, W. (ed.), *The Rights of Minority Cultures*, Oxford: Oxford University Press, pp. 331-349.

———. (2010) *Immigrants and the Right to Stay*, Cambridge: MIT Press.

Carr, E. H. (2001) *The Twenty Years' Crisis 1919-1939: An Introduction to the Study of International Relations*, London: Palgrave〔井上茂訳『危機の二十年――1919－1939――』岩波書店, 1996年〕

Castles, S. and Miller, M. (1993) *The Age of Migration: International Population Movements in the Modern World*, London: Macmillan Press.〔関根政美・関根薫訳『国際移民の時代』名古屋大学出版会, 1996年〕

Chan, J. (1999) "A Confucian Perspective of Human Rights," in Bauer and

Bell (ed.), pp. 212-237.

Cochram, M. (1999) *Normative Theory in International Relations: A Pragmatic Approach*, Cambridge: Cambridge University Press.

Cohen, A. and Wellman, C. (eds.) (2005) *Contemporary Debates in Applied Ethics*, Oxford: Blackwell.

Coicaud, J. M. and Warner, D. (eds.) (2001) *Ethics and International Affairs: Extent and Limits*, New York: United Nations University Press.

Cole, P. (2000) *Philosophy of Exclusion: Liberal Political Theory and Immigration*, Edinburgh: Edinburgh University Press.

Condorcet, A. N. (2009) *Outlines of an Historical View of the Progress of Human Mind*, Reprint of the First English Translation (Anonymous), Chicago: G. Langer.〔渡辺誠訳『人間精神進歩史（第 1 部)』岩波書店，1951 年〕

Conway, D. (2004) *In Defence of the Realm: The Place of Nations in Classical Liberalism*, Hampshire: Ashgate.

Couture, J. (1999) "Facing Globalization: Cosmopolitan Democracy and Liberal Nationalism," *Monist*, vol. 82, no. 3, pp. 491-515.

———. (2000) "Cosmopolitan Democracy and Liberal Nationalism," in Miscevic (ed.), pp. 261-282.

———. (2004) "Nationalism and Global Democracy: Between the Myth of Community and the Mirage of the Global Village," in Seymour, M. (ed.), *The Fate of the Nation-State*, Montreal & Kingston: McGill-Queens University Press, pp. 69-89.

Dante, A. (1878) *De vulgari eloquentia e De monarchia*, Firenze: Successori le Monnier.〔岩倉具忠（訳註)『ダンテ俗語詩論』東海大学出版会，1984 年〕

———. (1980) *Convivio*, Milano. Garzanti.〔中山昌樹訳『ダンテ全集 5 饗宴（上)（復刻版)』日本図書センター，1995 年〕

———. (1985) *Vita nuova e rime*, Milano. A. Mondadori.〔野上素一訳『世界古典文学全集 35 ダンテ』筑摩書房，1964 年〕

De Bary, W. T. (1998) *Asian Values and Human Rights: A Confucian Communitarian Perspective*, Cambridge: Harvard University Press.

———. and Weiming, T. (eds.) (1999) *Confucianism and Human Rights*, New Edition, New York: Columbia University Press.

Devetak, R. (2002) "Signs of a New Enlightenment?: Concepts of Community and Humanity After the Cold War," in Lawson (ed.), pp. 164-183.

———. (2009) "Critical Theory," in Burchill, Linklater, et al., pp. 159-182.

——, Burke, A. and George, J. (2007) *An Introduction to International Relations: Australian Perspectives*, New York: Cambridge University Press.

Dryzek, J. (2000) *Deliberative Democracy and Beyond: Liberals, Critics, Contestations*, Oxford: Oxford University Press.

——. (2006) *Deliberative Global Politics: Discourse and Democracy in a Divided World*, Cambridge: Polity Press.

Dworkin, R. (1985) *Matters of Principle*, London: Harvard University Press.

Dummett, M. (2001) *On Immigration and Refugees*, New York: Routledge.

Ellis, A. (ed.) (1986) *Ethics and International Relations*, Manchester: Manchester University Press.

Eriksen, T. H. (2010) *Ethnicity and Nationalism: Anthropological Perspectives*, Third Edition, New York: Pluto Press.

Erskine, T. (2008) *Embedded Cosmopolitanism: Duties to Strangers and Enemies in a World of 'Dislocated Communities*, New York: Oxford University Press.

Fabre, C. (2007) *Justice in a Changing World*, Cambridge: Polity Press.

Falk, R. (1995) *On Humane Governance: Toward a New Global Politics*, Cambridge: Polity Press.

Feinberg, J. (1984) *Harm to Others*, New York: Oxford University Press.

Fichte, J. G. (1955) *Reden an die deutsche Nation*, Hamburg: Felix Meiner. 〔富野敬邦・森霊瑞訳『ドイツ国民に告ぐ』玉川大学出版部，1954年〕

Frost, M. (1986) *Towards a Normative Theory of International Relations: A Critical Analysis of the Philosophical and Methodological Assumptions in the Discipline with Proposals Towards a Substantive Normative Theory*, Cambridge: Cambridge University Press.

——. (1996) *Ethics in International Relations: A Constitutive Theory*, Cambridge: Cambridge University Press.

——. (2008) *Global Ethics: Anarchy, Freedom and International Relations*, Cambridge: Cambridge University Press.

Fukuyama, F. (1992) *The End of History and the Last Man*, New York: Perennial. 〔渡部昇一訳『歴史の終わり（上）・（下）』三笠書房，1992年〕

Galston, W. (1991) *Liberal Purposes: Goods, Virtues, and Diversity in the Liberal State*, New York: Cambridge University Press.

Gellner, E. (1983) *Nations and Nationalism*, Oxford: Blackwell. 〔加藤節監訳『民族とナショナリズム』岩波書店，2000年〕

Gibney, M. (2004) *The Ethics and Politics of Asylum: Liberal Democracy and the Response to Refugees*, Cambridge: Cambridge University Press.

Gismondi, M. D.（2008）*Ethics, Liberalism and Realism in International Relations*, London: Routledge.

Gould, C. C.（2004）*Globalizing Democracy and Human Rights*, New York: Cambridge University Press.

Graham, G.（2008）*Ethics and International Relations*, Second Edition, Malden: Blackwell.

Gray, J.（1986）*Liberalism*, Milton Keynes: Open University Press.〔藤原保信・輪島達郎訳『自由主義』昭和堂，1991年〕

———.（2000）*Two Faces of Liberalism*, New York: The New Press.〔松野弘監訳『自由主義の二つの顔――価値多元主義と共生の政治哲学――』ミネルヴァ書房，2006年〕

Gutmann, A.（ed.）（1994）*Multiculturalism and the "Politics of Recognition,"* Princeton: Princeton University Press.〔佐々木毅・辻康夫・向山恭一訳『マルチカルチュラリズム』岩波書店，2007年〕

Haakonssen, K.（1981）*The Science of a Legislator: The Natural Jurisprudence of David Hume and Adam Smith*, New York: Cambridge University Press.〔永井義雄・鈴木信雄・市岡義章訳『立法者の科学――デイヴィド・ヒュームとアダム・スミスの自然法学――』ミネルヴァ書房，2001年〕

Habermas, J.（1983）*Moralbewußtsein und kommunikatives Handeln*, Frankfurt am Main: Suhrkamp.〔三島憲一・中野敏男・木前利秋訳『道徳意識とコミュニケーション行為』岩波書店，2000年〕

———.（1991）*Erläuterungen zur Diskursethik*, Frankfurt am Main: Suhrkamp.〔清水多吉・朝倉輝一訳『討議倫理』法政大学出版局，2005年〕

———.（1992）*Faktizität und Geltung: Beiträge zur Diskurstheorie des Rechts und des demokratischen Rechtsstaats*, Frankfurt am Main: Suhrkamp.〔河上倫逸・耳野健二訳『事実性と妥当性――法と民主的法治国家の討議理論にかんする研究――』未來社，上巻2002年，下巻2003年〕

———.（1996）*Die Einbeziehung des Anderen: Studien zur politischen Theorie*, Frankfurt am Main: Suhrkamp.〔高野昌行訳『他者の受容――多文化社会の政治理論に関する研究――』法政大学出版局，2004年〕

Hampshire, S.（1992）*Innocence and Experience*, New Edition, London: Penguin Books.

Hayden, P.（ed.）（2009）*The Ashgate Research Companion to Ethics and International Relations*, Surrey: Ashgate.

Hayek, F.（1973）*Law, Legislation, and Liberty, vol. 1: Rules and Order*, Chicago: Chicago University Press.〔矢島欽次・水吉俊彦訳『法と立法と自由I――ル

ールと秩序〈新版ハイエク全集第I期第8巻〉』春秋社，2007年〕
———.（1978）*Law, Legislation, and Liberty, vol. 2: The Mirage of Social Justice*, Chicago: Chicago University Press.〔篠塚慎吾訳『法と立法と自由II——社会正義の幻想〈新版ハイエク全集第I期第9巻〉』春秋社，2008年〕
———.（1980）"Individualism: True and False," in Hayek, *Individualism and Economic Order*, Chicago: University of Chicago Press, pp. 1-32.〔嘉治元郎・嘉治佐代訳「真の個人主義と偽りの個人主義」『個人主義と経済秩序〈新版ハイエク全集第I期第3巻〉』春秋社，2008年，5-47頁〕.
———.（1988）*The Fatal Conceit: The Errors of Socialism*［*The Collected Works of F. A. Hayek VOLUME I*］, edited by Bartley, William III., London: Routledge.〔渡辺幹雄訳『致命的な思い上がり〈新版ハイエク全集第II期第1巻〉』春秋社，2009年〕
———.（1991a）"Dr. Bernard Mandeville," in Hayek, *The Trend of Economic Thinking: Essays on Political Economists and Economic History*［*The Collected Works of F. A. Hayek VOLUME III*］, edited by Bartley, London: Routledge, pp. 79-100〔「医学博士バーナード・マンデヴィル」山木紀一郎監訳，中山智香子・太子堂正称・吉野裕介訳『思想史論集〈新版ハイエク全集第II期第7巻〉』春秋社，2009年，49-76頁〕
———.（1991b）"The Legal and Political Philosophy of David Hume," in *The Trend of Economic Thinking*, pp. 101-117〔「デイヴィッド・ヒュームの法哲学と政治哲学」（前掲『思想史論集』，77-102頁）〕
———.（2007）*Denationalisation of Money*, Reissued Edition, London: The Institute of Economic Affairs.〔川口慎二訳『貨幣発行自由化論』東洋経済新報社，1988年〕
———.（2008）*The Road to Serfdom*, London: Routledge.〔西山千明訳『隷従への道』春秋社，1992年〕
Held, D.（1995）*Democracy and the Global Order: From the Modern State to Cosmopolitan Governance*, Cambridge: Polity Press〔佐々木寛・遠藤誠治・小林誠・土井美徳・山田竜作訳『デモクラシーと世界秩序——地球市民の政治学——』NTT出版，2002年〕
———.（2010）*Cosmopolitanism: Ideals and Realities*, Cambridge: Polity Press.
———. and Archibugi, D.（1995）*Cosmopolitan Democracy: An Agenda for a New World Order*, Cambridge: Polity Press.
Hirschman, A. O.（1970）*Exit, Voice, and Loyality: Responses to Decline in Firms, Organizations, and States*, Cambridge: Harvard University Press.〔矢野修一訳『離脱・発言・忠誠——企業・組織・国家における衰退への反応——』ミネ

ルヴァ書房，2005 年〕

Hoffmann, S.（1981）*Duties Beyond Borders: On the Limits and Possibilities of Ethical International Politics*, Syracuse: Syracuse University Press.〔最上敏機訳『国境を越える義務——節度ある国際政治を求めて——』三省堂，1985 年〕

Hobsbawm, E.（1992）*Nations and Nationalism since 1780: Programme, Myth, and Reality*, Second Edition, New York: Cambridge University Press.〔浜林正夫・嶋田耕也・庄司信訳『ナショナリズムの歴史と現在』大月書店，2001 年〕

Hume, D.（1998）*An Enquiry Concerning the Principles of Morals: A Critical Edition*, edited by Beauchamp, T., Oxford: Clarendon Press.〔渡辺峻明訳『道徳原理の研究』晢書房，1993 年〕

———.（2000）*A Treaties of Human Nature*, edited by Norton, D. and Norton, M., New York: Oxford University Press.〔大槻春彦訳『人性論（一）-（四）』岩波書店，1948-1952 年〕

Hurrell, A.（1995）"Regionalism in Theoretical Perspective," in Fawcett, L. and Hurrell, A. (eds.), *Regionalism in World Politics*, New York: Oxford University Press, pp. 37-73.〔菅英輝・来栖薫子監訳『地域主義と国際秩序』九州大学出版会，1999 年，42-80 頁〕

———.（2007）*On Global Order: Power, Values, and the Constitution of International Society*, Oxford: Oxford University Press.

Huntington, S.（2004）*Who Are We?: The Challenges to America's National Identity*, New York: Simon and Schuster.〔鈴木主税訳『分断されるアメリカ』集英社，2004 年〕

Hutchings, K.（2010）*Global Ethics: An Introduction*, Cambridge: Polity Press.

Ignatieff, M.（2001）*The Needs of Strangers*, Picador: New York.〔添谷育志・金田耕一訳『ニーズ・オブ・ストレンジャーズ』風行社，2004 年〕

Jackson, R.（2000）*Global Covenant: Human Conduct in a World of States*, New York: Oxford University Press.

Jones, C.（1999）*Global Justice: Defending Cosmopolitanism*, Oxford: Oxford University Press.

Jørgensen, K. N.（2010）*International Relations Theory: A New Introduction*, Hampshire: Palgrave Macmillan.

Kant, I.（1974）*Was Ist Aufklarung?: Thesen Und Definitionen*, Stuttgart: Philipp Reclam Jun Verlag.〔中山元訳『永遠平和のために/啓蒙とは何か 他三編』光文社，2006 年〕

———. (1998) *Zum ewigen Frieden: Ein philosophischer Entwurf*, Stuttgart: Philipp Reclam Jun Verlag.〔前掲『永遠平和のために/啓蒙とは何か 他三編』〕

Kapur, D. and McHale, J. (2006) "Should a Cosmopolitan Worry about the Brain Drain?" *Ethics and International Affairs*, vol. 20, no. 3, pp. 305-320.

Kukathas, C. (2003) "Social Justice and the Nation State: A Modest Attack," in Bell, D. and de-Shalit, A. (eds.), *Forms of Justice: Critical Perspectives on David Miller's Political Philosophy*, Lanham: Rowman and Littlefield Publishers, pp. 107-122.

———. (2005) "Immigration: The Case for Open Borders," in Cohen, A. and Wellman, C. (eds.), *Contemporary Debates in Applied Ethics*, Oxford: Blackwell, pp. 207-220.

Kymlicka, W. (1989a) *Liberalism, Community and Culture*, Oxford: Clarendon Press.

———. (1989b) "Liberal Individualism and Liberal Neutrality," *Ethics*, vol. 99, no. 4, pp. 883-905.

———. (1995) *Multicultural Citizenship: A Liberal Theory of Minority Rights*, Oxford: Oxford University Press.〔角田猛之・石山文彦・山崎康仕監訳『多文化時代の市民権——マイノリティの権利と自由主義——』晃洋書房, 1998年〕

———. (2001a) *Politics in the Vernacular: Nationalism, Multiculturalism, and Citizenship*, New York: Oxford University Press.〔岡崎晴輝・施光恒・竹島博之監訳『土着語の政治——ナショナリズム・多文化主義・シティズンシップ——』法政大学出版局, 近刊〕

———. (2001b) "Territorial Boundaries: A Liberal Egalitarian Perspective," in Miller and Hashmi (eds.), pp. 249-275.

———. (2002) *Contemporary Political Philosophy: An Introduction*, Second Edition, Oxford: Oxford University Press.〔千葉眞・岡崎晴輝訳者代表『新版 現代政治理論』日本経済評論社, 2005年〕

Larmore, C. (1987) *Patterns of Moral Complexity*, New York: Cambridge University Press.

Lasch, C. (1995) *The Revolt of the Elites: And the Betrayal of Democracy*, New York: Norton.〔森下伸也訳『エリートの反逆——現代民主主義の病——』新曜社, 1997年〕

Levinson, S. (1995) "Review: Is Liberal Nationalism an Oxymoron? An Essay for Judith Shklar," *Ethics*, vol. 105, no. 3, pp. 626-645.

Levy, G. (2001) "Liberal Nationalism and Cultural Rights," *Political Studies*, vol. 49, iss. 4, pp. 670-691.

Linklater, A. (1990) *Men and the Citizens in the Theory of International Relations*, Revised Edition, London: Palgrave Macmillan.
———. (1998a) "Citizenship and Sovereignty in the Post-Westphalian Europe State," in Archibugi, H. and Köhler, M. (eds.), pp. 113-137.
———. (1998b) *The Transformation of Political Community: Ethical Foundations the Post-Westphalian Era*, Cambridge: Polity Press.
———. (2000) "E. H. Carr, Nationalism and the Future of the Sovereign State," in Cox, Michael. (ed.), *E. H. Carr: A Critical Appraisal*, New York: Palgrave Macmillan, pp. 224-257. 〔松井康浩訳「E・H・カー，ナショナリズム，主権国家の未来」『思想』no. 944，2002年12月，67-91頁〕
———. (2007) *Critical Theory and World Politics: Citizenship, Sovereignty, and Humanity*, London: Routlege.
———. (2011) *The Problem of Harm in World Politics: Theoretical Investigations*, New York: Cambridge University Press.
———. and Suganami, H. (2006) *The English School of International Relations: A Contemporary Reassessment*, Cambridge: Cambridge University Press.
Mann, M. (2004) *The Dark Side of Democracy: Explaining Ethnic Cleansing*, Cambridge: Cambridge University Press.
Margarit, A. and Raz, J. (1990) "National Self-Determination," *Journal of Philosophy*, vol. 87, no. 9, pp. 439-461.
Marshal, T. H. (1987) *Citizenship and Social Class*, London: Pluto Press. 〔岩崎信彦・中村健吾訳『シティズンシップと社会階級――近代を総括するマニフェスト――』法律文化社，1993年〕
Meilaender, P. (2001) *Toward a Theory of Immigration*, New York: Palgrave Macmillan.
Mill, J. S. (2006) *Collected Works of John Stuart Mill: A System of Logic, Ratiocinative and Inductive*, London: Liberty Fund.
———. (2010) *Considerations on Representative Government*, Cambridge: Cambridge University Press. 〔水田洋訳『代議制統治論』岩波書店，1997年〕
———. (2011) *On Liberty*, Cambridge: Cambridge University Press. 〔山岡洋一訳『自由論』光文社，2006年〕
Miller, D. (1981) *Philosophy and Ideology in Hume's Political Thought*, Oxford: Clarendon Press.
———. (1989) *Market, States, and Community: The Foundations of Market Socialism*, Oxford: Clarendon Press.
———. (1992) "Deliberative Democracy and Social Choice," *Political Studies*,

Special Issue, no. 40, pp. 54-67.
———. (1994) "The Nation-States: A Modest Defense," in Brown (ed.), pp. 137-162.
———. (1995) *On Nationality*, Oxford: Oxford University Press.〔富沢克・長谷川一年・施光恒・竹島博之訳『ナショナリティについて』風行社, 2007年〕
———. (1999a) *Principles of Social Justice*, Cambridge: Harvard University Press.
———. (1999b) "The Limits of Cosmopolitan Justice," in Mapel, D. and Nardin, T. (eds.), *International Society: Diverse Ethical Perspectives*, Princeton: Princeton University Press, pp. 161-181.
———. (2000) *Citizenship and National Identity*, Cambridge: Polity Press.
———. (2001) "Distributing Responsibilities," *Journal of Political Philosophy*, vol. 9, pp. 453-471.
———. (2003a) "Liberalism and Boundaries: Response to Allen Buchanan," in Buchanan and Moore (eds.), pp. 262-272.
———. (2003b) *Political Philosophy: A Very Short Introduction*, Oxford: Oxford University Press.〔山岡龍一・森達也訳『一冊でわかる 政治哲学』岩波書店, 2005年〕
———. (2005) "Immigration: The Case for Limits," in Cohen and Wellman (eds.), pp. 193-206.
———. (2007) *National Responsibility and Global Justice*, New York: Oxford University Press.〔富沢克・伊藤恭彦・長谷川一年・施光恒・竹島博之訳『国際正義とは何か――グローバル化とネーションとしての責任――』風行社, 2011年〕
———. (2009) "Social Justice versus Global Justice ?" in Cramme, O. and Diamond, P. (eds.), *Social Justice in the Global Age*, Cambridge: Polity Press.
———. (2010) "Against Global Democracy," in Breen, K. and O'Neill, S. (eds.), *After the Nation?: Critical Reflections on Nationalism and Postnationalism*, Hampshier: Palgrave Macmillan.
———. and Hashmi, S. (eds.) (2001) *Boundaries and Justice: Diverse Ethical Perspectives*, Princeton: Princeton University Press.
Miscevic, N. (ed.) (2000) *Nationalism and Ethnic Conflict*, La Salle: Open Court.
Moellendorf, D. (2003) *Cosmopolitan Justice*, Boulder: Westview Press.
Moore, M. (2001) *The Ethics of Nationalism*, New York: Oxford University Press.

Morrice, D. (2000) "The Liberal-Communitarian Debate in Contemporary Political Philosophy and its Significance for International Relations," *Review of International Studies*, vol. 26, pp. 233-251.

Mouffe, C. (1999) "Carl Schmitt and the Paradox of Liberal Democracy," in Mouffe (ed.), *The Challenge of Carl Schmitt*, New York: Verso, pp. 38-53.〔「カール・シュミットと自由民主主義のパラドックス」古賀敬太・佐野誠編訳『カール・シュミットの挑戦』風行社，2006 年，60-85 頁〕

———. (2005) *On the Political*, London: Routledge.〔酒井隆史監訳・篠原雅武訳『政治的なものについて――闘技的民主主義と多元的グローバル秩序の構築――』明石書店，2008 年〕

Myrdal, G. (1956) *An International Economy: Problems and Prospects*, New York: Harper and Brothers Publishers.

———. (1960) *Beyond the Welfare State: Economic Planning in Welfare States and its International Implications*, New Haven: Yale University Press.〔北川一雄監訳『福祉国家を越えて――福祉国家での経済計画とその国際的意味関連――』ダイヤモンド社，1970 年〕

Mulhall, S. and Swift, A. (1996) *Liberals and Communitarians: An Introduction*, Second Edition, Oxford: Blackwell.〔谷澤正嗣・飯島昇藏訳者代表『リベラル・コミュニタリアン論争』勁草書房，2007 年〕

Müller, J. W. (2007) *Constituitional Patriotism*, Princeton: Princeton University Press.

Nagel, T. (2005) "The Problem of Global Justice," *Philosophy and Public Affairs*, vol. 33, pp. 113-147.

Nardin, T. and Mapel, D. R. (eds.) (1992) *Traditions of International Ethics*, Cambridge: Cambridge University Press.

Negri, A. and Hardt, M. (2004) *Multitude: War and Democracy in the Age of Empire*, New York: Penguin Books.〔水島一憲・市田良彦監訳，幾島幸子訳『マルチチュード――〈帝国〉時代の戦争と民主主義――(上・下)』日本放送出版協会，2005 年〕

Neilsen, K. (1987) "Cultural Identity and Self-definition," *Human Studies*, vol. 10, no. 1, pp. 383-390.

———. (1993) "Secession: The Case of Quebec," *Journal of Applied Philosophy*, vol. 10, no. 1, pp. 29-43.

———. (1998) "Liberal Nationalism and Secession," in Moore, M. (ed.), *National Self-Determination and Secession*, New York: Oxford University Press, pp. 103-133.

———. (2000) "Cosmopolitan Nationalism," in Miscevic (ed.), pp. 299-320.

———. (2004) "Toward a Liberal Socialist Cosmopolitan Nationalism," *International Journal of Philosophical Studies*, vol. 11, no. 4, pp. 437-464.

Nietzsche, F. (2006) *Jenseits von Gut und Boese/Zur Genealogie der Moral*, Köln: Anaconda Verlag.〔信太正三訳『ニーチェ全集 11——善悪の彼岸/道徳の系譜』筑摩書房, 1993 年〕

Nimni, E. (2000) "Introduction for the English-Reading Audience," in Bauer, O., *The Question of Nationalities and Social Democracy*, translated by O' Donnell, J., Minneapolis: University of Minnesota Press, pp. xv-xlv.

Nusbaum, M. (1996) *For Love of Country: Debating the Limits of Patriotism*, edited by Cohen, J., Boston: Beacon Press.〔前掲『国を愛するということ』〕

O'Neil, O. (2000) *Bounds of Justice*, New York: Cambridge University Press.

Penz, P. (2001) "Ethical Reflections on the Institution of Asylum," *Refuge: Canada's periodical on refugees*, vol. 19, no. 13, pp. 44-53.

Pin-Fat, V. (2010) *Universality, Ethics and International Relations: A Grammatical Reading*, New York: Routledge.

Pogge, T. (1989) *Realizing Rawls*, Ithaca: Cornell University Press.

———. (2008) *World Poverty and Human Rights: Cosmopolitan Responsibilities and Reforms*, Second Edition, Cambridge: Polity Press.〔立岩真也監訳『なぜ遠くの貧しい人への義務があるのか——世界的貧困と人権——』生活書院, 2010 年〕

Rawls, J. (1985) "Justice as Fairness: Political no. Metaphysical," *Philosophy and Public Affairs*, vol. 14, pp. 223-251.

———. (1996) *Political Liberalism*, Expanded Edition, New York: Columbia University Press.

———. (1999a) *A Theory of Justice*, Revised Edition, Cambridge: The Belknap Press of Harvard University Press.〔川本隆史・福間聡・神島裕子訳『正義論 改訂版』紀伊國屋書店, 2010 年〕

———. (1999b) *The Law of Peoples*, Massachusetts: Harvard University Press.〔中山竜一訳『万民の法』岩波書店, 2006 年〕

———. (2001) *Justice as Fairness: A Restatement*, edited by Kelly, E., Cambridge Mass: Harvard University Press.〔田中成明・亀本洋・平井亮輔訳『公正としての正義 再説』岩波書店, 2004 年〕

Renger, N. (2005) "Reading Charles Beitz: Twenty-Five Years of Political Theory and International Relations," *Review of International Studies*, vol. 31, no. 2, pp. 361-369.

Renner, K. (1918) *Das Selbstbestimmungsrecht der Nationen: in besonderer Anwendung auf Oesterreich*, Leipzig und Wien: Franz Deuticke.〔太田仁樹訳『諸民族の自決権——特にオーストリアへの適用——』御茶ノ水書房，2007年〕

Rose, N. (1996) "Governing 'Advanced' Liberal Democracies," in Barry, A., Osborne, T. and Rose N. (eds.), *Foucault and Political Reason: Liberalism, Neo-Liberalism and Rationalities of Government*, London: University of Chicago Press, pp. 37-64.

———. (1999) *Powers of Freedom: Reframing Political Thought*, Cambridge: Cambridge University Press.

Rosenthal, J. H. and Barry, C. (2009) *Ethics and International Affairs: A Reader*, Third Edition, Washington D. C.: George Washington University Press.

Sandel, M. (1996) *Democracy's Discontent: America in Search of a Public Philosophy*, Cambridge: The Belknap Press of Harvard University Press.〔金原恭子（上巻のみ）・小林正弥監訳『民主政の不満——公共哲学を求めるアメリカ——』勁草書房，上巻2010年，下巻2011年〕

———. (1998) *Liberalism and the Limits of Justice*, Second Edition, Cambridge: Cambridge University Press.〔菊池理夫訳『リベラリズムと正義の限界』勁草書房，2009年〕.

———. (ed.) (1984) *Liberalism and Its Critics*, New York: New York University Press.

Sarrazin, T. (2010) *Deutschland schafft sich ab: Wie wir unser Land aufs Spiel setzen*, München, Deutsche Verlags-Anstalt.

Schlereth, T. (1977) *The Cosmopolitan Ideal in Enlightenment Thought: Its Form and Function in the Ideas of Franklin, Hume, and Voltaire, 1694-1790*, Notre Dame: University of Notre Dame Press.

Schwartz, W. (ed.) (1955) *Justice in Immigration*, Cambridge: Cambridge University Press.

Seglow, J. (2005) "The Ethics of Immigration," *Political Studies Review*, vol. 3, pp. 317-334.

Se T. and Karatsu R. (2004) "A Conception of Human Rights Based on Japanese Culture: Promoting Cross-Cultural Debates," *Journal of Human Rights*, vol. 3, no. 3, pp. 269-289.

Shapcott, R. (2001) *Justice, Community and Dialogue in International Relations*, Cambridge: Cambridge University Press.

――. (2008) "Anti-cosmopolitanism, Pluralism and the Cosmopolitan Harm Principle," *Review of International Studies*, no. 34, pp. 185-205.

――. (2010) *International Ethics: A Critical Introduction*, Cambridge: Polity Press.〔松井康浩・千知岩正継・白川俊介訳『国際倫理学』岩波書店, 近刊〕

Shacknove, A. (1985) "Who Is a Refugee?" *Ethics*, vol. 95, pp. 274-284.

Shue, H. (1996) *Basic Rights: Subsistence, Affluence, and U. S. Foreign Policy*, Second Edition, Princeton: Princeton University Press.

Shklar, J. (1957) *After Utopia: The Decline of Political Faith*, Princeton: Princeton Univerrsity Press.〔奈良和重訳『ユートピア以後』紀伊國屋書店, 1967年〕

Smith, A. (1982) *The Theory of Moral Sentiments*, edited by Raphael, D. D. and Macfie, A. L., Indianapolis: Liberty Fund.〔水田洋訳『道徳感情論（上・下）』岩波書店, 2003年〕

Smith, A. (1986) *The Ethnic Origins of Nations*, Oxford: Blachwell.〔巣山靖司・高城和義ほか訳『ネイションとエスニシティ――歴史社会学的考察――』名古屋大学出版会, 1999年〕

Spinner, J. (1994) *The Boundaries of Citizenship: Race, Ethnicity and, Nationality in the Liberal State*, Baltimore: Johns Hopkins University Press.

Steiner, H. (1992) "Libertarianism and the Transnational Migration of People," in Barry and Goodin, pp. 87-94.

――. (2001) "Hard Borders, Compensation, and Classical Liberalism," in Miller and Hashmi (eds.), pp. 79-88.

Sunstein, C. R. (2009) *Going to Extremes: How Like Minds Unite and Divide*, New York: Oxford University Press.

Sutch, P. (2001) *Ethics, Justice, and International Relations: Constructing an International Community*, London: Routledge.

Tamir, Y. (1995) *Liberal Nationalism*, Paperback Edition with new preface, Princeton: Princeton University Press.〔押村高・森分大輔・高橋愛子・森達也訳『リベラルなナショナリズムとは』夏目書房, 2006年〕

――. (2000) "Who's Afraid of a Global State?" in Goldmann, Kjull., Hannerz, Ulf., and Westin, Charles. (eds.), *Nationalism and Internationalism in the Post-Cold War Era*, London: Routledge, pp. 244-267.

Taylor, C. (1992) *The Ethics of Authenticity*, Cambridge: Harvard University Press.〔田中智彦訳『「ほんもの」という倫理――近代とその不安――』産業図書, 2004年〕

――. (1994) "Politics of Recognition," in Gutmann (ed.), pp. 25-73.〔「承認

をめぐる政治」前掲『マルチカルチュラリズム』所収，37-110 頁〕
———.（1996）“Why Democracy needs Patriotism,” in Nusbaum, pp. 119-121.〔「なぜ民主主義は愛国主義を必要とするのか」前掲『国を愛するということ』所収，200-203 頁〕
———.（1999a）“Conditions of an Unforced Consensus on Human Rights,” in Bauer and Bell (eds.), pp. 124-144.
———.（1999b）“Democratic Exclusion (and Its Remedies?),” Cairns, A., Courtney, J., MacKinnon, P., Michelmann, H. and Smith, D. (eds.), *Citizenship, Diversity, and Pluralism: Canadian and Comparative Perspectives*, Montreal: McGill-Queen's University Press, pp. 265-287.
Thompson, J.（1992）*Justice and World Order: A Philosophical Inquiry*, London: Routledge.
Walzer, M.（1983）*Spheres of Justice: A Defense of Pluralism and Equality*, New York: Basic Books.〔山口晃訳『正義の領分――多元性と平等の擁護――』而立書房，1999 年〕
———.（1992）*What it Mean to be an American*, New York: Marsilio.〔古茂田宏訳『アメリカ人であるとはどういうことか――歴史的自己省察の試み――』ミネルヴァ書房，2006 年〕
———.（1993）*Interpretation and Social Criticism*, Cambridge: Harvard University Press.〔大川正彦・川本隆史訳『解釈としての社会批判――暮らしに根ざした批判の流儀――』風行社，1996 年〕
———.（1994a）“Comment,” in Gutmann (ed.), pp. 99-103.〔「二つの自由主義」前掲『マルチカルチュラリズム』所収，145-152 頁〕
———.（1994b）“Notes on the New Tribalism,” in Brown (ed.), pp. 187-200.
———.（1994c）*Thick and Thin: Moral Argument at Home and Abroad*, New York: University of Notre Dome Press.〔芦川晋・大川正彦訳『道徳の厚みと広がり――われわれはどこまで他者の声を聴き取ることができるか――』風行社，2004 年〕
———.（1997）*On Toleration*, New Haven and London: Yale University Press.〔大川正彦訳『寛容について』みすず書房，2003 年〕
———.（2004）*Politics and Passion: Toward a More Egalitarian Liberalism*, New Heaven and London: Yale University Press.〔齋藤純一・谷澤正嗣・和田泰一訳『政治と情念――より平等なリベラリズムへ――』風行社，2006 年〕
———.（2007）“Nation and Universe,” in Walzer, *Thinking Politically: Essays in Political Theory*, edited by Miller, D., New Haven and London: Yale University Press, pp. 183-218.

Weiner, M. (1995) *The Global Migration Crisis: Challenges to States and Human Rights*, New York: Harpercollins College Publishers.〔内藤嘉昭訳『移民と難民の国際政治学』明石書店，1999年〕

Wellman, C. (2005) *A Theory of Secession: The Case for Political Self-Determination*, New York: Cambridge University Press.

Wight, M. (1966) "Why Is There No International Theory?" in Butterfield, H. and Wight, M. (eds.), *Diplomatic Investigations: Essays in the Theory of International Politics*, London: Harvard University Press. pp. 17-34.

———. (1994) *International Relations Theory: The Three Traditions*, London: Leicester University Press.〔佐藤誠・安藤次男ほか訳『国際理論——三つの伝統——』日本経済評論社，2007年〕

Valls, A. (ed.) (2000) *Ethics in International Affairs: Theories and Cases*, Lanham: Rowman & Littlefield.

Vincent, A. (1997) "Liberal Nationalism: Irresponsible Compound?" *Political Studies*, vol. 45, iss. 2, pp. 275-295.

Yack, B. (1995) "Review: Reconciling Liberalism and Nationalism," *Political Theory*, vol. 23, no. 1, pp. 166-182.

Young, I. (1996) "Communication and the Other: Beyond Deliberative Democracy," in Benhabib, S. (ed.), *Democracy and Difference: Contesting the Boundaries of the Political*, Princeton: Princeton University Press, pp. 120-135.

———. (2000) *Democracy and Inclusion*, Oxford: Oxford University Press.

邦語（邦訳）文献（50音順）

雨宮処凛（2007）『右翼と左翼はどうちがうか』河出書房新社。

有賀誠・伊藤恭彦・松井暁編（2007）『ポスト・リベラリズムの対抗軸』ナカニシヤ書店。

イ・ヨンスク（2009）『「ことば」という幻影——近代日本の言語イデオロギー——』明石書店。

市野川容孝・小森陽一編（2009）『壊れゆく世界と時代の課題』岩波書店。

伊藤邦武（1997）『人間的な合理性の哲学』勁草書房。

伊藤恭彦（2007）「リベラリズムの普遍性をめぐる対抗——グレイとベイツ——」有賀・伊藤・松井編（2007），3-21頁。

———.（2007）「ディヴィッド・ミラーのグローバルな正義への懐疑論——グローバルな正義の課題設定のために——」『静岡大学法政研究』第11巻第1・2・3・4号，305-341頁。

———.（2010）『貧困の放置は罪なのか――グローバルな正義とコスモポリタニズム――』人文書院。

市野川容孝・小森陽一編（2009）『思考のフロンティア　壊れゆく世界と時代の課題』岩波書店。

井上達夫（1986）『共生の作法』創文社。

———.（2001）『他者への自由――公共性の哲学としてのリベラリズム――』創文社。

———.（2003）『法という企て』東京大学出版会。

今西錦司（1972）『生物の進化』講談社。

———.（1993a）「丘浅次郎の進化論」『増補版 今西錦司全集 第 10 巻』所収，講談社，173-183 頁。

———.（1993b）「『自然学』の提唱に寄せて――2 つ目の自画像――」『増補版 今西錦司全集 第 13 巻』所収，講談社，235-261 頁。

———.（1994）『生物社会の論理』平凡社。

岩倉具忠（1980）「ダンテの言語観とその背景――附「俗語詩論」第一巻全訳――」『イタリア学会誌』第 29 号，1-71 頁。

———.（1997）「言語と自由意志――ダンテの言語思想についての一考察――」『イタリア学会誌』第 47 号，1-17 頁。

碓井敏正（2008）『格差とイデオロギー』大月書店。

浦山聖子（2010）「移民の正義論――リベラルな平等主義とナショナリズムの限界――」日本法哲学会編『リスク社会と法 法哲学年報（2009）』有斐閣，168-174 頁。

遠藤乾（2009）「ポスト・ナショナルな社会統合――多元な自由の語り口のために――」齋藤編（2009），155-81 頁。

大澤真幸・姜尚中編（2009）『ナショナリズム論・入門』有斐閣。

押村高（2008）『国際正義の論理』講談社現代新書。

———.（2009）「グローバル化と共同体論の位相――コスモポリタン－コミュニタリアン論争の行方――」『政治思想研究』第 9 号，33-58 頁。

———.（2010）『国際政治思想――生存・秩序・正義――』勁草書房。

小田川大典・五野井郁夫・高橋良輔編（2011）『国際政治哲学』ナカニシヤ書店。

神島裕子（2009）「コスモポリタニズムとの論争」施・黒宮編（2009），87-105 頁。

柄谷利恵子（2004）「『移民』と『難民』の境界――作られなかった『移民』レジームの制度的起源――」『広島平和科学』第 26 号，47-74 頁。

五野井郁夫（2008）「グローバル公共圏と市民社会――国際社会におけるデモクラシーと規範変容――」大賀哲・杉田米行編『国際社会の意義と限界――理論・思想・歴史――』国際書院，73-96 頁。

齋藤純一（2000）『公共性』岩波書店。

———.（2008）『政治と複数性——民主的な公共性に向けて——』岩波書店。

———.（2009）「制度による自由／デモクラシーによる社会統合」齋藤編（2009），21-50頁。

——— 編（2004）『福祉国家／社会的連帯の理由』ミネルヴァ書房。

——— 編（2009）『自由への問い 1 社会統合——自由の相互承認に向けて——』岩波書店。

佐伯啓思（1999）『アダム・スミスの誤算——幻想のグローバル資本主義（上）——』PHP 研究所。

塩川伸明（2008）『民族とネイション——ナショナリズムという難問——』岩波書店。

渋谷望（2003）『魂の労働——ネオリベラリズムの権力論——』青土社。

新川敏光（2004）「福祉国家の危機と再編——新たな社会的連帯の可能性を求めて——」齋藤編（2004），13-53頁。

杉村昌昭（2005）『分裂共生論——グローバル社会を超えて——』人文書院。

スズキ，テッサ・モーリス（2006）（伊藤茂訳）『愛国心を考える』岩波ブックレット。

杉田敦（2005）『境界線の政治学』岩波書店。

———.（2009）「社会統合の境界線」齋藤編（2009），182-204頁。

———.（2011）「境界線を引くとはどういうことか」杉田編（2011），17-40頁。

———. 編（2011）『守る——境界線とセキュリティの政治学——』風行社。

施光恒（2003）『リベラリズムの再生——可謬主義による政治理論——』慶應義塾大学出版会。

———.（2005）「リベラル・ナショナリズム論の意義と展望——多様なリベラル・デモクラシーの花開く世界を目指して——」萩原能久編『ポストウォー・シティズンシップの構想力』慶應義塾大学出版会，147-170頁。

———.（2007）「多文化共生世界の二つの構想——ミラーとヤング——」有賀・伊藤・松井編（2007），164-184頁。

———.（2009a）「リベラル・デモクラシー——グローバル化の中で——」佐伯啓思・柴山桂太編『キーワードで読む現代社会』ナカニシヤ出版，65-84頁。

———.（2009b）「リベラル・デモクラシーとナショナリティ」施・黒宮編（2009），66-86頁。

———.（2010）「ボーダーレス世界を疑う——国作りという観点からの再評価——」中野剛志編『成長なき時代の「国家」を構想する——経済政策のオルタナティブ・ヴィジョン——』ナカニシヤ出版，309-327頁。

———.・黒宮一太編（2009）『ナショナリズムの政治学——規範理論への誘い——』ナカニシヤ出版。

高橋良輔（2006）「文化的多様性と民主的法治国家の正統性——ハーバーマスにおける承認の政治——」『埼玉大学紀要教養学部』（埼玉大学教養学部），第42巻第1

号，55-72 頁。

高原基明（2006）『不安型ナショナリズムの時代』洋泉社。

田中克彦（1981）『ことばと国家』岩波書店。

―――.（2001）『言語から見た民族と国家』岩波書店。

田村哲樹（2004）「熟議民主主義とベーシック・インカム――福祉国家『以後』における『公共性』という観点から――」『早稲田政治経済学雑誌』No. 357，38-62 頁。

―――.（2008）『熟議の理由――民主主義の政治理論――』勁草書房。

寺島俊穂（1998）『政治哲学の復権――アレントからロールズまで――』ミネルヴァ書房。

デリダ，ジャック（1999）（廣瀬浩司訳）『歓待について――パリのゼミナールの記録――』産業図書。

トッド，エマニュエル（2009）（石崎晴己訳）『デモクラシー以後――協調的「保護主義」の提唱――』藤原書店。

―――.（2010）（石崎晴己編）『自由貿易は民主主義を滅ぼす』藤原書店。

トクヴィル，アレクシス（1987）（井伊玄太郎訳）『アメリカの民主政治（下）』講談社学術文庫。

富沢克（2009）「グローバル時代のナショナリティ」富沢・力久昌幸編『グローバル時代の法と政治――世界・国家・地方――』成文堂，197-217 頁。

堂目卓生（2008）『アダム・スミス――『道徳感情論』と『国富論』の世界――』中央公論新社。

内藤正典・阪口正二郎編（2007）『神の法 vs. 人の法――スカーフ論争からみる西欧とイスラームの断層――』日本評論社。

中野剛志（2008）『国力論――経済ナショナリズムの系譜――』以文社。

橋本祐子（2008）『リバタリアニズムと最小福祉国家――制度的ミニマリズムをめざして――』勁草書房。

バリバール，エティエンヌ（2000）（松葉祥一訳）『市民権の哲学』青土社。

藤田菜々子（2010）『ミュルダールの経済学――福祉国家から福祉世界へ――』NTT 出版。

松尾秀哉（2010）『ベルギー分裂危機――その政治的起源――』明石書店。

松元雅和（2007）『リベラルな多文化主義』慶應義塾大学出版会。

マッグルー，アントニー（2007）（中谷義和訳）「討議民主政とグローバル・ガヴァナンス――コスモポリタニズムと組織暴力のグローバル化――」中谷義和編『グローバル化理論の視座――プログレマティーク＆パースペクティブ――』法律文化社，112-155 頁。

宮島喬（2006）『移民社会フランスの危機』岩波書店。

――― 編（2009）『移民の社会的統合と排除――問われるフランス的平等――』東京大学出版会。

宮本太郎（2004）「新しい右翼と福祉ショービニズム――反社会的連帯の理由――」齋藤編（2004），55-85頁。

山崎望（2007）「熟議民主主義の進化――J・ハーバーマスとJ・ドライゼック――」有賀・伊藤・松井編（2007），84-103頁。

―――.（2011）「ポスト・リベラル／ナショナルな福祉をめぐって――現代民主主義論の視点から――」『政治思想研究』第11号，24-54頁。

山田昌弘（2007）『希望格差社会――「負け組」の絶望感が日本を引き裂く――』ちくま文庫。

吉川直人・野口和彦編（2006）『国際関係理論』勁草書房。

ロザンヴァロン，ピエール（2006）（北垣徹訳）『連帯の新たなる哲学――福祉国家再考――』勁草書房。

渡辺幹雄（2006）『ハイエクと現代リベラリズム――アンチ合理主義リベラリズムの諸相――』春秋社。

和辻哲郎（1991）『風土――人間学的考察――』岩波書店。

行政機関のウェブサイトよりダウンロードしたもの

European Commission（2005）*Europeans and Languages*, http://ec.europa.eu/public_opinion/archives/ebs/ebs_237.en.pdf

IOM（2010）*World Migration Report 2010 The Future of Migration: Building Capacities for Change: Executive Summary*, http://www.iom.int/jahia/webdav/shared/shared/mainsite/published_docs/wmr-2010/WMR-Executive-Summary.pdf